电动汽车维修入门

DIANDONG QICHE
WEIXIU RUMEN

魏东坡　主编

化学工业出版社

·北京·

本书系统介绍了电动汽车基础知识，驱动电机及控制器检修，动力电池及管理系统，电动汽车的充电及故障排除，电动汽车电气系统，电动汽车维护与故障处理，以及典型电动汽车车型构造检修七个方面的内容。本书内容实用，可操作性强，配有大量图片，易看、易懂。

　　本书可用作相关院校新能源汽车类教材，也可作为汽车新技术培训参考教材，同时还可供汽车维修企业人员学习参考。

图书在版编目（CIP）数据

电动汽车维修入门/魏东坡主编．—北京：化学工业出版社，2019.4

ISBN 978-7-122-33890-7

Ⅰ.①电… Ⅱ.①魏… Ⅲ.①电动汽车-车辆修理

Ⅳ.①U469.720.7

中国版本图书馆 CIP 数据核字（2019）第 027969 号

责任编辑：辛　田	文字编辑：冯国庆
责任校对：张雨彤	装帧设计：王晓宇

出版发行：化学工业出版社（北京市东城区青年湖南街 13 号　邮政编码 100011）
印　　装：大厂聚鑫印刷有限责任公司
787mm×1092mm　1/16　印张 16　字数 402 千字　2019 年 4 月北京第 1 版第 1 次印刷

购书咨询：010-64518888　　　　售后服务：010-64518899
网　　址：http://www.cip.com.cn
凡购买本书，如有缺损质量问题，本社销售中心负责调换。

定　　价：68.00 元

前言

随着国际上对环保政策的共识以及大家对清洁能源的需求，人们对新能源车取代燃油车的呼声越来越高。

针对当前国际上一些国家已经制定了停止生产销售传统能源汽车的时间表，工信部将启动我国燃油车禁售时间表的研究，并将联合有关部门发布实施双积分管理办法，以改善传统汽车节能水平，大力发展新能源汽车。这意味着，新能源汽车新建和准入、双积分政策、新能源投资对外开放、新能源汽车合资合作、财税支持政策等将可能构成我国汽车产业或是新能源汽车产业的主体框架。所有这些，都给新能源汽车特别是纯电动汽车带来了前所未有的发展契机。

由于电动汽车车型复杂及控制与节能装置结构新颖、技术先进，目前大部分人还不熟悉其结构和工作原理，更不熟悉使用和维修。为了满足广大电动汽车维修人员及新能源汽车专业学生的学习需要，我们编写了此书。从长远来看，纯电动汽车将是新能源汽车的主要技术发展方向，本书正是基于这样的目的，广泛搜集目前电动汽车的相关资料，围绕电动汽车技术的三大核心（即"三电"——电池、电机、电控）展开，主要内容包括电动汽车基础知识，驱动电机及控制器检修，动力电池及管理系统，电动汽车的充电及故障排除，电动汽车电气系统，电动汽车维护与故障处理，以及典型电动汽车车型构造检修七个方面的内容。

本书由魏东坡主编，参加本书编写工作的还有李秋华、冷玉冰、李晓娜、杜祥、刘宝君、刘春晖、张学忠、张文志、肖媛媛、顾雅青、郭长保。

由于笔者水平所限，书中难免有不当之处，恳请广大读者批评指正。

编者

目录

目录

Project 3

项目三　　动力电池及管理系统　　/ 68

CONTENTS

目录

项目四　电动汽车的充电及故障排除　/ 113

目录

Project 5

项目五　电动汽车电气系统　/ 143

Project 6

项目六　电动汽车维护与故障处理　/ 168

目录

CONTENTS

Project 7

项目七　　典型电动汽车车型构造检修　　/ 201

目录

CONTENTS

项目一
电动汽车基础知识

 任务一 认识电动汽车

引言

燃油汽车与电动汽车的主要区别在于它们的驱动系统不同：传统的燃油汽车用液态的汽油或柴油作为燃料，利用内燃机驱动；而电动汽车用电机驱动，用动力电池、燃料电池、电容器等作为相应的能源。尽管大多数的电动汽车参数是从发展成熟的燃油汽车体系中借鉴的，但鉴于电机驱动独有的一些特点，所以其结构、性能与技术参数有独特的特征。现在高性能的电动汽车通常是专门设计制造的，这种电动汽车以原有的车体和车架设计为基础，满足电动汽车独有的结构要求并充分利用了电力驱动的灵活性。

学习目标

1. 了解电动汽车的定义。
2. 掌握电动汽车的关键技术。
3. 掌握电动汽车的主要部件结构。

1.1 电动汽车的定义

纯电动汽车（Battery Electric Vehicle，BEV）是指以车载电源（如铅酸蓄电池、镍氢电池或锂离子电池）为动力，用电机驱动车轮行驶，符合道路交通、安全法规各项要求的车辆（图1-1）。

纯电动汽车，顾名思义是以电池等电能元件作为驱动源，因此电机作为电动汽车最重要的动力驱动系统与传统的内燃机汽车有很大的不同。电机结构特点比较灵活，具体表现在：首先，能量由电缆传递，因此电动汽车的各部件可灵活布置；其次，电动汽车的布置不同会影响系统结构，从

图1-1　纯电动汽车

而由于选用不同类型的电机会影响到电动汽车的质量、尺寸等问题；最后，不同的补充能源装置具有不同的硬件和结构，储能装置也不同。如图 1-2 所示为纯电动汽车的储能装置。

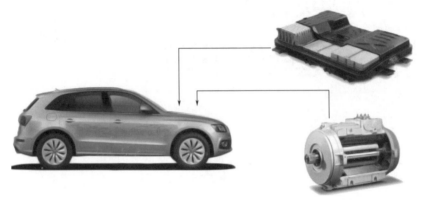

图 1-2 纯电动汽车的储能装置

1.2 电动汽车的关键技术

发展电动汽车必须解决好四方面的关键技术：电池技术、电机驱动及其控制技术、电动汽车整车技术以及能量管理技术。

1.2.1 电池技术

电池是电动汽车的动力源泉，也是一直制约电动汽车发展的关键因素。电动汽车用电池的主要性能指标是比能量（E）、能量密度（E_d）、比功率（P）、循环寿命（L）和成本（C）等。要使电动汽车能与燃油汽车相竞争，关键就是要开发出比能量高、比功率大、使用寿命长的高效电池，如图 1-3 所示。

到目前为止，电动汽车用电池经过了 4 代发展，已取得了突破性的进展。作为第 4 代燃料电池是当今理想的车用电池，但目前还处于实验阶段，一些关键技术还有待突破。如图 1-4 所示为第 4 代燃料电池。

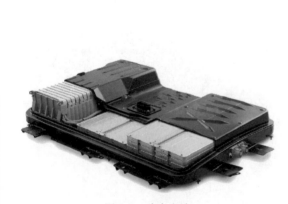

图 1-3 动力电池

图 1-4 第 4 代燃料电池

1.2.2 电机驱动及其控制技术

电机与驱动系统是电动汽车的关键部件，要使电动汽车有良好的使用性能，驱动电机应具有调速范围宽、转速高、启动转矩大、体积小、重量轻、效率高，且有动态制动强和能量回馈等特性。目前，电动汽车用电机主要有直流电机（DCM）、感应电机（IM）、永磁无刷电机（PMBLM）和开关磁阻电机（SRM）4类，如图1-5所示。

随着电机及驱动系统的发展，控制系统趋于智能化和数字化。变结构控制、模糊控制、神经网络、自适应控制、专家控制、遗传算法等非线性智能控制技术，都将各自或结合应用于电动汽车的电机控制系统（图1-6）。

图1-5　电动汽车车用电机

图1-6　电机控制系统

1.2.3 电动汽车整车技术

电动汽车是高科技综合性产品，除电池、电机外，车体本身也包含很多高新技术，有些节能措施比提高电池储能能力还易于实现。如：采用轻质材料如镁、铝、优质钢材及复合材料，优化结构，可使汽车自身重量减轻30%～50%；实现制动、下坡和怠速时的能量回收；采用高弹滞材料制成的高气压子午线轮胎，可使汽车的滚动阻力减少50%；汽车车身特别是汽车底部更加流线型化（图1-7），可使汽车的空气阻力减少50%。

图1-7　汽车更加流线型化

1.2.4 能量管理技术

蓄电池是电动汽车的储能动力源。电动汽车要获得非常好的动力特性，必须用比能量高、使用寿命长、比功率大的蓄电池作为动力源，如图1-8所示。

而要使电动汽车具有良好的工作性能，就必须对蓄电池进行系统管理，因此蓄电池管理系统是电动汽车的智能核心，如图1-9所示。

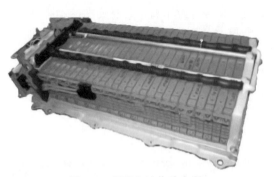

图 1-8　用蓄电池作动力源　　　　　　　　图 1-9　蓄电池管理系统

1.3　电动汽车的主要部件

1.3.1　电源

　　电动汽车的电源为化学电源，向高压动力回路提供电能。目前应用最广泛的电源是磷酸铁锂电池和三元锂聚合物电池，如图 1-10 所示。动力电池区别于普通电池，有其一定的特殊性，总结如下。

图 1-10　动力电池

　　① 电池的串并联。
　　② 电池的容量较大。
　　③ 电池的放电倍率较大。
　　④ 电池的安全性要求较高。
　　⑤ 电池的工作温度范围较宽。
　　⑥ 电池的使用寿命长，一般要求 5～10 年。

1.3.2　驱动电机系统

　　如图 1-11 所示，驱动电机（PMSM）是将电源的电能转化为机械能的装置，其工作原理如图 1-12 所示。目前国内外电动汽车生产厂家

图 1-11　驱动电机和控制器

应用的电机主要有永磁同步电机和交流异步电机。电机控制器将动力电池提供的高压直流电转换为三相交流电，在整车控制策略下根据驾驶员的意图控制电机的电压或电流，完成电机驱动扭矩、旋转方向及速度的控制。

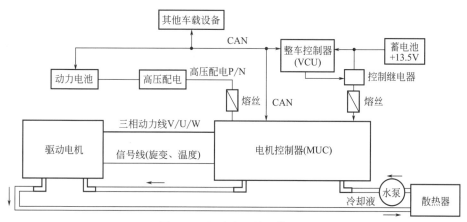

图 1-12　驱动电机的工作原理

1.3.3　整车控制器

如图 1-13 所示，整车控制器对电动汽车动力链的各个环节进行管理、协调和监控，以提高整车能量利用效率，确保安全性和可靠性。整车控制器采集驾驶员操作信号，通过 CAN 总线获得电机和电池系统的相关信息，进行分析和运算，通过 CAN 总线给出电机控

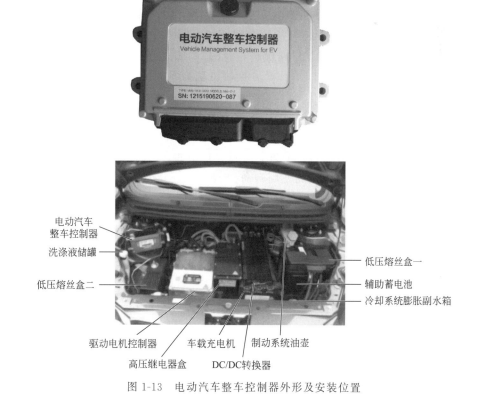

图 1-13　电动汽车整车控制器外形及安装位置

制和电池管理指令，实现整车驱动控制、能量优化控制和制动回馈控制，具备完善的故障诊断和处理功能。

1.3.4 充电系统

如图 1-14 所示，在电动汽车上为动力电池充电有两种方式和路径：一种是交流车载充电机将家庭用的 220V 交流电转换为略高于 300V 的直流电，为动力电池充电（交流慢充）；另一种是充电桩与电动汽车高压接口连接，直接用大电流的直流电给动力电池充电（直流快充）。

图 1-14　直流充电接口和交流充电接口

1.3.4.1 交流慢充

动力电池在放电终止后，应立即充电，充电电流比较小，这种充电叫作常规充电。常规充电方法都采用小电流的恒压或恒流充电，一般充电时间为 5～8h，甚至更长。这种充电方式是利用车载充电机进行的，接 220V 交流电，见图 1-13。电动汽车的低压 12V 蓄电池的充电及低压电气设备的辅助供电是由 DC/DC 转换器将动力电池的高压直流电转换为低压直流电提供的，输出范围在 14V 左右。

（1）慢充模式的优点

① 充电机及其安装成本比较低。

② 可充分利用电力低谷时段进行充电，降低充电成本。

③ 可提高充电效率和延长电池的使用寿命。

（2）慢充模式的缺点

① 充电时间过长，因此当车辆需要紧急出行时难以满足要求。

② 充电时占用停车场时间过长，因此对停车位的数量和环境的要求比较高。

1.3.4.2 直流快充

动力电池常规的充电方式时间较长，给车辆出行带来很多不便。为此，又增加了直流快充的充电方式。直流快充又称应急充电，是通过充电桩以较大电流在电动汽车停车的 30～120min 内，为其提供短时间充电，一般充电电流为几十到上百安培，如图 1-15 所示。

快充模式的优点是充电时间短，方便车辆的出行。快充模式的缺点增加了电网的载荷和冲击，同时也降低了电池的使用寿命。快充设备功率比较大，控制也比较复杂，成本高，安装时对接入电网的容量要求比较高。

1.3.5　空调系统

　　电动汽车空调系统与传统汽车空调最大的不同就是压缩机（图 1-16）和暖风。空调系统的组成如图 1-17 所示，电动汽车的压缩机多采用电动涡旋式压缩机，通过高压电来驱动，这一点区别于传统汽车空调压缩机；暖风功能是 PTC 加热器通过将高压电转化为热能实现的，所以，当开启空调的制冷或制热时，消耗的是动力电池的电量。电动汽车空调的响应速度比较快，效率高，在启动空调后很短时间内就会达到设定温度。

图 1-15　充电桩快速充电

图 1-16　电动汽车的压缩机

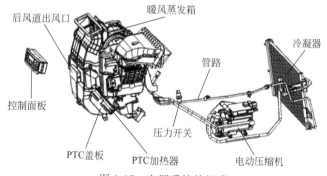

图 1-17　空调系统的组成

1.3.6　冷却系统

　　电动汽车的冷却系统比较简单，由散热器、储液罐、12V 电动水泵（图 1-18）、电机水道、电机控制器水道、PDU 水道及水管组成，主要是给大功率用电设备和大功率开关元器件进行散热，加注的冷却液类型与传统汽车一样。

1.3.7　制动系统

　　目前国产电动汽车大部分为并联制动，并联制动系统制动力分配

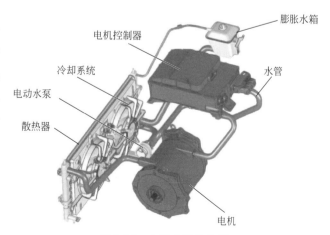

图 1-18　电动水泵的位置

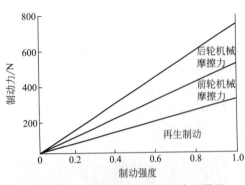

图 1-19　并联制动系统制动力分配原理

原理如图 1-19 所示。与串联制动不同，并联制动按一个固定的比例分配再生制动力和机械摩擦制动力。由于没有充分发挥再生制动力的作用，因此其回收的能量没有串联制动高。但并联制动对传统机械摩擦制动系统的改动少，结构简单，只需增加一些控制功能即可，成本低。

并联制动系统的控制原理如图 1-20 所示。根据驾驶员的命令，电机控制器确定需要加在液压制动基础上的电机制动转矩，其大小由液压主缸压力确定。同样，电机制动扭矩是电机转速的函数。因此能够加在液压制动基础上的电机制动力要根据汽车的静态制动力分配关系、电机扭矩特性、驾驶员的感觉和轮胎与路面附着极限综合确定。很明显，由于缺乏主动制动控制功能，在电机制动和液压制动系统之间不能进行协调控制，因此，并联制动对电机制动扭矩使用不充分，能量回收率低。

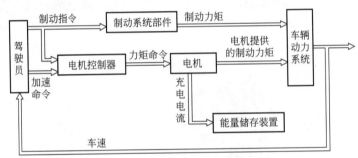

图 1-20　并联制动系统的控制原理

1.3.8　转向系统

目前 1.3t 以内的中小型电动汽车多采用小齿轮式电动助力转向系统（P-EPS），这种助力转向系统在传统汽车上也有应用，主要由机械转向部分和电控系统组成，如图 1-21 所示。该助力转向系统的特点如下。

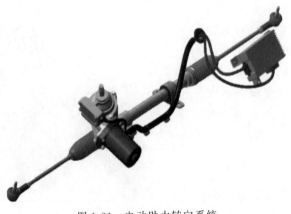

图 1-21　电动助力转向系统

① 助力扭矩通过转向器放大，因此要求电机的减速机构的传动比也相对较小。

② 由于电机的安装位置距离驾驶员有一定距离，因此对电机的噪声要求不是太高。

③ 电机的扭矩波动不容易传到方向盘上，驾驶员手感适中。

④ 助力扭矩不通过转向管柱传递，因此对转向管柱的刚度和强度要求较低。

1.3.9 数据采集终端

数据采集终端由一根天线和一个数据记录仪组成。数据记录仪指示灯含义如表 1-1 所示，其作用如下。

表 1-1　数据记录仪指示灯含义

项目	颜色	状态	含义
RUN	红色	闪烁，1Hz	终端运行正常
		其他	终端运行故障
GPRS	绿色	亮	GPRS 已登陆
		灭	GPRS 未登陆
GPS	绿色	亮	GPS 已定位
		灭	GPS 未定位
CAN1	绿色	亮	CAN1 接收到数据
		灭	CAN1 未接收到数据
CAN2	绿色	亮	CAN2 接收到数据
		灭	CAN2 未接收到数据
SD	绿色	亮	SD 卡正在记录数据
		闪烁，1Hz	SD 卡暂停数据记录
		闪烁，2Hz	插入的 SD 卡未格式化或容量已满
		灭	无 SD 卡或者 SD 卡加锁（只读）

① 车载终端能够与整车控制器（VCU）通过 CAN 总线进行通信，服从 VCU 的控制命令，获取整车的相关信息。车载终端采用"行程长度编码"压缩机制，对 CAN 数据进行压缩，以减少存储空间的占用，同时节约网络带宽资源与流量，加快数据传输速度。

② 车载终端能够用 GPS 对车辆进行定位。

③ 车载终端能够将大量数据（最大 8G）存储到本地移动存储设备（SD 储存卡）中。存储的数据可由分析处理软件读取和分析。

④ 车载终端能够将信息按照规定的时间和数据量，以无线通信（GPRS）的方式发送到服务平台。在此信息传输的过程中，要保证信息的正确性，并且不能将信息丢失；同时，还需要做到信息的保密，使无线通信的信息不能被他人窃取。

⑤ 车载终端将在本地保存车辆最近运行一段时间的数据作为"黑匣子"，提供车辆发生故障或发生故障前的数据信息。

⑥ 车载终端支持在通信网络不畅的情况下，自动将数据保存至采集终端 Flash（闪存）存储区内，待网络正常后，自动/人工将数据上传至服务平台。

⑦ 自检功能：当检测到 GPS 模块、主电源等故障时，会主动上报警情到监控中心，辅助设备进行检修。

⑧ 远程升级：支持远程自动升级功能，自动接收来自服务平台的升级指令完成软件升级，大大节约了维护成本。必要情况下，借助车载终端可通过 CAN 协议对车辆进行软件升级。

⑨ 车载终端与远程控制平台及手机 APP 配合工作，可实现车辆远程状态查询和远程车辆控制等功能（比如远程开启空调、充电等）。

 任务二　电动汽车的结构原理

引言

纯电动汽车与传统内燃机汽车相比，结构紧凑、灵活，动力系统的控制主要是通过柔性的电力系统而不是通过传统机械机构来实现的；动力驱动系统等机构的结构、布置形式具有更多的灵活性和多样性。如独立的前后轴驱动系统和轮毂电机驱动系统，结构形式也有较大的差异。驱动电机也有多种结构，如直流电机和交流电机、同步电机和异步电机、永磁电机和开关磁阻电机等。此外，纯电动汽车与内燃机汽车不同的能源需求与相应提供装置有着巨大的区别。内燃机的油箱和油泵被取而代之为蓄电池和电源管理系统。

学习目标

1. 了解电动汽车的独特特点。
2. 掌握电驱动的结构形式。
3. 掌握储能结构的形式。

2.1 电动汽车的独特特点

与燃油汽车相比，电动汽车的结构特点是灵活，这种灵活性源于电动汽车具有以下几个独特的特点。

2.1.1 结构不同

纯电动汽车，其基本的结构主要由电力驱动系统、汽车底盘、汽车车身和其他电子、电气设备等组成，如图 1-22 所示。

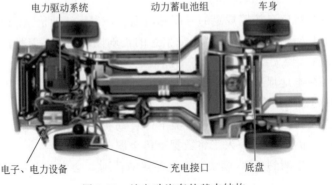

图 1-22　纯电动汽车的基本结构

纯电动汽车与传统内燃机汽车的主要区别在于其动力驱动系统（图1-23）。纯电动汽车的动力驱动系统是其核心，主要由电力驱动系统、电源管理系统和辅助系统构成，如图1-24所示。

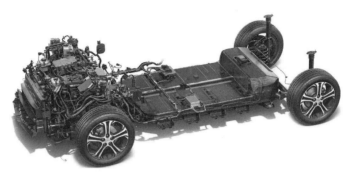

图 1-23　纯电动汽车底盘及动力驱动系统外观图

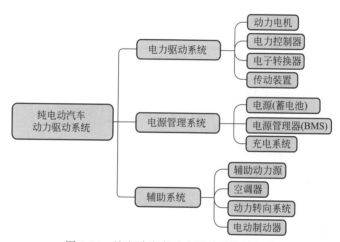

图 1-24　纯电动汽车动力驱动系统的组成

纯电动汽车采用驱动电机代替了传统的燃油内燃发动机，车辆的驱动系统做了变更，动力驱动装置做了较大调整，动力源由燃油（汽油或柴油）改变为电能，动力传动系统也随之做相应的调整与改进。

除了电力驱动控制系统外，其他部分的功能及结构组成基本与传统内燃机汽车相同。具体的结构根据所选的驱动方式和布置形式不同，做相应的调整。

纯电动汽车的结构可分为3个子系统：电力驱动与传动子系统、主能源子系统和辅助控制子系统，如图1-25所示。

具体表现如下。

① 电力驱动与传动子系统由电控单元、功率转换器、电机、机械传动装置和车轮组成。

② 主能源子系统由动力电池、能量管理系统和充电器组成。

③ 辅助控制子系统由动力转向系统、空调和辅助动力源组成。

图1-25中线上的箭头表示电功率和控制信号流动方向。

根据从制动踏板和加速踏板输入的信号，电子控制器发出相应的控制指令来控制功率转换器的功率装置的通断，而功率转换器的功能主要是调节电机和电源之间的功率流。如图1-26所示为通过加速踏板输入的信号。

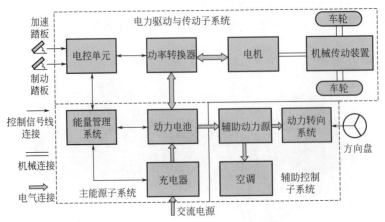

图 1-25　纯电动汽车的基本结构

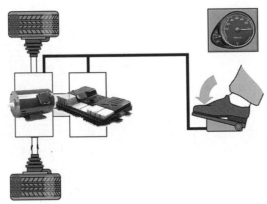

图 1-26　通过加速踏板输入的信号

电动汽车制动时，再生制动的动能被电源吸收，此时功率流的方向要反向，如图 1-27 所示。

图 1-27　再生制动的动能被电源吸收

能量管理系统（图 1-28）和电控系统一起控制再生制动及其能量的回收，能量管理系统和充电器一同控制充电并监测电源的使用情况。

辅助动力供给系统供给电动汽车辅助系统不同等级的电压并提供必要的动力，它主要给动力转向、空调、制动及其他辅助装置提供动力。除了从制动踏板和加速踏板给电动汽车输入信号外，方向盘输入也是一个很重要的输入信号。动力转向系统根据方向盘的角位置来决定汽车灵活地转向，如图 1-29 所示。

2696　km　125.9
D　　　22.5℃

图 1-28　能量管理系统

图 1-29　动力转向系统

2.1.2　电动汽车驱动系统的布置不同

独立的四轮驱动系统和轮毂电机驱动系统等会使系统结构区别很大，采用不同类型的驱动电机也会影响电动汽车的重量、尺寸和形状。

传统内燃机汽车的能量传输是以燃油供给系统向发动机提供燃料，通过发动机→离合器→变速器→传动轴→减速器→半轴→车轮实现动力传输。整个动力传动系统以机械的刚性连接而成。

纯电动汽车则是由蓄电池等能源设备提供电能，通过动力电机实现电能向机械能的转换，从而通过部分传动机构实现动力的传输，其传动链随着纯电动汽车结构形式和安装布置有很大区别。基本的传动方式可以采用传统内燃机汽车的传动方式，用驱动电机替代发动机，构成驱动电机→离合器→变速器→传动轴→减速器→半轴→车轮的传动系统。纯电动汽车驱动系统示意图如图 1-30 所示。

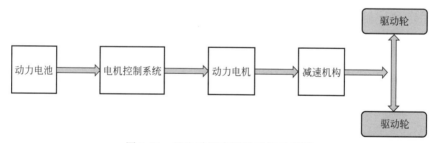

图 1-30　纯电动汽车驱动系统示意图

但随着驱动电机和电控技术的发展，纯电动汽车的驱动系统会更加简洁高效，结构形式也呈现出多样化。轮毂电机的驱动方式大大缩短了纯电动汽车的动力传动链，提高了传动效率。随着纯电动汽车使用性质和范围的不同，驱动系统的结构也有较大的差异。

2.1.3　储能装置不同

不同类型的储能装置也会对电动汽车的结构、重量、尺寸和形状产生影响。不同的补充能源装置需要不同的硬件和机构，例如动力电池可通过感应式和接触式的充电机充电，或者采用替换动力电池的方式，再对替换下来的动力电池进行集中充电。

2.2 电驱动的结构形式

根据目前普遍接受的按照动力驱动系统的不同进行分类的典型结构形式大体有 6 种。

2.2.1 前置前轮驱动

由发动机前置前轮驱动（图 1-31）的燃油车发展而来，即由电机替代发动机，仍采用内燃机汽车的传动系统，它由电机、离合器、齿轮箱和变速器组成；其中，离合器是用来切断或接通电机到车轮之间传递动力的机械装置；而变速器是一套具有不同速比的齿轮机构，驾驶员可选择不同的变速比，把力矩传给车轮；汽车在转弯时，内侧车轮的转弯半径小，外侧车轮的转弯半径大，差速器使内外车轮以不同转速行驶。其结构复杂，效率低，没能充分发挥电机驱动的优势。

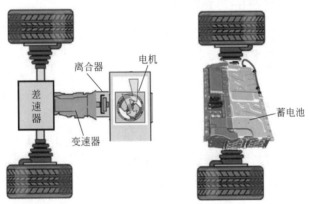

图 1-31　前置前轮驱动

2.2.2 固定速比的减速器

如果用固定速比的减速器（图 1-32），去掉离合器，可减少机械传动装置的重量、缩小其体积。它由电机、固定速比的减速器和差速器组成电力驱动系统，应该注意这种结构的电动汽车由于没有离合器和可选的变速挡位，不能提供理想的转矩/转速特性，因而不适于使用发动机的燃油汽车。它具有良好的通用性和互换性，便于在现有的汽车底盘上安装，使用

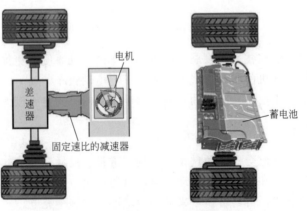

图 1-32　固定速比的减速器

和维修也较方便。

2.2.3　横向前置结构

　　横向前置结构（图 1-33）类似于发动机横向前置、前轮驱动的燃油汽车的布置方式，它把电机、变速器和差速器集成为一个整体，两根半轴连接驱动车轮，这种结构在小型电动汽车上应用比较普遍。

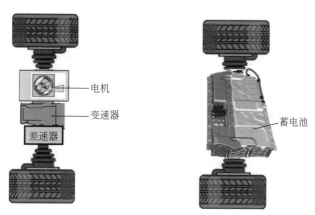

图 1-33　横向前置结构

2.2.4　双电机结构

　　双电机结构（图 1-34）就是采用两个电机通过固定速比的减速器分别驱动两个车轮，每个电机的转速可以独立地调节控制，便于实现电子差速，因此，电动汽车不必选用机械差速器。如图 1-35 所示为 ZF 公司研发的双驱动电机驱动桥结构，前轴两个半桥上分别用一个电机驱动一侧车轮的行驶。这种驱动桥间没有大型的差速器桥包，因此可以降低重心，但是控制难度较大。

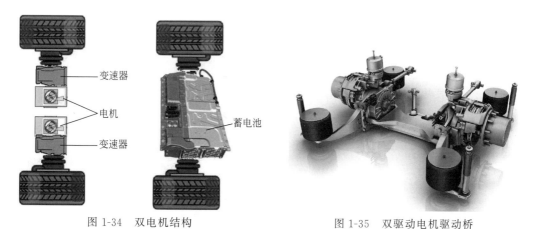

图 1-34　双电机结构　　　　　　　　　图 1-35　双驱动电机驱动桥

2.2.5　轮毂电机

　　电机也可以装在车轮里面，称为轮毂电机（图 1-36），这种轮毂电机为内转子外定子结构（图 1-37），它能提供较大的减速比来放大其输出转矩。高速内转子电机具有体积小、重量轻和成本低的优点。它可进一步缩短从电机到驱动车轮的传递路径。为了将电机转速降低到理想的车轮转速，可采用固定减速比的行星齿轮变速器，它能提供大的减速比，而且输入和输出轴可布置在同一条轴线上。

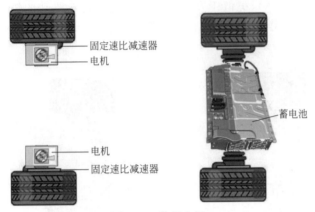

图 1-36　轮毂电机

图 1-37　内转子外定子轮毂电机的结构

2.2.6　低速外转子电机

这是另一种使用轮毂电机的电动汽车结构，它采用低速外转子电机（图 1-38），彻底去

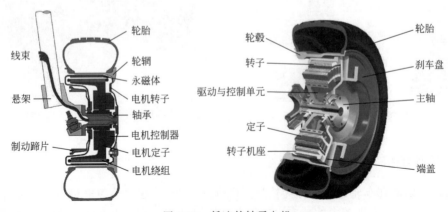

图 1-38　低速外转子电机

掉了机械减速齿轮箱，电机的外转子直接安装在车轮的轮缘上，车轮转速和电动汽车的车速控制完全取决于电动汽车的转速控制。这种结构驱动电机转速控制与车轮转速控制融为一体，构成了所谓的双轮毂电机，使车速控制变得简单。轮毂驱动电机的安装位置如图 1-39 所示。

图 1-39　轮毂驱动电机的安装位置

2.3　储能装置的结构形式

动力电池系统是纯电动汽车能量的唯一来源，是混合动力汽车、燃料电池汽车的主要能量来源。因此，在电动汽车能源装置布置形式上可以分为两类。如图 1-40(a) 所示为电动汽车储能装置最常见的结构形式——动力电池系统作为唯一能源为电动汽车提供动力。该结构的储能及控制相对简单。设计者可根据整车设计需要合理安排储能装置的位置和容量，但对动力电池的要求比较苛刻，一般按照电动汽车的功能和使用工况要求，选择比能量和比功率较高的动力电池来保障整车的续驶里程、加速性和爬坡能力。

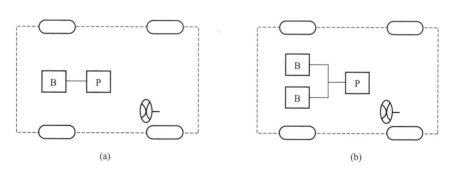

(a)　　　　　　　　　　　　　　　　(b)

图 1-40　典型储能装置的结构形式
B—动力电池；P—功率变换器

为了解决一种动力电池不能同时满足对比能量和比功率要求的问题，有些电动汽车同时采用了两种不同的动力电池，其中一种能提供高比能量（如能量型锂离子电池、锌空气电池）；另外一种能提供高比功率（如功率型锂离子电池、超级电容器）。如图 1-40(b) 所示为采用两种电池作为混合能量源的结构。这种结构不仅满足了对比能量和比功率的要求，而且在电动汽车的制动能量回收方面起到了较为显著的效果。除此以外，目前还可以利用燃料电池、超级电容器和飞轮等共同作为电动汽车的新型储能装置，共同提高电动汽车的续驶里程或者整车的动力性能。

2.4 电气设备的结构

电动汽车电气设备主要包括蓄电池、灯具、仪表、发电机、音响装置、刮水器等。

2.4.1 蓄电池

蓄电池的作用是供给起动机和电机用电。为了满足电动汽车对高电压的需求，纯电动汽车通常是以多个 12V 或 24V 的电池串、并联形成的动力电池组作为动力源，动力电池组的电压是 155～400V，以周期性地充电来补充电能。动力电池组是纯电动汽车的关键装备，它储存的电能及其自身的重量和体积对纯电动汽车的性能起决定性作用。

动力电池组在纯电动汽车上占据极大一部分有效的装载空间，在布置上有相当大的难度，一般有集中布置和分散布置两种形式。通用公司的 EV-1 使用的 Delco 电池组，采用集中式布置形式，动力电池组的支架是 T 形架（图 1-41）。T 形架装在车辆的地板下面及后备厢下面的车架上，动力电池组固定在 T 形架上，有良好的稳定性，它从车辆的尾部安装。在 T 形架上装有动力电池组的通风系统、电线保护套等，用自动和手动断路器在车辆停车及车辆出现故障时切断电源，确保高压电路的安全。

新一代沃蓝达所采用的电池由 LG 公司提供，由 96 组共 192 个串联电池组成。每一个电池组件都具有自己的固定框架以及温度调节装置，整个 96 组电池呈字母"T"形（图 1-42）分布在车身中轴线以及后排座椅下方，以尽量减少对车内空间的使用。因而整个电池组设置有 3 个逆变器。通过电化学装置的重新设计，新一代沃蓝达所采用的动力电池在质量上减少了 13kg，并且增加了容量。

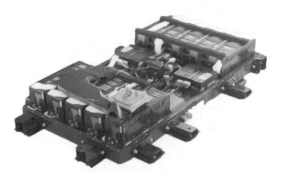

图 1-41　EV-1 动力电池组的集中式布置方式

图 1-42　新一代沃蓝达所使用的电池组

2.4.2 灯具和仪表

灯具和仪表是提供照明并且显示电动汽车状态的部件组合。如图 1-43 所示，仪表通常提供蓄电池电压显示、整车速度显示、行驶状态显示、灯具状态显示等，智能型仪表还可以显示整车各电气部件的故障情况。

图 1-43　电动汽车的仪表显示

2.5　能量回收系统

能量回收系统（图 1-44）的作用是在电动汽车滑行（或制动）时，可以将滑行时的惯性机械能转化为电能，并将其存储在电容器中或为动力蓄电池充电，在使用时可快速将能量释放。

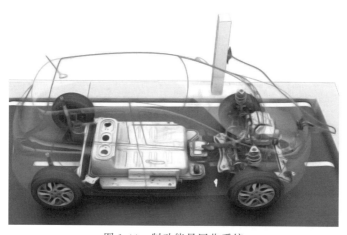

图 1-44　制动能量回收系统

Project 2 ② 项目二
驱动电机及控制器检修

 ## 任务一 认识驱动电机系统

引言

　　电动汽车动力驱动系统主要由电机、控制器、各种检测传感器和电源等部分组成。电机是电动汽车动力驱动系统的核心部件之一，起到驱动车辆前进与回收制动能量的作用，其驱动性能决定了车辆的行驶性能指标。在纯电动汽车和燃料电池汽车中，作为唯一的驱动力来源，它提供全部的驱动力，相当于传统燃料汽车的发动机。由于新能源汽车系统能够工作在回馈制动状态，在车辆制动时车辆的动能能够通过车辆驱动系统的发电特性转换成电能，存储到车辆的电源系统中，因此具备传统燃油发动机无法实现的能量吸收回馈功能。

学习目标

　　1. 了解驱动电机系统。
　　2. 掌握电动汽车驱动系统的组成类别。

1.1 驱动电机系统概述

1.1.1 驱动电机系统

　　电机（Electrical Machine）是将电能转换成机械能或将机械能转换成电能的装置，它具有能做相对运动的部件，是一种依靠电磁感应而运行的电气装置。

　　驱动电机，也称为动力电机，是纯电动汽车的一种专用电机，担负着纯电动汽车的驱动功能，是纯电动汽车的"心脏"。驱动电机同时具有电机的驱动功能，也具有发电机的发电功能，驱动电机能根据车辆工作状态实时调整其功能状态。

　　纯电动汽车驱动电机系统是纯电动汽车三大核心系统之一，是车辆动力驱动系统中的电力驱动系统。其特性决定了车辆的主要性能指标，直接影响纯电动汽车动力性、操控性、经济性。驱动电机系统主要由驱动电机、驱动电机控制器（MCU）构成，通过高低压线束、冷却管路与整车其他系统连接，如图 2-1 所示。

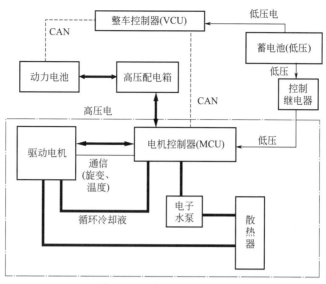

图 2-1　驱动电机系统结构

整车控制器（VCU）根据加速踏板、制动踏板、挡位等信号通过 CAN 网络向电机控制器（MCU）发送指令，实时调节驱动电机的转矩输出，以实现整车的怠速、加速、能量回收等功能。电机控制器能对自身温度、电机的运行温度、转子位置进行实时监测，并把相关信息传递给整车控制器（VCU），进而调节水泵和冷却风扇工作，使电机保持在理想温度下工作。

1.1.2　驱动电机与工业用电机的区别

用于电动汽车的驱动电机与常规的工业电机不同。电动汽车的驱动电机通常要求频繁地启动/停车、加速/减速，低速或爬坡时要求高转矩，高速行驶时要求低转矩，并要求变速范围大；而工业电机通常优化在额定的工作点。因此，电动汽车驱动电机比较独特，应单独归为一类，对它们在负载、技术性能和工作环境等方面有着特殊的要求。电动汽车驱动电机与工业用电机的区别如下。

① 电动汽车驱动电机需要有 4～5 倍的过载，以满足短时加速或爬坡的要求；而工业电机只要求有 2 倍的过载即可。

② 电动汽车的最高转速要求达到在公路上巡航时基本速度的 4～5 倍，而工业电机只需要达到恒功率是基本速度的 2 倍即可。

③ 电动汽车驱动电机需要根据车型和驾驶人的驾驶习惯设计，而工业电机只需根据典型的工作模式设计即可。

④ 电动汽车驱动电机要求有高的功率密度和好的效率图（在较宽的转速范围和转矩范围内都有较高的效率），从而能够降低车重，延长续驶里程；而工业电机通常对功率密度、效率和成本进行综合考虑，在额定工作点附近对效率进行优化。

⑤ 电动汽车驱动电机要求工作可控性高、稳态精度高、动态性能好；而工业电机只有某一种特定的性能要求。

⑥ 电动汽车驱动电机被装在机动车上，空间小，工作在高温、坏天气及频繁振动等恶劣环境下。而工业电机通常在某一个固定位置工作。

1.1.3 电动汽车对驱动电机的要求

电动汽车驱动电机性能的好坏，将直接影响到电动汽车的起步、停车、加减速、高速行驶和爬坡等技术性能指标。为满足电动汽车的动力性、经济性，电动汽车对驱动电机有一些特殊的要求。

① 驱动电机要以电磁转矩为控制目标，加速踏板的开度是通过控制器给电机电磁转矩的目标值。要求电机转矩响应迅速、波动性小、稳定性好。

② 由于电动汽车在使用时，有起步、加速、巡航、减速和制动等多种工况，要求驱动电机具有较宽的调速范围。为保证加速时间，要求电机在低速加速时具有较大的输出转矩和过载能力（一般为额定转矩的2～4倍），过载时间在3min以上。为保证电动汽车在巡航时行驶在最高车速，驱动电机在高速运转时具有高的功率。电机最高转速一般在基速额定值的2倍以上。

③ 驱动电机的损耗要低，在整个运行范围内要效率高，尽可能地提高一次充电的续驶里程。

④ 电动汽车在减速时要实现再生制动，将能量回收并反馈给蓄电池，能量回收率应占总能量的15%以上。

⑤ 电机安全性应符合国家有关车辆电气安全的性能标准规定，对高电压的还需装备高压防护装置。

⑥ 驱动电机的耐振动、耐高温和防水耐湿能力强、等级高，能在恶劣的气候条件下和各种道路上长时间工作，可靠性高。

⑦ 由于电动汽车留给电机的安装空间有限，整车又要求轻量化，因此驱动电机体积和重量应尽可能小，结构要简单，使用维护要方便。

⑧ 电机的运行噪声低。

⑨ 驱动电机在允许的电压等级范围内，尽量采用高压电，电机的电磁兼容性要好。

⑩ 驱动电机的制造工艺简单，价格合理，适合于批量生产。

1.1.4 驱动电机的运行模式

电动汽车的电机可兼作电机和发电机运行。

（1）电动模式　在电动模式时电机将电能转换成机械能。

① 逆变器从电池获取功率，电池放电。

② 电机从逆变器获取电功率。

③ 电机输出机械能，电机扭矩与转速同向，电机推动车辆。

（2）发电模式　发电模式时电机将机械能转换成电能。

① 车辆带动电机，电机力矩与转速反向，轴上输入机械能。

② 电机输出电能。

③ 逆变器输出直流电，为电池充电。

1.2 电动汽车驱动系统的组成类别

1.2.1 电动汽车驱动系统的组成

电动汽车驱动系统的功用是在驾驶人的控制（通过加速踏板和制动踏板）下，高效率地将蓄电池（燃料电池或发电机）的能量转化为车轮的动能，或者将车轮上的动能反馈到蓄电池中。电动汽车驱动系统的组成各种各样，一般都由电气和机械两大部分组成。如图 2-2 所示为电动汽车驱动系统的组成示例。电气部分主要由电机、功率转换器和电子控制器三个子系统组成。电子控制器由传感器、中间连接电路与处理器等组成。传感器把电流、电压、温度、速度、转矩以及磁通等的测量数据转变为电信号，通过连接电路把这些电信号调整到合适的值，然后输入到处理器。处理器的输出信号通常经过中间电路放大后驱动功率转换器的半导体元件。

在驱动和能量回收过程（指把车轮上的动能反馈到蓄电池的过程，亦称能量再生）中，能量源与电机之间的能量流动是通过功率转换器进行调节的。电机与车轮通过机械传动装置连在一起，也可以直接装在车轮上，用电机直接驱动。机械部分主要包括机械传动装置和车轮等，其中机械传动部分是可选的。图 2-2 中的虚线部分表示制动能量回收系统，不同的车辆略有不同。

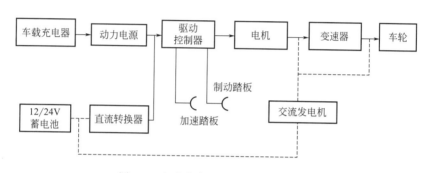

图 2-2　电动汽车驱动系统的组成示例

1.2.2　电动汽车驱动系统的类别

电动汽车的驱动系统有着多种多样的组合形式，且每个电动汽车的驱动系统都具有自身的结构特点。

1.2.2.1　根据电动汽车驱动轮的布置方式分

根据电动汽车驱动轮的布置方式，可分为前轮驱动、后轮驱动和全轮驱动等。根据基本布置方式，可分为机械驱动系统、半机械驱动系统和纯电气驱动系统等。

① 机械驱动系统的特点是只用电机及其控制系统取代内燃机及其控制系统，在其传动系统中，选用或保留了内燃机汽车的变速器、传动轴、后桥和半轴等传动部件。早期开发的电动汽车上多采用机械驱动系统，这样有利于集中精力来研制和开发电机及其控制系统，并能更快地进行大量试验和改进工作，造价也较便宜。但其传动效率较低，并且不能充分满足电动汽车动力性能的要求。

② 半机械驱动系统充分利用电机调速范围宽的特点，取消了传动效率低、操作烦琐的齿轮变速器，只是采用一部分机械传动的齿轮、差速器、半轴等零部件来传递动力。

③ 纯电气驱动系统由左右两个双联式电机或轮毂式电机组成，分别直接驱动左右两个驱动车轮。在双联式电机或轮毂电机之间装有电子控制的差速器，控制双联电机或轮毂电机在电动汽车直线行驶时同步转动和在电动汽车转弯时差速转动。由于纯电气驱动系统仅采用两根半轴来驱动车轮或用轮毂电机直接驱动车轮，使得电动汽车驱动系统的模式产生了根本

变化，使驱动系统结构紧凑、传动效率高，也使得整车的结构有了很大的改变，扩大了乘坐及载货空间，有利于在底盘上布置蓄电池。因而，纯电气驱动形式将会成为未来电动汽车的主要驱动形式。

1.2.2.2 根据电动汽车驱动系统是否采用轮毂电机分

根据电动汽车驱动系统是否采用轮毂电机，可分为轮毂电机式驱动系统和非轮毂电机式驱动系统。这里主要介绍轮毂电机式驱动系统。

轮毂电机式驱动系统的驱动电机装在电动汽车车轮的轮毂中，可以直接驱动电动汽车的驱动轮，传动效率高；占用电动汽车车身和底盘的空间少，乘员空间大；腾出了用于传动系统布置的空间，便于蓄电池的安装和布置电机驱动系统，而且减少了车辆的簧载重量；可以是两轮驱动，也可以是四轮驱动，由电子控制系统来保证几个车轮间直线行驶时的同步转动、转弯时的差速转动和在坏路面上各个车轮的制动力分配。轮毂采用不同数量和不同功率的轮毂电机，可以组成系列化的电动汽车。轮毂电机式驱动系统可分为带变速器的驱动系统和不带变速器的驱动系统，如图2-3所示。

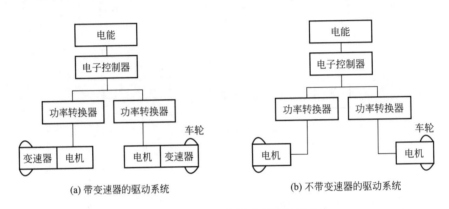

图 2-3 轮毂电机式驱动系统的组成

1.2.2.3 根据电动汽车驱动用电机的数量分

根据电动汽车驱动用电机的数量，可为单电机驱动系统和多电机驱动系统。单电机驱动系统由于只用一个电机，能最大限度地减小相应的体积、重量及成本。多电机驱动系统采用多个电机单独驱动每一个车轮。多电机系统能减少单个电机的电流和功率的额定值，效率较高，容易均衡电机的尺寸和重量，但必须安装电子差速器或采用电子控制系统实现差速，因而成本较高。

1.3 电动汽车驱动电机的分类

电机可分为交流电机、直流电机、交/直流两用电机（测速、伺服、自整角等）、开关磁阻电机及信号电机等多种。适用于电力驱动的电机可分为如图2-4所示的直流电机（将直流电能转换为机械能的电机）和交流电机（将交流电能转换为机械能的电机）两大类。目前在电动汽车上已应用的和有应用前景的有直流电机、感应（异步）电机、永磁无刷电机和开关磁阻电机等，它们的性能比较见表2-1。表中控制器成本一栏以直流电机为基准，可见其他电机控制器的成本远高于直流电机。

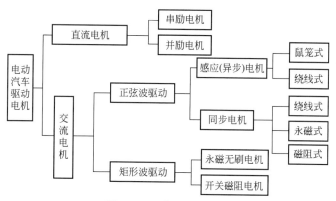

图 2-4　驱动电机的分类

表 2-1　各种电机的性能比较

项目	直流电机	感应(异步)电机	永磁无刷电机	开关磁阻电机
功率密度	低	中	高	较高
过载能力/%	200	300～500	300	300～500
峰值效率/%	85～89	94～95	95～97	90
负荷效率/%	80～87	90～92	90～93	78～86
功率因素/%	—	82～85	90～93	60～65
恒功率区	—	1:5	1:2.25	1:3
转速范围/(r/min)	4000～6000	12000～20000	4000～100000	＞15000
可靠性	一般	好	优良	好
结构的坚固性	差	好	一般	优良
电机外形	大	中	小	小
电机重量	重	中	轻	轻
控制操作性能	最好	好	好	好
控制器成本	低	高	高	一般

 任务二　认识直流电机

引言

　　电动汽车发展的早期，纯电动汽车多采用直流电机作为驱动电机，这类电机技术较为成熟，有着控制方式容易、调速优良的特点，曾经在调速电机领域内有着最为广泛的应用。但是由于直流电机有着复杂的机械结构，如电刷和机械换向器等，导致它的瞬时过载能力和电机转速的进一步提高受到限制，而且在长时间工作的情况下，电机的机械结构会产生损耗，增加了维护成本。因此目前在新研制的新能源汽车上基本不再采用直流电机。

学习目标

　　1. 掌握直流电机的工作原理和基本构造。
　　2. 了解直流电机的励磁方式。
　　3. 掌握直流电机的启动、调速和反转。

2.1 直流电机的工作原理和基本构造

2.1.1 直流电机的工作原理

通电导线在磁场中会受到的磁场力可由左手定则判定，把左手放入磁场中，让磁力线垂直穿入手心，磁力线从 N 极出发进入 S 极，四指指向电流所指方向，则大拇指的方向就是导体受力的方向。

电源的直流电加于电刷 A（正极）和 B（负极）上，则线圈 abcd 中流过电流：在导体 ab 中，电流由 a 指向 b；在导体 cd 中，电流由 c 指向 d。用左手定则可知导体 ab 所受到的磁场力从右向左，导体 cd 所受到的磁场力从左向右，这样形成的转矩 M 为逆时针方向。在该转矩作用下电枢将逆时针方向旋转，如图 2-5（a）所示。

当电枢转过了 180°，直流电仍由电刷 A 流入，由电刷 B 流出，电流在电枢内的流向改变为 d 到 c、b 到 a，由左手定则可知导体 cd 所受到的磁场力从右向左，ab 所受磁场力从左向右，转矩 M 方向仍为逆时针，则可保持电枢持续逆时针转动，如图 2-5（b）所示。

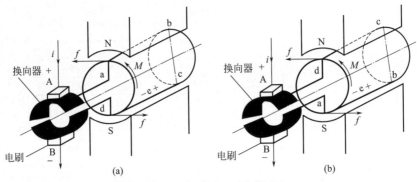

图 2-5　直流电机工作原理

2.1.2 直流电机的基本构造

直流电机主要由定子（固定部分）和电枢（旋转部分，也称转子）两大部分组成，定子和转子之间的间隙称为空气隙。如图 2-6 所示为直流电机的基本结构图与剖面图。下面就一

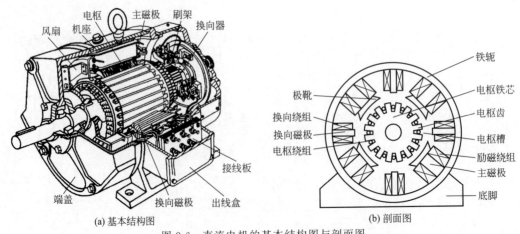

图 2-6　直流电机的基本结构图与剖面图

些主要的部件分别予以介绍。

直流电机是基于载流导体与磁场之间的相互作用而制成的。电机的磁极和电枢之间必须有相对运动。

2.1.2.1 定子

定子的作用是产生磁场和作为电机机械支承部件。它由主磁极、换向磁极、电刷装置、机座、端盖等组成。

（1）主磁极 主磁极的作用是产生主磁场，主磁极的结构如图 2-7 所示。绝大多数直流电机的主磁极不是用永久磁铁，而是由励磁绕组通以直流电流来建立磁场的。主磁极装在机座的内壁，它由主磁极铁芯和励磁绕组组成。主磁极铁芯包括极芯和极掌两部分。极芯上套有励磁绕组，各主磁极上的绕组一般都是串联的。极掌的作用是使空气隙中磁感应强度分布最为合适。改变励磁电流的方向，就可改变主磁极极性，也就改变了磁场方向。

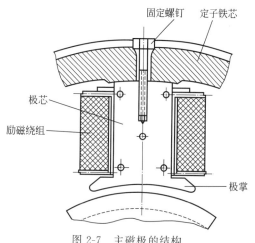

图 2-7 主磁极的结构

主磁极的个数一定是偶数，励磁绕组的连接必须使得相邻主磁极的极性按 N、S 极交替出现的规律进行。汽车起动机一般采用四个磁极，功率较大的也有采用六个磁极的。

（2）换向磁极 在两个相邻的主磁极之间中性面内有一个小磁极，这就是换向磁极，它的构造与主磁极相似，由换向极铁芯和套在铁芯上的换向极绕组构成，并用螺杆固定在机座上。换向磁极的励磁绕组与主磁极的励磁绕组串联。

主磁极中性面内的磁感应强度本应为零，但是，由于电枢电流通过电枢绕组时所产生的电枢磁场，使主磁极中性面的磁感应强度不能为零，于是使转到中性面内进行电流换向的绕组产生感应电动势，使得电刷与换向器之间产生较大的火花。

用换向磁极的附加磁场来抵消电枢磁场，使主磁极中性面内的磁感应强度接近于零，这样就改善了电枢绕组的电流换向条件，减小了电刷与换向器之间的火花。

换向磁极的个数一般与主磁极的极数相等，在功率很小的直流电机中，也有不装换向磁极的。

（3）电刷装置 电刷装置的作用是把外电路的电动势、电流引入电枢绕组或把电枢绕组中的电动势、电流引到外电路。电刷装置主要由用石墨制成导电块的电刷、压力弹簧和刷杆等组成。

固定在机座上（小容量电机装在端盖上）不动的电刷，借助于压力弹簧的压力和旋转的换向器保持滑动接触，使电枢绕组与外电路接通。

电刷数一般等于主磁极数，各同极性的电刷经软线汇集在一起，再引到接线盒内的接线板上，作为电枢绕组的引出端。

（4）机座 机座用铸钢或铸铁制成，用来固定主磁极、换向磁极和端盖等，它是电机磁路的一部分。机座上的接线盒有励磁绕组和电枢绕组的接线端，用来对外接线。

（5）端盖 端盖装在机座两端并通过端盖中的轴承支撑转子，将定子和转子连为一体，同时端盖对电机内部还起防护作用。

2.1.2.2 转子

直流电机的转子主要由电枢铁芯、换向器及电枢绕组等组成，如图2-8所示。

（1）电枢铁芯 电枢铁芯由硅钢片冲制叠压而成，在外圆上有分布均匀的槽用来嵌放绕组。铁芯也作为电机磁路的一部分。

（2）换向器 换向器装在电枢转轴的一端，它是由许多互相绝缘的铜质换向片叠成的圆环。电枢绕组每个线圈的两端分别接至两个换向片上。在直流电机中，换向器将电源的直流电转换为线圈中的交流电，以获得方向不变的电磁转矩。如图2-9所示，换向器由许多梯形铜片组成，片间用云母片绝缘，外表呈圆柱形。换向片和云母片组成的圆筒两端用V形云母套筒和V形金属压圈压紧，以使其成为一个整体并保证其绝缘性能，这样就构成了一个换向器。

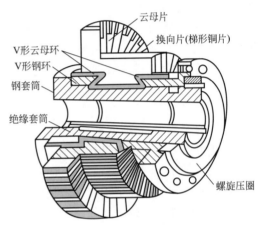

云母片
换向片(梯形铜片)
V形云母环
V形钢环
钢套筒
绝缘套筒
螺旋压圈

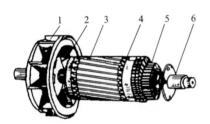

图2-8 直流电机的转子

1—风扇；2—电枢绕组；3—电枢铁芯；
4—绑带；5—换向器；6—轴

图2-9 直流电机的换向器

（3）电枢绕组 电枢绕组是产生感应电动势或电磁转矩，实现能量转换的主要部件。它由许多绕组元件构成，按一定规则嵌放在铁芯槽内和换向片相连，使各组线圈的电动势相加。绕组端部用镀锌钢丝箍住，防止绕组因离心力而发生径向位移。

2.2 直流电机的励磁方式

由直流电机的工作原理和结构可知，由主磁极的励磁磁动势单独建立的磁场是电机的主磁场，有时也称为励磁磁场。励磁方式是指励磁绕组的供电、产生励磁磁动势而建立主磁场的方式。根据励磁方式的不同，直流电机可以分为他励和自励两类。

2.2.1 他励

他励电机的励磁绕组与转子电枢的电源分开，他励直流电机能够通过分别控制它的励磁电流 I_f 和电枢电流 I_a，来实现对他励直流电机的控制。他励直流电机具有线性特性和稳定输出特性，可以扩大其调速范围，能够实现在减速和制动时的再生制动，回收一部分能量。他励直流电机的励磁电路如图2-10(a)所示，由其他直流电源单独供给，而与电枢绕组无连接关系。

2.2.2 自励

自励直流电机的励磁电流由自身供给，根据励磁绕组与电枢绕组的连接关系，又可以分为并励、串励和复励三种。

（1）并励 并励直流电机的电路如图 2-10（b）所示，励磁绕组与电枢绕组并联，励磁绕组与转子电枢的端电压相同，为 U，励磁电流为 I_f。

（2）串励 串励直流电机的电路如图 2-10（c）所示，励磁绕组与电枢绕组串联，串励直流电机的励磁电流和电枢电流相等，能获得每单位电流的最高转矩，具有启动转矩大、有较好的启动特性以及较宽的恒功率调速范围等特点，这种励磁方式采用较少。

（3）复励 复励直流电机的主磁极上装有两个励磁绕组，一个与电枢绕组并联，称为并励绕组；另一个与电枢绕组串联，称为串励绕组。这两个励磁绕组若产生的电动势方向相同，称为积复励，否则称为差复励，两种连接方式如图 2-10（d）、（e）所示。励磁绕组所消耗的功率虽然仅占直流电机额定功率的 $1\%\sim3\%$，但是直流电机的性能随着励磁方式的不同将产生很大差别。

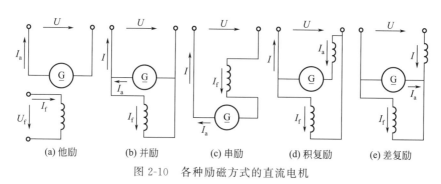

(a) 他励　(b) 并励　(c) 串励　(d) 积复励　(e) 差复励

图 2-10　各种励磁方式的直流电机

2.3 直流电机的启动、调速和反转

2.3.1 直流电机的启动

将静止不动的电机的电路与电源接通，使电机的转动部分旋转起来，最后达到正常运转，叫作电机的启动。若不用任何启动设备而是将电机直接往电源上连接，这种启动方法叫作直接启动，其启动电流很大。由于当电机刚与电源接通时，因为电枢还没有旋转，因此反电动势等于零，这时通过电枢的电流（即启动电流）应为

$$I_q = \frac{U - E_f}{R_s} = \frac{U}{R_s} \tag{2-1}$$

因为电枢内电阻很小，外加电压又是额定值，所以电机在直接启动时的电枢电流将比额定电流大十几倍，甚至几百倍。这样大的电流会使得换向器上产生强烈的火花，可能把换向器烧坏。所以，启动时必须在电枢电路中串联一个启动变阻器来减小启动电流，如图 2-11 所示。为了获得较大的启动转矩而又不至于使换向器受到损伤，一般把启动电流限制为电枢额定电流的 1.5～2.5 倍，即

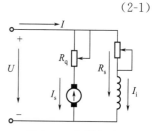

图 2-11　串联启动变阻器的启动原理

$$I_q = \frac{U}{R_s + R_q} = (1.5 \sim 2.5) I_{se} \qquad (2\text{-}2)$$

利用式（2-2），便可计算出所需启动电阻 R_q 的数值。在启动过程中，随着电机转速的增加，电枢电流逐渐减少，启动电阻也应慢慢减小。待电机转速达到额定值时，启动电阻应减小到零。

另外，在启动时，还应把励磁电路中的磁场变阻器 R_s 放在电阻最小的位置，以使磁通最大，这样，就可使电机产生足够大的启动转矩，并使得反电动势增加较快，以缩短启动过程。

2.3.2 直流电机的调速

由并励直流电机的转速公式可知，电机的转速包括以下三种调节方法。

（1）改变供电线路的电压 U　这种方法的调速范围很广泛，但必须具有专用的直流电源。采用发电机-电机组以及可控硅整流电路均能得到可调节的电压。

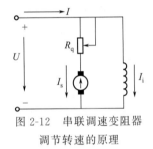

图 2-12　串联调速变阻器调节转速的原理

（2）改变电枢线路的电压降　在电枢电路中串联一个调速变阻器 R_q 可减小加在电枢上的电压，如图 2-12 所示。如果把 R_q 增大，则电阻电压降增大，转速 n 下降。这种方法因电枢电流较大，使得调速变阻器本身要消耗大量的功率，因此不经济。

（3）改变磁极磁通　在励磁电路中串接一个磁场变阻器可以调节电机转速，如图 2-13 所示。如果把磁场变阻器的阻值增加，则励磁电流减小，变阻器中通过的磁通也随之而减小，电机的转速便升高。一般励磁电路中的电流很小，在调速过程中磁场变阻器的能量损失也较小，比较经济，因此这种调速方法在电力拖动中应用甚广。

若串励电机也采用改变变阻器中通过的磁通的方法来调节转速，则磁场变阻器必须和串励绕组并联，如图 2-14 所示。当把磁场变阻器的阻值减小时，通过变阻器的电流增大，而通过串励绕组的电流减小，其所产生的磁通也随着减少，由式（2-2）可知，转速升高。

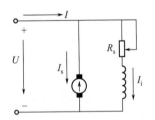

图 2-13　串联磁场变阻器调节转速的原理

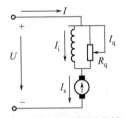

图 2-14　并联磁场变阻器调节转速的原理

2.3.3 直流电机的反转

电机的旋转方向是由电枢绕组的导体在磁场中的受力方向决定的。改变电枢电流的方向或改变磁场电流的方向，即可使直流电机反转。具体方法是将连接在电源上的电枢两端反接，或者将励磁绕组两端反接。如图 2-15 所示，若同时改变两电流的方向，则旋转方向仍旧不变。

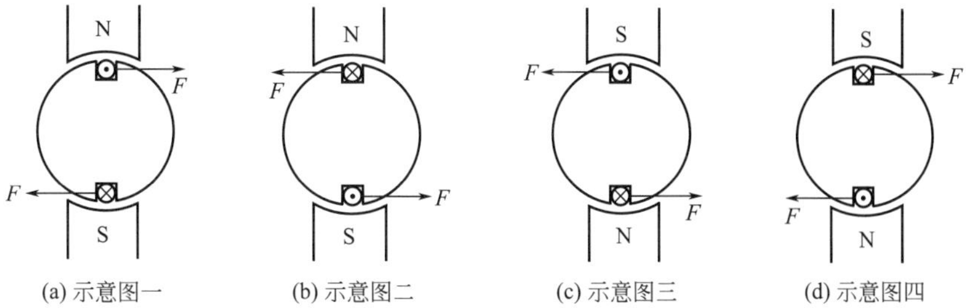

N
F
F
S
(a) 示意图一
N
F
F
S
(b) 示意图二
S
F
F
N
(c) 示意图三
S
F
F
N
(d) 示意图四

图 2-15　直流电机的反转原理

2.4　电动汽车直流电机控制

2.4.1　直流电机的控制系统

在电源电路上，直流电机可以采用较少的控制元件，一般用斩波器来控制。最常采用的有绝缘栅极双极型晶体管（Insulated Gate Bipolar Transistor，IGBT）电子功率开关的斩波器，IGBT 斩波器是在直流电源与直流电机之间的一个周期性的通断开关装置。斩波器根据直流电机输出转矩的需要，脉冲输出和变换直流电机所需电压从 0 到最高，与直流电机输出的功率相匹配，来驱动和控制直流电机运转。IGBT 斩波器已经商品化，可供用户选用。

C
E
IGBT
G
B
D
M
S

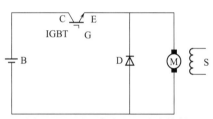

图 2-16　用于直流电机速度控制的一象限直流斩波控制

直流斩波控制方式由于体积小、重量轻、效率高、可控制性好，而且根据所选的加速度，能平稳加速到理想的速度，所以该控制方式在电力驱动领域得到了广泛应用。如图 2-16 所示为用于直流电机速度控制的一象限直流斩波控制。四象限运行是指用二轴表示电机转速，y 轴表示电流，第一象限就是电动状态。四象限是指正向电动、正向发电、反向电动、反向发电。

一象限直流斩波控制的工作原理是电流经蓄电池正极输出，经 IGBT 的集电极 C 和发射极 E，再经电刷进入电机 M 的转子，电机的定子 S 可以是线圈，也可能是永磁体。驾驶人踏下加速踏板时，实际上就是电路在控制 IGBT 的门极 G 的 PWM 波占空比加大，汽车减速时，若定子 S 为永磁体，则电机转为发电机发电，但发出的电流无法经 IGBT 将电流充入蓄电池。要想在第二象限工作，则可在 IGBT 的 G 和 E 间反加一个大功率二极管，这时电机再生制动的能量就可以返回蓄电池了。

2.4.2　IGBT 的结构原理与检测

（1）IGBT 的结构　IGBT 是 MOSFET（场效应晶体管）与 GTR（功率晶体管）的复合器件。它既有 MOSFET 易驱动的特点，又具有功率晶体管电压、电流容量大等优点。其频率特性介于 MOSFET 与功率晶体管之间，可正常工作于几十赫兹的频率范围内，故在较高频率的大、中功率应用中占据了主导地位。

如图 2-17 所示，GTR 由 N^+、P、N^-、N^+ 四层半导体组成，无 SiO_2 绝缘层；MOSFET 由 N^+、P、N^-、N^+ 四层半导体组成，但有 SiO_2 绝缘层；IGBT 由 N^+、P、N^-、

N^+、P^+ 五层半导体组成，有 SiO_2 绝缘层。图中黑色箭头代表正电子；白色箭头代表负电子。仅有电子流动的为单极性管，有正负电子流动的为双极性管。

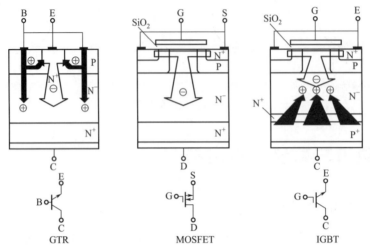

图 2-17 IGBT 等电子元件结构比较

（2）IGBT 的工作原理 GTR 是指集电极 C、基极 B、发射极 E 三个电极，当 B、E 间通过一个小电流时，则在 C、E 间有大电流流过，是电流放大电流的器件。MOSFET 是指漏极 D、栅极 G、源极 S 三个极，当 G、S 间施加一个电压时，则在 G、S 间有大电流流过，是电压放大电流的器件。IGBT 是指集电极 C、极栅 G、发射极 E 三个极，当 G、E 间施加一个电压时，则在 C、E 间有大电流流过，是电压放大电流的器件。

IGBT 是通过栅极驱动电压来控制的开关晶体管，工作原理与 MOSFET 相似，区别在于 IGBT 是通过电导调制来降低通态损耗。GTR 电力晶体管饱和压降低，载流密度大，但驱动电流也较大。MOSFET 驱动功率很小，开关速度快，但导通压降大，载流密度小。IGBT 综合了两种器件的优点，驱动功率小而饱和压降低。如图 2-18 所示为 IGBT 功率模块。

图 2-18 IGBT 功率模块

（3）IGBT 使用注意事项 由于 IGBT 模块为 MOSFET 结构，IGBT 的栅极通过一层氧化膜与发射极实现电隔离。由于此氧化膜很薄，其击穿电压一般仅能承受到 20～30V，所以因静电而导致栅极击穿是 IGBT 失效的常见原因之一。因此，使用中要注意以下几点。

① 在使用模块时，尽量不要用手触摸驱动端子部分，当必须触摸模块端子时，要先将人体或衣服上的静电用大电阻接地进行放电后再触摸；在用导电材料连接模块驱动端子时，在配线未接好之前请先不要接上模块，在良好接地的情况下操作。在应用中有时虽然保证了

栅极驱动电压没有超过栅极最大额定电压，但栅极连线的寄生电感和栅极与集电极间的电容耦合，也会产生使氧化层损坏的振荡电压。为此，通常采用双绞线来传送驱动信号，以减少寄生电感。在栅极连线中串联小电阻也可以抑制振荡电压。

② 在栅极发射极间开路时，若在集电极与发射极间加上电压，随着集电极电位的变化，由于集电极有漏电流流过，栅极电位升高，集电极则有电流流过。这时，如果集电极与发射极间存在高电压，则有可能使 IGBT 发热及至损坏。

③ 在使用 IGBT 的场合，当栅极回路不正常或栅极回路损坏时（栅极处于开路状态），若在主回路上加上电压，则 IGBT 就会损坏。为防止此类故障，应在栅极与发射极之间串接一个 10kΩ 左右的电阻。

④ 在安装或更换 IGBT 模块时，应十分重视 IGBT 模块与散热片的接触面状态和拧紧程度。为了减少接触热阻，最好在散热器与 IGBT 模块间涂抹导热硅脂，安装时应受力均匀，避免用力过度而损坏。

⑤ 一般散热片底部安装有散热风扇，当散热风扇损坏，散热片散热不良时，将导致 IGBT 模块发热，从而发生故障。因此对散热风扇应定期进行检查，一般在散热片上靠近 IGBT 模块的地方安装有温度感应器，当温度过高时报警或停止 IGBT 模块工作。

（4）IGBT 管极性测量　判断极性，首先将万用表拨在 $R \times 1k$ 挡，用万用表测量时，若某一极与其他两极阻值为无穷大，调换表笔后该极与其他两极的阻值仍为无穷大，则判断此极为栅极 G。其余两极再用万用表测量，若测得阻值为无穷大，调换表笔后测量阻值较小，则在测量阻值较小的一次中，红表笔接的为集电极 C，黑表笔接的为发射极 E。

（5）检测判断 IGBT 的好坏　IGBT 的好坏可用指针式万用表的 $R \times 1k$ 挡来检测，或用数字式万用表的"二极管"挡来测量 PN 结正向压降进行判断。检测前先将 IGBT 的三个引脚短路放电，避免影响检测的准确度；然后用指针式万用表的两支表笔正反测 G、E 两极及 G、C 两极的电阻。正常 G、C 两极与 G、E 两极间的正反向电阻均为无穷大；内含阻尼二极管的 IGBT 正常时，E、C 极间均有 4kΩ 的正向电阻。

最后用指针式万用表的红笔接 C 极，黑笔接 E 极，若所测值在 3.5kΩ 左右，则所测管为含阻尼二极管的 IGBT；若所测值在 50kΩ 左右，则所测 IGBT 内不含阻尼二极管。对于数字式万用表，正常情况下，IGBT 的 C、E 极间正向压降约为 0.5V。

综上所述，内含阻尼二极管的 IGBT 检测，除红黑表笔连接 C、E 阻值较大，反接阻值较小外，其他连接检测的读数均为无穷大。测得 IGBT 的三个引脚间电阻均很小，则说明该管已击穿损坏，维修中 IGBT 多为击穿损坏。若测得 IGBT 的三个引脚间电阻均为无穷大，说明该管已开路损坏。

2.5　直流电机在电动汽车上的应用

直流电机体积和重量大，存在换向火花、电刷磨损以及电机本身结构复杂等问题，随着交流变频调速技术的发展，交流调速电机在电动汽车上的应用发展迅速。但是直流电机控制方法和结构简单，启动和加速转矩大，电磁转矩控制特性良好，调速比较方便，不需检测磁极位置，技术成熟，成本低，现在仍在很多场合使用，如城市中的无轨电车和电动叉车较多地采用直流驱动系统，很多电动观光车和电动巡逻车上也使用直流电机。

直流电机在国外电动汽车上的应用如下。

① 法国雪铁龙 SAXO 电动汽车，采用 120V、20kW 直流驱动电机，最高车速达 90km/h，

该车续驶里程为 100km。

② 法国标致 QCGS106 电动汽车，采用 120V、20kW 直流驱动电机，最高车速达 110km/h，该车续驶里程为 200km。

 任务三 认识三相异步感应电机

引言

交流异步电机是一种应用广泛的电机，它运行可靠，转速高，成本低。从技术水平看，交流异步电机驱动系统是电动汽车用驱动系统的理想选择，但是，在高速运行时转子容易发热，需要对电机进行冷却，且其提速性能较差。因而，交流异步电机适合大功率、低速车辆，尤其是驱动系统功率需求较大的大型电动客车。

学习目标

1. 掌握三相异步感应电机的特点、结构与原理。
2. 掌握三相异步电机的控制。

3.1 三相异步感应电机的特点、结构与原理

3.1.1 三相异步电机的特点

交流电机可分为同步电机和异步电机两大种类。

如果电机转子的转速 n 与定子旋转磁场的转速 n_1 相等，转子与定子旋转磁场在空间同步旋转，这种电机就称为同步电机。如果 n 不等于 n_1，转子与定子旋转磁场在空间旋转时不同步，这种电机就称为异步电机。

异步电机具有结构简单、价格便宜、运行可靠、维护方便和效率较高等优点，因此得到广泛应用。据估计，90%左右的电机均为异步电机。在电网总负荷中，异步电机用电量占 60%以上。

异步电机的缺点是功率因数低，运行时必须从电网吸收无功电流来建立磁场，故其功率因数小于 1。大量的异步电机在电网中运行，使电网的功率因数降低，所以必须用其他的办法进行补偿。

3.1.2 三相异步电机的结构

如图 2-19 所示为三相异步电机的内部结构。

三相异步电机主要由定子（固定部分）和转子（旋转部分）两个基本部分组成。定子和转子之间有 0.25～2mm 的气隙。

（1）定子 三相异步电机的定子部分包括机座、装在机座内的圆筒形定子铁芯以及其中的三相定子绕组。

① 定子铁芯。交流电机定子铁芯是电机磁路的一部分，并用来安放定子绕组。为了减

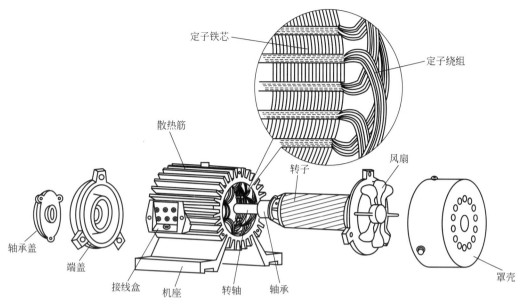

图 2-19　三相异步电机的内部结构

少定子铁芯中的损耗，铁芯一般用厚度为 $0.35 \sim 0.5\text{mm}$、表面有绝缘层的硅钢片冲片叠装而成，铁芯的内圆冲有均匀分布的槽，用以安放定子绕组，如图 2-20 所示。

　② 定子绕组。定子绕组的作用是通入三相交流电，产生旋转磁场。小型电机定子绕组常用高强度漆包线绕成线圈后再嵌入定子铁芯槽内。三相定子绕组 6 个出线端引到电机机座的接线盒内，标有 U_1、V_1、W_1、U_2、V_2、W_2。其中，U_1、U_2 是第一相绕组的两端，V_1、V_2 是第二相绕组的两端，W_1、W_2 是第三相绕组的两端。如果 U_1、V_1、W_1 分别为三相绕组的始端（头），则 U_2、V_2、W_2 是相应的末端（尾）。

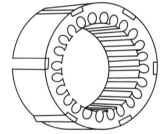

图 2-20　定子铁芯示意

三相绕组可以按照需要接成星形（Y）或三角形（△），具体连接方式如图 2-21 所示。

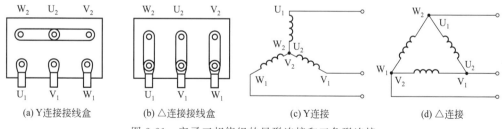

(a) Y连接接线盒　　(b) △连接接线盒　　(c) Y连接　　(d) △连接

图 2-21　定子三相绕组的星形连接和三角形连接

　③ 机座。机座的作用是固定定子铁芯，并通过两个端盖支撑转子，同时保护整个电机的电磁部分和散发电机运行时产生的热量。

　（2）转子　转子是电机的旋转部分，由转子铁芯、转子绕组及转轴等组成。

　① 转子铁芯。转子铁芯是圆柱状的，用 0.5mm 的硅钢片冲制叠压而成，表面冲有分布均匀的槽孔，用来放置转子绕组。

② 转子绕组。转子绕组的作用是与定子相互切割磁场，产生感应电动势和电流，并在旋转磁场的作用下产生电磁力矩而使转子转动。转子绕组根据构造的不同可分为鼠笼式和绕线式两种。

鼠笼式转子绕组的铁芯是圆柱状的，在转子铁芯的槽内放置铜条，其两端用端环相接，呈鼠笼状，所以称为鼠笼式转子绕组。也可以在转子铁芯的槽内浇铸铝液，铸成一个鼠笼，如图 2-22 所示。这样便可以用铝代替铜，既经济又便于生产。目前，中、小型鼠笼式异步电机几乎都采用铸铝转子。

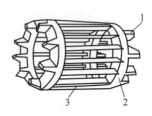

(a) 铜条鼠笼式绕组　　　　(b) 铸铝鼠笼式绕组

图 2-22　鼠笼式转子绕组结构示意图

1—扇叶；2—端环；3—铝条

如图 2-23 所示为绕线式转子绕组的接线图。如图 2-24 所示，绕线式转子绕组同定子绕组一样，也是三相的，连接成星形。每相绕组的始端连接在三个彼此绝缘的铜质滑环上，滑环固定在转轴上。环与转轴之间都是互相绝缘的。滑环压着碳质电刷，电刷上又连接着三根外接线。启动电阻和调速电阻是借助于电刷与滑环和转子绕组连接的。

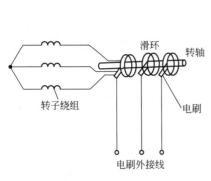
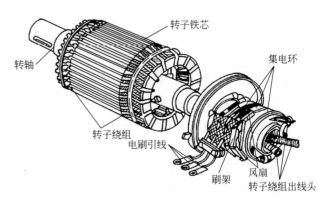

图 2-23　绕线式转子绕组的接线图　　　　图 2-24　绕线式转子绕组结构

③ 转轴。转轴的作用是传递转矩及支撑转子。

(3) 气隙　定子和转子之间的间隙称为气隙。气隙很小，通常为 0.2～1mm。尽管气隙只是定子与转子之间的间隙，但它对电机的性能影响很大，如果气隙不均匀，会造成电机运转不平稳，运行性能变差。

3.1.3　三相异步电机的工作原理

(1) 转子转动原理　如图 2-25 是转子转动原理。当手摇磁极旋转时，转子也跟着旋转。因为磁极旋转时，磁极与转子发生相对运动，转子导体切割磁力线，产生感应电动势和感应电流（其方向可用右手定则确定）。转子导体中的感应电流受到电磁力矩的作用（其方向可根据左手定则确定），于是转子顺着磁铁的转向旋转。

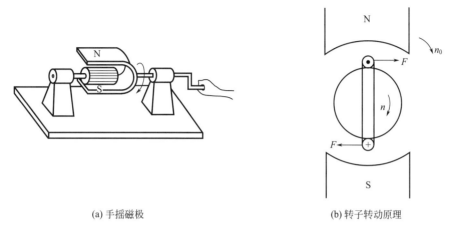

(a) 手摇磁极   (b) 转子转动原理

图 2-25　转子转动原理

（2）旋转磁场的产生　当定子绕组接通三相正弦交流电后，三相正弦交流电在三相绕组中都产生磁场。由于三相定子绕组按一定规律嵌放，所以它们的合成磁场随电流的交变在空间不断旋转，因此称作旋转磁场。

以两极三相异步电机为例，说明旋转磁场的形成。如图 2-26(a) 所示是 Y 形连接的三相两极定子绕组排列图。当三相绕组的首端 U_1、V_1、W_1 分别接到三相对称电源上时，三相绕组中便有三相对称电流通过。设三相电流的相序为 U-V-W，U 相的初相位为零，各相电流互差 120°的相位角，如图 2-26(b) 所示。

三相绕组通过三相正弦交流电时，各自产生按正弦规律变化的磁场，三个磁场在定子中形成合成磁场。下面讨论合成磁场的变化规律。在图 2-26(b) 中，分别取 $\omega t=0$，$\omega t=\pi/2$、π、$3\pi/2$、2π 等几个时刻，并规定当电流为正时，电流从绕组的首端流进，末端流出；当电流为负时，电流从绕组的末端流进，始端流出。

① 当 $\omega t=0$ 时，i_U 为 0，i_V 为负值，i_W 为正值。此时，绕组 U_1-U_2 中无电流通过，不产生磁场；绕组 V_1-V_2 中的电流由 V_2 端流进，V_1 端流出；绕组 W_1-W_2 中的电流由 W_1 流进，W_2 端流出。运用安培右手螺旋定则可以确定该瞬间的合成磁场为一对磁极，其方向是自上而下。

② 当 $\omega t=\pi/2$ 时，i_U 为正的最大值，i_V、i_W 均为负值。此时绕组 U_1-U_2 中的电流是由 U_1 端流进，U_2 端流出；绕组 V_1-V_2 中的电流是由 V_2 端流进，V_1 端流出；绕组 W_1-W_2 中的电流是由 W_2 端流进，W_1 端流出。此时电流所产生的合成磁场已在空间按顺时针方向转过 90°，且极数不变。

③ 当 $\omega t=\pi$ 时用上述方法可推出：合成磁场的方向已从 $\omega t=0$ 时的位置沿顺时针方向转过 180°；同理，当 $t=3\pi/2$ 时，合成磁场转过 270°；当 $\omega t=2\pi$ 时，合成磁场转过 360°，即一周。以上各磁场的方向分别如图 2-26(c) 所示。

（3）旋转磁场的方向　旋转磁场的方向决定着电机的转向，而旋转磁场的转向由三相交流电的相序确定。因此，只要对调任意两相绕组与电源的连接，就可改变合成磁场的转向，实现电机反转。

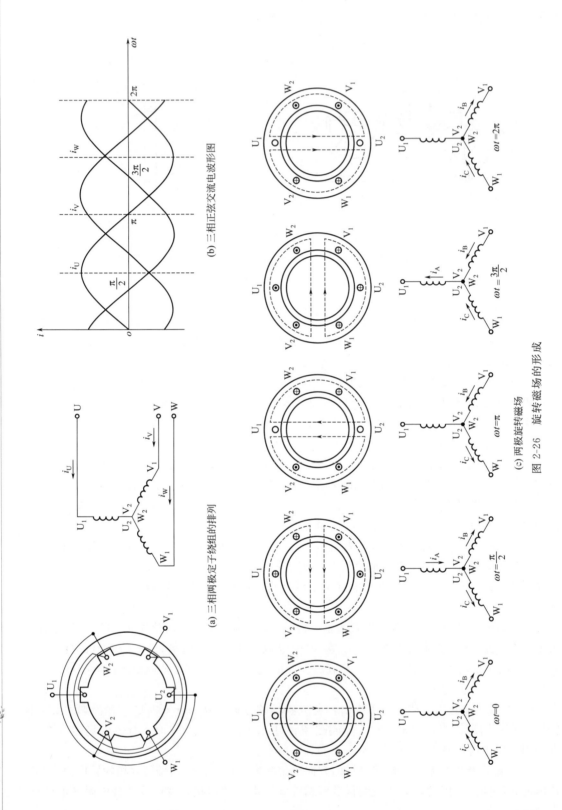

(a) 三相两极定子绕组的排列

(b) 三相正弦交流电波形图

(c) 两极旋转磁场

图 2-26 旋转磁场的形成

（4）旋转磁场的极数　旋转磁场的极数与三相绕组的排列有关。如果各绕组互差 120° 电角度，则产生两极旋转磁场（$P=1$）。如果每相绕组有两个线圈串联，各相绕组互差 60° 电角度，则产生四极旋转磁场（$P=2$）。因此，只要将三相绕组按一定规律排列，就可得到所需的磁极。旋转磁场的极数也就是异步电机的极数。

（5）旋转磁场的转速　旋转磁场的转速由磁极数决定。当 $P=1$ 时，交流电每变化一周，磁场也旋转一周（360°）。设交流电的频率为 f，则旋转磁场的转速 $n_0=60f$，转速的单位为转/分（r/min）。当 $P=2$ 时，交流电交变一周，磁场在空间旋转 1/2 周（180°），即 $n_0=60f/2$。同理，当 $P=3$ 时，则 $n_0=60f/3$。由此可知

$$n_0=\frac{60f}{P} \tag{2-3}$$

式中　n_0——旋转磁场的转速，r/min；

　　　f——三相交流电的频率，Hz；

　　　P——旋转磁场的磁极对数，对。

可见，旋转磁场的转速由电流的频率 f 和磁极的对数 P 决定。由于电机的 f 和 P 是定值，所以磁场转速是个常数。

（6）转差率　异步电机转子与磁场的旋转方向相同，如果转子转速 n 等于旋转磁场的转速 n_0，则转子与磁场间就不存在相对运动，转子也不会产生感应电流和电磁力矩，转子就不可能继续以 n 的转速旋转。所以，转子转速必须小于旋转磁场的转速。这就是异步电机名称的由来。异步电机转速和旋转磁场转速间的转速差与旋转磁场转速（同步转速）的比值，称为转差率，转差率 S 常用百分数表示，即

$$S=\frac{n_0-n}{n_0}\times100\% \tag{2-4}$$

式中　S——转差率，r/min；

　　　n_0——旋转磁场的转速，r/min；

　　　n——转子转速，r/min。

一般异步电机在额定工作状态下的转差率为 $1.5\%\sim5\%$。

3.2　三相异步电机的控制

三相异步电机的控制大体分为两种：矢量控制（FOC）和直接转矩控制（DTC）。

3.2.1　矢量控制

矢量控制的思想是模拟直流电机，求出交流电机电磁转矩和与之对应的磁场及电枢电流，并分别加以控制，其特点如下。

① 可以从零转速开始进行控制，调速范围很宽。

② 转速控制响应速度快，且调速精度较高。

③ 可以对转矩实行较为精确的控制，电机的加速特性也很好。

④ 系统受电机参数变化的影响较大，且计算复杂，控制相对烦琐。

目前矢量控制理论比较完善，并日趋成熟，可基本满足电动汽车的动力性要求。

3.2.2　直接转矩控制

在定子坐标下，通过检测电机定子电压和电流计算电机的磁链及转矩，并根据与给定值

比较所得差值，实现磁链和转矩的直接控制。不受转子参数随转速变化而变化的影响，简化了控制结构，动态响应快，因此受到了广泛的关注，其特点如下。

① 调速精度较高，响应速度快。

② 计算简单，而且控制思想新颖，控制结构简单，控制手段直接。

③ 信号处理的物理概念明确，动静态性能均佳。

④ 调速范围较窄，低速特性有脉动现象。

在技术实现上，直接转矩控制往往很难体现出优越性，调速范围不及矢量控制宽，其根源主要在于其低速时，转矩脉动的存在以及负载能力的下降，这些问题制约了直接转矩控制进入实用化的进程。

3.3 驱动系统的检查维护

纯电动汽车的驱动系统和电源系统是传统燃油汽车所没有的两大系统，在电动汽车的使用中，其维护检查也与传统燃油汽车有较大区别。

（1）日常检查 定期检查电缆线、电机紧固件的紧固情况。为了使驱动电机有良好的散热，需定期清除电机表面以及风机进、出风口的尘土、纤维等杂物。

（2）轴承维护 驱动电机轴承每半年补充润滑脂一次，传动端15g，非传动端20g。根据电机的运行情况和轴承的声音及发热情况，来确定是否更换新轴承。

（3）绝缘电阻的测量 当车辆很长时间搁置不用时，应测量驱动电机的绝缘电阻，其绝缘电阻值应不低于5MΩ，否则应对电机绕组进行干燥绝缘处理，以去除潮气。

（4）驱动电机散热风机的检查 使用中应每天检查风机的工作是否正常，叶轮是否有异响；并经常检查外罩的紧固螺钉是否有松动。

3.4 三相异步电机在电动汽车中的应用

交流异步电机在国内外电动汽车上的应用如下。

① 美国通用公司的 EV1/EV2 纯电动汽车，采用功率为 102kW 交流异步感应电机，在 0～7000r/min 间的任何转速下可产生 149N·m 的转矩。

② 京华电动公交车、客车采用额定功率为 100kW 的交流异步感应电机 JD132A，额定电压为 360V，额定转速为 2000r/min，额定转矩为 447.8N·m，峰值功率为 150kW，峰值转速为 4500r/min，峰值转矩为 850N·m。

③ 中通纯电动豪华旅游客车，采用额定功率为 100kW 的交流异步感应电机 JD144C，额定功率为 100kW，额定转速为 2000r/min，额定转矩为 447N·m，峰值功率为 150kW，峰值转速为 5300r/min，峰值转矩为 1000N·m。

 任务四 认识永磁电机

引言

永磁驱动电机有多种分类方法，根据输入电机接线端的电流种类可分为永磁直流电机和永磁交流电机。这种分类简单明了，由于永磁交流驱动电机没有电刷、换向器或集电环，因此也可称为永磁无刷电机。根据输入电机接线端的交流波形，永磁无刷电机可分为永磁同步电机和永磁无刷直流电机。输入永磁同步电机的是交流正弦波或近似正弦波，采用连续转子位置反馈信号来控制换向；而输入永磁无刷直流电机的是交流方波，采用离散转子位置反馈信号控制换向。

学习目标

1. 了解永磁电机的种类及特点。
2. 掌握永磁同步电机的磁极数量及材料。
3. 掌握永磁无刷直流电机的结构。

4.1 永磁电机的种类

按永久磁铁在永磁电机上的布置，可以将永磁电机分为内部永磁型磁性转子（IPM）、表面永磁型磁性转子（SPM）和镶嵌式（混合式）永磁型磁性转子（ISPM）几种结构形式，将永磁磁极按 N 极和 S 极顺序排列组成永磁电机的磁性转子。

4.1.1 内部永磁型磁性转子

内部永磁型磁性转子的磁路结构可分为径向型磁路结构、切向型磁路结构和混合型磁路结构。

永久磁铁的磁路结构形式如图 2-27 所示。径向型内部永磁转子漏磁小，而且不需要隔离环，但它的每个磁极的有效面积约为切向型内部永磁转子的一半，为了提高径向型内部永磁转子的有效面积，多采用图 2-27 中 5 的截面形状。切向型内部永磁转子会因为 q 轴电枢反应较强，从而减少了有效转矩，可以采用图 2-27 中 8 的形式，在转子上开闭口空气槽，可以改善对其转矩的影响。

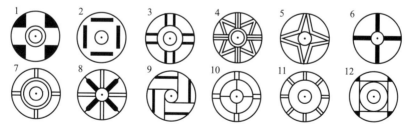

图 2-27　永久磁铁的磁路结构形式

1～5—径向型内部永磁转子结构；6～8—切向型内部永磁转子结构；9—混合型
内部永磁转子结构；10～12—表面永磁型转子结构

4.1.2 表面永磁型磁性转子

表面永磁型磁性转子的应用正在逐渐增多。如图 2-28 所示为表面永磁型磁性转子电机的横截面图。

4.1.3 镶嵌式永磁型磁性转子

如图 2-29 所示为镶嵌式永磁型磁性转子的结构，这种转子可以用嵌入永久磁铁中的励磁绕组来对磁通量进行控制，从而改变永磁电机的力学特性。

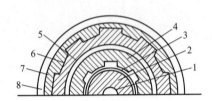

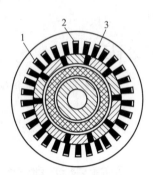

图 2-28　表面永磁型磁性转子电机的横截面图

1—电机轴；2—转子；3—转子磁体固定环；4—钕铁硼
永磁体；5—钕铁硼永磁体卡环；6—定子绕组；
7—定子铁芯；8—电机冷却水套

图 2-29　镶嵌式永磁型磁性转子的结构

1—定子绕组；2—励磁绕组；3—永久磁体

4.2　磁极的数量

一般感应电机的磁极数量增多以后，电机在同样的转速下，工作频率随之增加，定子的铜损和铁损也相应增加，将导致功率因数急剧下降。磁阻电机的磁极数量增多以后，会使电机输出的最大转矩与最小转矩之间的差值很大，对磁阻电机的性能影响较大，独立励磁电机的磁极数量增多以后，将无法达到额定的转矩。而永磁电机的磁极增加一定数量以后，不仅对电机的性能没有明显的影响，还可以有效地减小永磁电机的尺寸和重量。永磁电机的气隙直径和有效长度，受电机的额定转矩、气隙磁通密度、定子绕组的线电流密度等参数变化的影响。气隙磁通密度主要受磁性材料磁性的限制，因此需要采用磁能密度高的磁性材料。另外，在气隙磁通密度相同的条件下，增加磁极的数量，就可以减小电机磁极的横截面面积，从而减小电机转子铁芯的直径。如图 2-30 所示为四极永磁转子铁芯与十六极永磁转子铁芯的尺寸比较，减小电机的重量、增加连通密度、改进磁路结构，是提高永磁电机性能和效率的主要途径，后者的截面面积要小于前者，因此可减弱电枢反应和提高电机的转速。

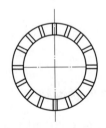

(a) 四极永磁转子铁芯

(b) 十六极永磁转子铁芯

图 2-30　四极永磁转子铁芯与十六极永磁转子铁芯的尺寸比较

4.3　永磁材料

　　永磁电机的永磁材料种类很多，如 KS 磁钢、铁氧体、锰铝碳、铝镍钴和稀土合金等。铁氧体价格低廉，而且去磁特性接近一条直线，但铁氧体的磁能很低，使得永磁电机的体积增大，结构很笨重。目前主要采用稀土合金永磁材料来制造永磁电机的磁极，它的能量密度远远超过其他永磁材料制成的磁极。钕铁硼（Nd-Fe-B）稀土合金的磁能积最高，有最高的剩磁和矫顽力，加工性能好，资源广泛，应用发展最快，是目前最理想的永磁材料，而且相对价格也比较低。

　　磁极的磁性材料不同，电机的磁通量密度也不同。磁通量密度大时，永磁电机的体积和重量都将减小。采用钕铁硼（Nd-Fe-B）稀土合金永磁材料时，由于其在高温时磁性会发生不可逆的急速衰退，以致完全失去磁性，因此，用钕铁硼（Nd-Fe-B）稀土合金永磁材料制成的永磁电机的工作温度必须控制在 150℃ 以下，一般在电机上要采取强制冷却。钕铁硼（Nd-Fe-B）稀土合金永磁材料要比钐钴（Sm-Co）稀土合金永磁材料具有更好的力学性能，价格也比较便宜。稀土合金永磁材料在制造中都必须进行适当加固，否则不能承受高速运转时的作用力。

4.4　永磁无刷直流电机

4.4.1　永磁无刷直流电机的结构

　　永磁无刷直流电机可以看作是一台用电子换向装置取代机械换向的直流电机，永磁无刷直流电机主要由永磁电机本体、转子位置传感器和电子换向电路组成。无论是结构或控制方式，永磁无刷直流电机与传统的直流电机都有很多相似之处：用装有永磁体的转子取代有刷直流电机的定子磁极；用具有多相绕组的定子取代电枢；用由固态逆变器和轴位置检测器组成的电子换向器取代机械换向器和电刷。

4.4.2　永磁无刷直流电机的控制系统

　　永磁无刷直流电机具有很高的功率密度和宽广的调速范围。永磁无刷直流电机的控制系统较为复杂，有多种控制策略，采用方波电流（实际上方波为顶宽不小于 120° 的矩形波）的永磁无刷直流电机的控制则比较容易，驱动效率也最高。方波电机可以比正弦波电机产生大 15% 左右的电功率，由于磁饱和等因素的影响，三相合成产生的恒定电磁转矩是一种脉动电磁转矩。永磁无刷直流电机实际上是一种隐极式同步电机，在正常运行时电枢电流磁动势与永磁磁极的磁动势在空间位置相差 90° 电角度。在高速运行时通过"弱磁调速"的技术来提速。

　　永磁无刷直流电机的基本控制系统由直流电源、电容器、三相绝缘栅双极晶体管逆变器、永磁无刷直流电机（PMBDC）、电机转轴位置检测器（PS）、逻辑控制单元 120° 导通型脉贫调制信号（PWM）发生器驱动电路和其他一些电子器件共同组成。

　　转轴位置检测器检测转轴位置的信号，经过位置信号处理，将信号输送到逻辑控制单元，码盘检测电机的转速，经过速度反馈单元和速度调节器对电机的运行状态进行判别，将信号输送到逻辑控制单元，经过逻辑控制单元计算后，将控制信号传送到 PWM 发生器。

电流检测器按照闭环控制方式，将反馈电流进行综合，经过电流调节器调控，也将电流信号输入 PWM 发生器。

由转轴位置检测器根据转角 θ 和速度调节器，对电机的运行状态进行判别，共同发出转子位置的信号 DA、DB、DC，以及电流检测器对电流的调控信号。共同输入 PWM 发生器后，产生脉宽调制的信号，通过自动换流来改变定子绕组的供电频率和电流的大小，控制逆变器的功率开关元件的导通规律。如图 2-31 所示，逆变器的功率开关由上半桥开关元件 $S_1 \sim S_3$ 和下半桥开关元件 $S_4 \sim S_6$ 组成，在同一时刻只有处于不同桥臂上的一个开关元件 IGBT 被导通（例如 S_1 和 S_6），电机的电磁转矩 T 与开关元件导通的电流成正比。

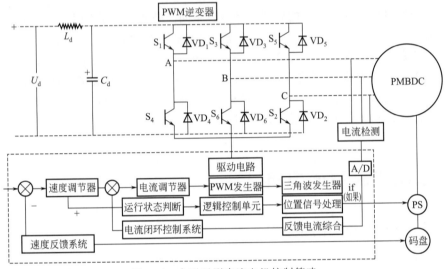

图 2-31 永磁无刷直流电机控制策略

4.5 永磁磁阻同步电机

4.5.1 永磁磁阻同步电机的结构

永磁磁阻同步电机是将永久磁铁取代他励同步电机的转子励磁绕组，将磁铁插入转子内部，形成同步旋转的磁极。电机的定子与普通同步电机两层六极永磁磁阻同步电机的定子和转子一样，如图 2-32 所示，转子上不再用励磁绕组、集电环和电刷等来为转子输入励磁电流，输入定子的是三相正弦波电流，这种电机称为永磁磁阻同步电机。

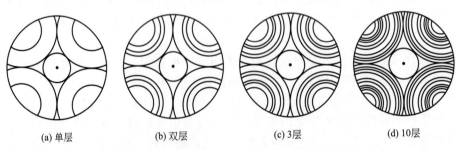

(a) 单层   (b) 双层   (c) 3层   (d) 10层

图 2-32 不同层数的永磁磁阻同步电机的转子

永磁磁阻同步电机具有高效率（达 97%）和高比功率（远远超过 1kW/kg）的优点。输出转矩与转动惯量比都大于相类似的三相感应电机。它在高速转动时有良好的可靠性，平稳工作时电流损耗小，永磁磁阻电机在材料的电磁、磁极数量、磁场衰退等多方面的性能都优于其他种类的电机，工作噪声也低。

在同步电机的轴上装置转子位置传感器和速度传感器，它们产生的信号是驱动控制器的输入信号。永磁磁阻同步电机具有功率密度高、调速范围宽、效率高、性能更加可靠、结构更加简单、体积小的优点。与相同功率的其他类型电机相比较，更加适合作为 EV、FCEV 和混合动力汽车的驱动电机。

永磁磁阻电机为了增加电机的转矩，采用增加 q 轴磁阻与 d 轴磁阻之差来获得更大的磁阻转矩，因此采用多层的转子结构，有单层、双层、3 层和 10 层等，用于优化转子结构。转子的层数增加，$L_q - L_d$ 也增大，但增加层数超过 3 层，$L_q - L_d$ 变化不大，一般为 2～3 层。

4.5.2　永磁磁阻同步电机的控制系统

永磁磁阻同步电机采用了带有矢量变换电路的逆变器系统来控制，其控制系统由直流电源、电容器、三相绝缘栅双极晶体管（IGBT）逆变器、永磁同步电机（PSM）、电机转轴位置检测器（PS）、速度传感器、电流检测器、驱动电路和其他一些元件等共同组成。微处理器控制模块中包括乘法器、矢量变换电路、弱磁控制器、转子位置检测系统、速度调节系统、电流控制系统、PWM 发生器等主要电子器件。PWM 逆变器的作用是将直流电经过脉宽调制变为频率及电压可变的交流电，电压波形有正弦波或方波。

① 转子位置检测器根据检测转子磁极的位置信号和矢量变换电路发出的控制信号，共同通过电流分配信号发生器来对转子位置信号进行调节，产生电流分配信号，将信号分别输入 A、B 乘法器中。

② 速度传感器、速度变换电路和速度调节器对电机的运行状态进行判别与处理，将电机的运行状态信号分别输入 A、B 乘法器中。

③ 控制驱动器采用不同的控制方法，由电流分配信号发生器和速度调节器对系统提供信号，经过乘法器逻辑控制单元的计算后产生控制信号，并与电流传感器输入的电流信号，共同保持转子磁链与定子电流之间的确定关系，将电流频率和相位变换信号分别输入各自独立的电流调节器中，然后输出到 PWM 发生器中，控制 IGBT 逆变器换流开关元件的通断，完成脉宽调制，为永磁同步电机提供正弦波形的三相交流电，同时控制定子绕组的供电频率、电压和电流的大小，使永磁同步电机产生恒定的转矩和对永磁同步电机进行调速控制。

④ 系统的给定量是转子转速的大小，系统可以根据不同的给定速度运行，调速范围宽，调速精度也较高。根据电机转子位置检测器测得的转子的正方向转角 θ 位置的信号 DA、DB、DC，使分别属于上桥臂和下桥臂的两个开关元件导通，而且只有在下桥臂的开关元件受控于 PWM 状态时，电机才处于电动状态运转。

根据电机转轴位置检测器得到的转子反方向转动的信号 DA′、DB′、DC′ 时，分别属于上桥臂和下桥臂的 6 个开关元件按周期规律交替导通，在每个周期中每个开关元件轮流导通工作 60°电角度，PWM 处于脉宽调制状态时，电机处于发电状态运转。永磁磁阻同步电机的控制系统如图 2-33 所示。

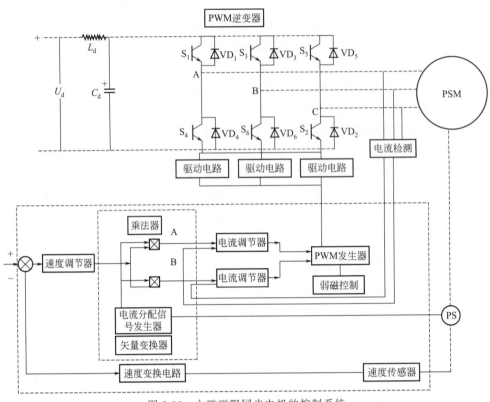

图 2-33　永磁磁阻同步电机的控制系统

4.5.3　永磁磁阻同步电机的力学特性

永磁磁阻同步电机在牵引控制中采用矢量控制方法，在额定转速以下恒转矩运转时，使定子电流相位领先一个 β 角，这样，一方面可增加电机的转矩；另一方面由于 β 角领先产生的弱薄作用，使电机额定转速点增高，从而增大了电机在恒转矩运转时的调速范围，如 β 角继续增加，电机将运行在恒功率状态。永磁磁阻同步电机能够实现反馈制动。如图 2-34 所示为永磁磁阻同步电机的力学特性曲线。

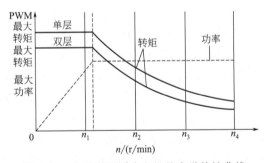

图 2-34　永磁磁阻同步电机的力学特性曲线

4.6　永磁同步电机在电动汽车上的应用

与传统的电励磁电机相比，永磁同步电机特别是稀土永磁同步电机具有结构简单、运行可靠、体积小、重量轻、损耗少、效率高、电机的形状和尺寸可以灵活多变等显著优点，在电动汽车电驱动系统中具有很高的应用价值。现在很多电动乘用车均使用永磁同步电机，如日系车中的丰田 2010 普锐斯、本田 INSIGHT 和日产 LTIMA。欧洲各国也大多采用永磁同步电机，如奥迪 A8 Hybrid（图 2-35）、宝马 Active Hybrid7，我国现阶段推广应用的主要车型比亚迪 E6、北汽 EV200（图 2-36）等也普遍采用永磁同步电机。我国永磁材料资源储备丰富，永磁同步电机制造成本也将进一步降低，相对于其他种类的电机，其优势必将更加显著。

图 2-35　奥迪 A8 Hybrid 汽车

图 2-36　北汽 EV200

 任务五　认识开关磁阻电机

引言

开关磁阻电机（Switched Reluctance Motor，SRM）作为一种新型电机，相比其他类型的驱动电机而言，其结构最为简单，定子、转子均为普通硅钢片叠压而成的双凸极结构，转子上没有绕组，定子上有集中绕组。

学习目标

1. 掌握开关磁阻电机的结构原理。
2. 掌握电力电子功率变换器的主电路。
3. 掌握开关磁阻电机的控制。

5.1　开关磁阻电机的结构原理

5.1.1　开关磁阻电机的特点

开关磁阻电机（SRM）的基本结构如图 2-37 所示。开关磁阻电机的功率密度高，转矩-转速特性好，有较高的启动转矩和较低的启动功率，效率可以达 $85\% \sim 93\%$；转矩、转速在较宽的转速范围内，可灵活地控制，调速控制较简单，最高转速可以达 15000r/min；具有结构简单坚固、可靠性高、重量轻、成本低、效率高、温升低、易于维修等诸多优点。而且它具有直流调速系统的可控性好的优良特性，同时适用于恶劣环境，非常适合作为电动汽车的驱动电机使用。

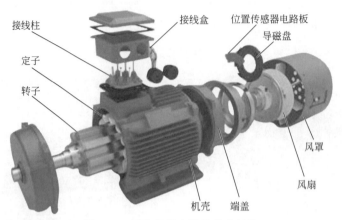

图 2-37 开关磁阻电机的基本结构

5.1.2 开关磁阻电机本体

开关磁阻电机本体采用定子、转子双凸极结构，单边励磁，即只有定子凸极采用集中绕组励磁，而转子凸极上既无绕组也无永磁体；定子、转子都由硅钢片叠压而成；定子绕组径向相对的极串联，构成一相，其结构原理如图 2-38 所示。开关磁阻电机的定子和转子结构如图 2-39 所示。开关磁阻电机的定子和转子相数不同，有多种组合方式，最常见的有三相 6/4 极结构、三相 6/8 极结构及三相 12/8 极结构，如图 2-40 所示。

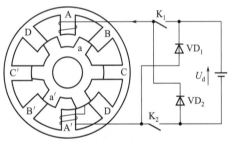 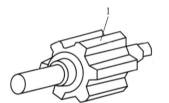 

图 2-38 开关磁阻电机的结构原理　　　　图 2-39 开关磁阻电机的定子和转子结构

1—转子凸极；2—定子凸极绕组；3—定子

(a) 三相6/4极　　　　　　　(b) 三相6/8极　　　　　　　(c) 三相12/8极

图 2-40 开关磁阻电机的几种组合方式

三相 6/4 极结构表明电机定子有 6 个凸极，转子有 4 个凸极，在定子相对称的两个凸极上的集中绕组互相串联，构成一相，相数＝定子凸极数/2。转子上没有绕组，定子上有 6 个凸极的叫作 3 相开关磁阻电机，定子上有 8 个凸极的叫作 4 相开关磁阻电机。相数越多，步进角越小，运转越平稳，越有利于减小转矩波动，但控制越复杂，以致主开关器件增多和成本增加。步进角的计算方法：步进角＝360°×2/（定子极数×转子极数），如四相8/6极电机，其步进角＝360°×2/(8×6)＝15°。低于三相的开关磁阻电机通常没有自启动能力。目前应用较多的是三相、四相和五相结构。

如图2-41所示为几种开关磁阻电机的定子和转子结构的剖面示意图。

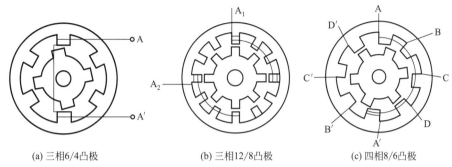

(a) 三相6/4凸极　　　　(b) 三相12/8凸极　　　　(c) 四相8/6凸极

图2-41　几种开关磁阻电机的定子和转子结构的剖面示意图

5.1.3　转子位置传感器

转子位置传感器包括霍尔式、电磁式、光电式和磁敏式多种，常设置在电机的非输出端。如图2-42所示为开关磁阻电机传感器的位置。

光电式位置检测器由齿盘与光电传感器组成。齿盘截面与转子截面相同，装在转子上，光电传感器装在定子上。当磁盘随转子转动时，光电传感器检测到转子齿的位置信号。

转子位置检测器的检测原理如图2-43所示。其中图2-43(a)所示是一个四相8/6极电机的位置检测器的结构，它只设置S_P与S_Q两个传感器，它们空间相差15°，磁盘上有间隔30°的6个磁槽，检测到的基本信号如图2-43(b)所示。

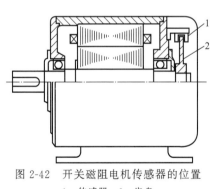

图2-42　开关磁阻电机传感器的位置
1—传感器；2—齿盘

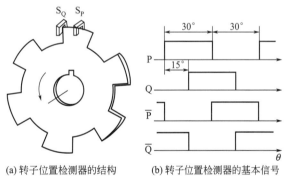

(a) 转子位置检测器的结构　　(b) 转子位置检测器的基本信号

图2-43　转子位置检测器的检测原理

5.1.4　开关磁阻电机的转动原理

由图2-38可知，当A相绕组电流控制开关K_1、K_2闭合时，A相通电励磁，所产生的磁场力图使转子旋转至转子极轴线a-a′与定子极轴线A-A′的重合位置，从而产生磁阻性质的电磁转矩。如果顺序给A、B、C、D相绕组通电，则转子就按逆时针方向连续转动起来；如果依次给B、A、D、C相绕组通电，则转子会沿着顺时针方向转动。在多相电机的实际运行中，也经常出现两相或两相以上绕组同时导通的情况。当某一相中的定子绕组轮流通电一次时，转子转过一个转子极距。

5.2 电力电子功率变换器的主电路

开关磁阻电机的电力电子功率变换器为开关磁阻电机的运行提供电能，在整个开关磁阻电机系统的成本中，功率变换器占有极大的比重，合理选择和设计功率变换器是提高开关磁阻电机性能和价格比的关键之一。功率变换器主电路形式的选取对于开关磁阻电机的设计也会直接产生影响，应依据具体性能、使用场所等方面综合考虑，给出最佳组合方案。开关磁阻电机常用的功率变换器主电路有很多种，应用最普遍的有三种，如图2-44所示。

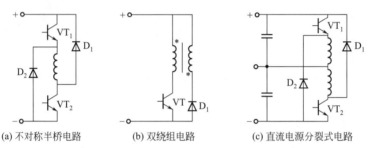

(a) 不对称半桥电路　　(b) 双绕组电路　　(c) 直流电源分裂式电路

图2-44　三种基本的功率变换器主电路

如图2-44(a)所示的主电路为单电源供电方式，每相包括两个主开关器件，工作原理简单。导通模式包括三种：两个主开关器件同时导通，绕组获得正向电源，电流增加；一个主开关器件导通；两个主开关器件同时关断。这种主电路中主开关承受的额定电源电压是U_d。它可用于任何相数、任何功率等级的情况，在高电压、大功率场合下有显著的优势。如图2-44(b)所示的主电路的特点是每相必须有两个绕组，其中一个绕组和开关管串联，另一个绕组通过续流二极管串联，两个绕组完全耦合（一般采用双股并绕）。工作时，电源通过开关管向绕组供电，开关管关断后，磁场储能通过续流二极管向电源回馈。开关管承受的最大工作电压是$2U_d$。

如图2-44(c)所示的主电路为分裂式电路，以对称电源供电。每相仅有一个主开关，上桥臂从上电源吸收能量，并将剩余的能量回馈到下电源，或从下电源吸取能量，将剩余的能量回馈至上电源。所以，为确保上、下桥臂电压的平衡，这种主电路只能用于偶数相电机。主开关正常工作时的最大反向电压为U_d。每相绕组导通时绕组两端的电压只是$U_d/2$。

5.3 永磁式开关磁阻电机

为了克服开关磁阻电机的固有弱点，除了提高控制装置及控制软件的设计水平外，在电机本身结构上也要进行改进。在上述开关磁阻电机定子轭部对称地嵌入高性能的钕铁硼永磁体，永磁体磁场与各相绕组的磁场共同组成新型电机磁场，形成永磁式开关磁阻电机（PMSRM）。其基本结构、磁通和反电动势如图2-45所示。

永磁式开关磁阻电机也称为双凸极永磁电机，可采用圆柱形径向磁场结构、盘式轴向磁场结构和环形横向磁场结构。该电机在磁阻转矩的基础上叠加了永磁转矩，永磁转矩的存在有助于提高电机的功率密度和减小转矩脉动，以利于它在电动车辆驱动系统中的应用。它可

电动汽车维修入门

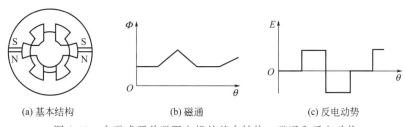

(a) 基本结构　　　　　　　(b) 磁通　　　　　　　(c) 反电动势

图 2-45　永磁式开关磁阻电机的基本结构、磁通和反电动势

以加速绕组换流速度，减小波动，提高能量利用率。

　　永磁式开关磁阻电机的工作原理是：永磁体产生的磁通在凸极相对齐时最大，在一个凸极对准一个极槽时最小，而定子绕组所产生的磁通与原先的一样，两种磁通叠加之后共同作用于转子，驱使电机转子转动。如果在给定子绕组单独通电时不考虑永磁体的磁场作用，将给绕组磁通回路带来较大的磁阻，减小定子绕组电感，这也给电机相间快速换流提供了有利条件。所以改进后的永磁式开关磁阻电机体积变小，效率更高，稳定性更好。当前，双凸极永磁电机是研究的热门，其被做成外转子型轮毂驱动方式。

5.4　开关磁阻电机的控制

5.4.1　开关磁阻电机的控制系统组成

　　开关磁阻电机是一种新型的电机，从结构和原理上有别于其他常用的电机，因而，其控制方法也有别于其他电机。开关磁阻电机的控制系统包括转子位置（角位移）检测器、电流检测器、转子速度检测器，它们将检测开关磁阻电机转子的位置信号、转子旋转速度和定子励磁绕组的电流强度，并将测得的信号源转换为电信号，输送到驱动控制器（CPU），然后汇合驾驶人的操作等信号，通过 CPU 控制器运算处理，再通过功率变换器控制电机转速和转矩，实现对电机的控制，如图 2-46 所示。

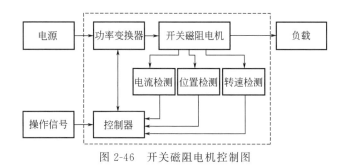

图 2-46　开关磁阻电机控制图

5.4.2　转子电流和转子位置检测器

　　开关磁阻电机的工作原理决定了其定子励磁电流和转子位置检测与控制的重要性及必要性。开关磁阻电机的电流检测是通过电流检测器完成的，常用的开关磁阻电机的电流检测器有电阻式电流检测器、霍尔式电流检测器和磁敏式电流检测器等形式。电流检测器将电机定子上各相的励磁电流强度传输到控制系统的 CPU，经过运算处理，向功率变换器发出指令，

控制开关磁阻电机电流的变换、速度和转矩的变换。

　　转子位置（角位移）检测器有光电式、电磁式、磁敏感式等形式。通过转子位置检测器精确地测定转子与定子的相对位置。四相开关磁阻电机的光电式转子位置检测器，其齿盘的开槽数与转子的开槽数相同，检测器齿盘装在开关磁阻电机一端的轴上，在检测器齿盘随转子转动时，光源的光线被检测器齿盘的齿断续地遮断，当光线透过齿隙时，光电耦合开关导通；当光线被轮齿遮挡时，光电耦合开关截断。这可作为开关磁阻电机转子位置变化的原始信号，将位置信号传输到控制系统的 CPU，经过运算处理，向功率变换器发出指令，控制功率变换器的功率开关的触发转换。

5.5　开关磁阻电机在电动汽车中的应用

　　开关磁阻电机转子上没有绕组和永磁体，其结构是四种电机中最坚固的，而且这样的结构使得电机制造简单、成本低、散热特性较好。相对于直流电机和交流电机，开关磁阻电机具有更高的效率，而且可以在较宽的功率和转速范围内高效率运行，这种特性十分符合电动汽车驱动的要求。但是，由于外加电压的阶跃性变化，使得定子电流、电机径向力变化率突变，开关磁阻电机工作时产生较大的脉动，再加上其结构和各项工作时的不对称，导致开关磁阻电机工作时产生较大的噪声和振动，这是开关磁阻电机在电动汽车驱动系统中应用普遍存在和急需解决的问题。现在还没有产业化车型使用开关磁阻电机。

　　开关磁阻电机作为最新一代无级调速系统尚处于深化研究开发、不断完善提高的阶段，其应用领域也在不断拓展之中。

 ## 任务六　认识轮毂电机

引言

　　轮毂电机技术又称为车轮内装式电机技术，是一种将电机、传动系统和制动系统融为一体的轮毂装置技术。从各种驱动技术的特点和发展趋势来看，采用轮毂电机技术是电动汽车的最终驱动形式。轮毂电机可采用永磁无刷、直流无刷、开关磁阻等电机类型。由于电机处于车轮轮毂内，受体积限制，要求电机为扁形结构，即电机短而粗。

学习目标

　　1. 了解轮毂电机的结构及特点。
　　2. 掌握轮毂电机的驱动方式。

6.1　轮毂电机的结构及特点

6.1.1　轮毂电机的结构

　　轮毂电机驱动系统根据电机的转子形式主要分成两种结构形式：内转子式和外转子式。

内转子式轮毂电机采用高速内转子电机，配备固定传动比的减速器，电机的转速通常高达10000r/min。外转子式轮毂电机则采用低速外转子电机，无减速装置，电机的外转子与车轮的轮辋固定或者集成在一起，车轮的转速与电机相同，电机的最高转速在1000~1500r/min之间，如图2-47所示。

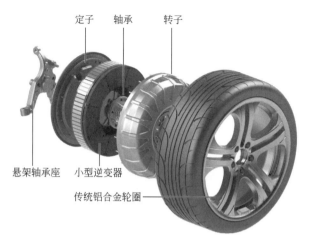

图 2-47　轮毂电机驱动的结构

内转子式轮毂电机具有比功率较高、重量轻、体积小、噪声小、成本低等优点。其缺点是必须采用减速装置，使效率降低，非簧载重量增大，电机的最高转速受到线圈损耗、摩擦损耗以及变速机构的承受能力等因素的限制。外转子式轮毂电机的优点是结构简单、轴向尺寸小，能在很宽的速度范围内控制转矩，且响应速度快，没有减速机构，因而效率高。其缺点是要获得较大的转矩，必须增大电机的体积和重量，因而其成本高。这两种结构在目前的电动汽车中都有应用，但是随着紧凑的行星齿轮变速机构的出现，高速内转子式驱动系统在功率密度方面比低速外转子式更具竞争力。

6.1.2　轮毂电机的特点

（1）轮毂电机的优点

① 更方便的底盘布置，更灵活的供电系统。由于采用了电动轮驱动的形式，汽车底盘的布置将更加灵活，省去了机械传动系统之后，使得汽车车厢具有更大的空间，底盘的设计也就具有更大的通用性。同时，电动汽车的电源供电系统也更加灵活，无论是采用燃料电池、超级电容、蓄电池，或者是它们的组合形式，都将更加灵活而不受限制，动力传动形式也由原来的机械硬连接变为只需要电缆进行供电的软连接形式。

② 更好的汽车底盘主动控制性能。在采用轮毂电机驱动形式的电动汽车中，汽车的电动轮是可以独立控制的，汽车底盘的主动控制通过对驱动电机的控制实现。电机的控制响应快、精度高，并且每个驱动轮由各自的控制器控制，可以实现底盘主动控制的功能，如果能在四轮中均采用轮毂电机，可以实现最理想的控制效果。

③ 最优的驱动力分配。由于驱动轮（2个或者4个）的驱动力是可以单独调节的，所以通过分析各轮的转矩利用效率，可选最经济的驱动方式。

（2）轮毂电机的不足之处

① 轮毂电机增大了非簧载重量，这会对整车的操控产生一定的不利影响。

② 虽然电子制动可以实现能量回收，但是其制动能力有限，所以仍需要有液压制动系统。

6.2　轮毂电机的驱动方式

轮毂电机使用时可分为减速驱动和直接驱动两种驱动方式。

① 采用减速驱动方式，电机一般在高速下运行，选用高速内转子式电机。减速机构放置在电机和车轮之间，起到减速和增加转矩的作用。减速驱动具有如下优点：电机运行在高速下，具有较高的效率，转矩大，爬坡性能好，能保证汽车在低速运行时获得较大的平稳转矩。不足之处是：难以实现液态润滑，齿轮磨损严重，使用寿命短，不易散热，噪声大。减速驱动方式适合于丘陵或山区使用，以及要求过载能力大和城区客车等需要频繁启动/停车等场合。

② 采用直接驱动方式，多采用外转子式电机。为了使汽车能顺利起步，要求电机在低速时能提供大的转矩。直接驱动的优点有：不需要减速机构，使得整个驱动结构更加简单、紧凑，轴向尺寸也较小，而且效率也进一步提高，响应速度也较快。其缺点是：起步、爬坡以及承载较大载荷时需要大电流，易损坏电池，电机效率峰值区域小。直接驱动方式适合平路或负荷较小的场合。

6.3　轮毂电机在电动汽车中的应用

轮毂电机技术并非新生事物，早在 1900 年，保时捷就首先制造了前轮装备轮毂电机的电动汽车，在 20 世纪 70 年代，这一技术在矿山运输车等领域得到应用。对于车用的轮毂电机技术，日系厂商研究较早，也推出了一些电动轮毂汽车车型，如本田 FCX concept、三菱 COLT（图 2-48）等。目前国内也有自主品牌汽车厂商开始研发此项技术，如奇瑞瑞麟 X1 增程式电动汽车（图 2-49）就采用了轮毂电机技术。

轮毂电机驱动形式的优势比较明显，高质量的电动轮毂产品及电动轮毂汽车控制系统的研发已经是国际电气和汽车工程界研究的重要方向。轮毂电机也有自己的不足并存在一些问题，比如密封、起步电流和启动转矩的平衡关系，以及转向时驱动轮的差速问题等，如果能在工程上解决这些难题，轮毂电机驱动技术将在未来的电动汽车中拥有广泛的前景。

图 2-48　采用轮毂电机的三菱 COLT

图 2-49　奇瑞瑞麟 X1 增程式电动汽车

任务七　认识北汽 EV200 驱动电机

引言

驱动电机系统是电动汽车三大核心系统之一，是车辆行驶的主要驱动系统，其特性决定了车辆的主要性能指标，直接影响车辆动力性、经济性和用户驾乘感受。以北汽新能源 EV200 车型所采用的驱动电机系统为例来介绍相关技术。

学习目标

1. 了解北汽 EV200 驱动电机及控制的结构。
2. 掌握北汽 EV200 驱动电机系统的功能。

7.1　驱动电机系统介绍

驱动电机系统由驱动电机、驱动电机控制器（MCU）构成，通过高低压线束、冷却管路与整车其他系统连接，如图 2-50 所示。

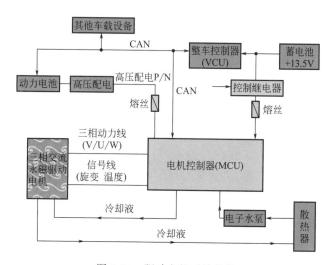

图 2-50　驱动电机系统结构

整车控制器（VCU）根据加速踏板、制动踏板、挡位等信号通过 CAN 网络向电机控制器（MCU）发送指令，实时调节驱动电机的扭矩输出，以实现整车的怠速、加速、能量回收等功能。

电机控制器能对自身温度、电机的运行温度、转子位置进行实时监测，并把相关信息传递给整车控制器（VCU），进而调节水泵和冷却风扇工作，使电机保持在理想温度下工作。

驱动电机技术指标参数如表 2-2 所示，驱动电机控制器技术参数如表 2-3 所示。

表 2-2　驱动电机技术指标参数

类型	永磁同步
基速/(r/min)	2812
转速范围/(r/min)	0~9000
额定功率/kW	30
峰值功率/kW	53
额定扭矩/N·m	102
峰值扭矩/N·m	180（相当于 2.0L 排量的汽油机）
质量/kg	45

表 2-3　驱动电机控制器技术参数

技术指标	技术参数
直流输入电压/V	336
工作电压范围/V	265~410
控制电源/V	12
控制电源电压范围/V	9~16（所有控制器都具有低压电路控制）
标称容量/kV·A	85
质量/kg	9

7.1.1　驱动电机

　　永磁同步电机是一种典型的驱动电机（图 2-51），其具有效率高、体积小、可靠性高等优点，是动力系统的执行机构，是电能转化为机械能的载体。它依靠内置旋转变压器、温度传感器（图 2-52）来提供电机的工作状态信息，并将电机运行状态信息实时发送给 MCU。

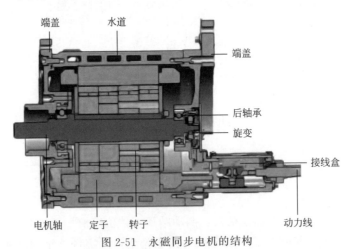

图 2-51　永磁同步电机的结构

　　旋转变压器检测电机转子位置，经过电机控制器内旋变解码器解码后，电机控制器可获知电机当前转子位置，从而控制相应的 IGBT 导通，按顺序给定子三个线圈通电，驱动电机旋转。

　　温度传感器的作用是检测电机绕组温度，并提供信息给 MCU，再由 MCU 通过 CAN

线传给 VCU，进而控制水泵工作、水路循环、冷却电子扇工作，调节电机工作温度。

驱动电机上有一个低压接口和三根高压线（V、U、W）接口，如图 2-53 所示。

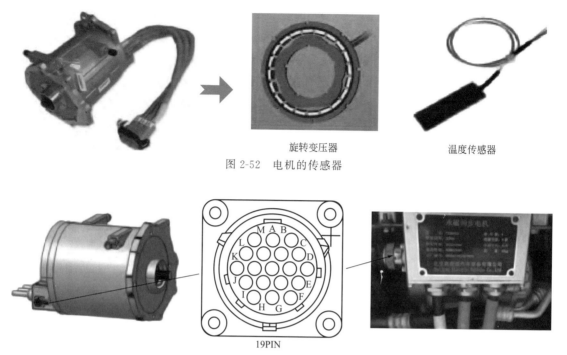

旋转变压器　　　　　温度传感器

图 2-52　电机的传感器

19PIN

图 2-53　电机接线端口

驱动电机低压接口定义如表 2-4 所示，电机控制器也正是通过低压端口获取的电机温度信息和电机转子当前位置信息。

表 2-4　驱动电机低压接口定义

连接器型号	编号	信号名称	说明
Amphenol RTOW01419 PN03	A	激励绕组 R1	电机旋转变压器接口
	B	激励绕组 R2	
	C	余弦绕组 S1	
	D	余弦绕组 S3	
	E	正弦绕组 S2	
	F	正弦绕组 S4	
	G	TH0	电机温度接口
	H	TL0	
	L	HVIL1（+L1）	高低压互锁接口
	M	HVIL2（+L2）	

7.1.2　驱动电机控制器

驱动电机控制器（MCU）的结构如图 2-54 所示，它内部采用三相两电平电压源型逆变器，是驱动电机系统的控制核心，称为智能功率模块，它以 IGBT（绝缘栅双极型晶体管）为核心，辅以驱动集成电路、主控集成电路。MCU 对所有的输入信号进行处理，并将驱动电机控制系统运行状态信息通过 CAN2.0 网络发送给整车控制器（VCU）。驱动电机控制器内含故障诊断电路，当电机出现异常时，达到一定条件后，它将会激活一个错误代码并发送给整车控制器，同时也会储存该故障码和相关数据。

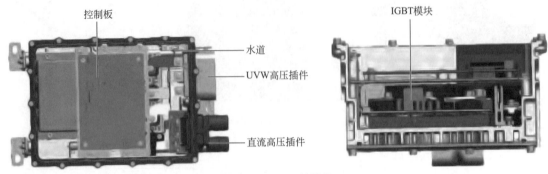

图 2-54　MCU 的结构

　　驱动电机控制器主要依靠电流传感器（图 2-55）、电压传感器、温度传感器来进行电机运行状态的监测，根据相应参数进行电压、电流的调整控制以及其他控制功能的完成。电流传感器用于检测电机工作实际电流，包括母线电流、三相交流电流。电压传感器用于检测供给电机控制器工作的实际电压，包括动力电池电压、12V 蓄电池电压。温度传感器用于检测电机控制系统的工作温度，包括 IGBT 模块的温度。

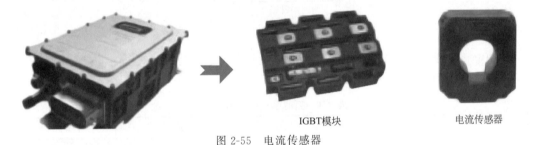

图 2-55　电流传感器

　　驱动电机控制器上分为低压接口和高压接口（图 2-56），低压接口端子定义如表 2-5 所示。

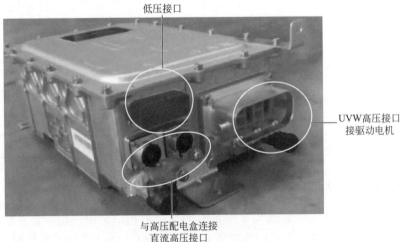

图 2-56　驱动电机控制器接口

表 2-5 驱动电机控制器低压接口端子定义

连接器型号	编号	信号名称	说明
AMP 35pin C-776163-1	12	激励绕组 R_1	电机旋转变压器接口
	11	激励绕组 R_2	
	35	余弦绕组 S_1	
	34	余弦绕组 S_3	
	23	正弦绕组 S_2	
	22	正弦绕组 S_4	
	33	屏蔽层	
	24	12V_GND	控制电源接口
	1	12V+	
	32	CAN_H	CAN 总线接口
	31	CAN_L	
	30	CAN_PB	
	29	CAN_SHIELD	
	10	TH	电机温度传感器接口
	9	TL	
	28	屏蔽层	
	8	485+	RS485 总线接口
	8	485-	
	15	$HVIL_1(+L_1)$	高低压互锁接口
	26	$HVIL_2(+L_2)$	

7.2 驱动电机系统功能

通过驱动电机工作状态可以了解新能源汽车驱动系统的基本功能，根据驾驶人意愿驱动电机的工作状态——挂 D 挡加速行驶、挂 R 挡倒车、制动时回收能量以及挂 E 挡行驶，来了解它的工作过程。

7.2.1 挂 D 挡加速行驶

驾驶人挂 D 挡并踩加速踏板，此时挡位信息和加速信息通过信号线传递给整车控制器（VCU），VCU 把驾驶人的操作意图通过 CAN 线传递给驱动电机控制器（MCU），再由驱动电机控制器（MCU）结合旋变传感器信息（转子位置），进而向永磁同步电机的定子通入三相交流电，三相电流在定子绕组的电阻上产生电压降。由三相交流电产生的旋转电枢磁动势及建立的电枢磁场，一方面切割定子绕组，并在定子绕组中产生感应电动势；另一方面以电磁力拖动转子以同步转速正向旋转。随着加速踏板行程不断加大，电机控制器控制的 6 个 IGBT 导通频率上升，电机的转矩随着电流的增加而增加，因此，起步时基本上拥有最大的转矩。随着电机转速的增加，电机的功率也增加，同时电压也随之增加。在电动汽车上，一般要求电机的输出功率保持恒定，即电机的输出功率不随转速增加而变化，这要求在电机转速增加时，电压保持恒定，其中永磁同步电机输出特性曲线如图 2-57 所示。

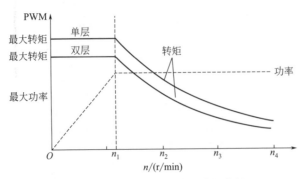

图 2-57　永磁同步电机输出特性曲线

与此同时，电机控制器也会通过电流传感器和电压传感器，感知电机当前功率、消耗电流大小、电压大小，并把这些信息数据通过 CAN 网络传送给仪表、整车控制器，其工作原理如图 2-58 所示。

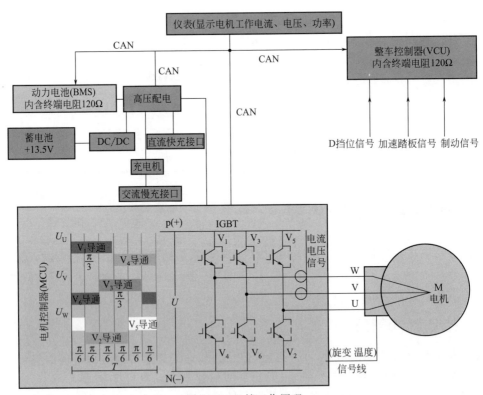

图 2-58　D 挡工作原理

7.2.2　挂 R 挡倒车

当驾驶人挂 R 挡时，驾驶人请求信号发给 VCU，再通过 CAN 线发送给 MCU，此时 MCU 结合当前转子位置（旋变传感器）信息，通过改变 IGBT 模块改变 W/V/U 通电顺序，进而控制电机反转。

7.2.3 制动时能量回收

驾驶人松开加速踏板时，电机由于惯性仍在旋转，设车轮转速为 $v_{车轮}$、电机转速为 $v_{电机}$，设车轮与电机之间固定传动比为 K，当车辆减速时，$v_{车轮} K < v_{电机}$ 时，电机仍是动力源，随着电机转速下降，当 $v_{车轮} K > v_{电机}$ 时，此时电机由于被车辆拖动而旋转，因此驱动电机变为发电机（图 2-59）。

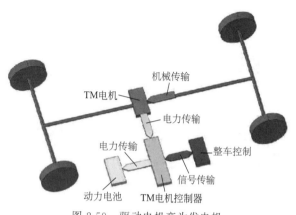

图 2-59 驱动电机变为发电机

BMS 可以根据电池充电特性曲线（充电电流、电压变化曲线与电池容量的关系）和采集电池温度等参数计算出相应的允许最大充电电流。MCU 根据电池允许最大充电电流，通过控制 IGBT 模块，使"发电机"定子线圈旋转磁场角速度与电机转子角速度保持到发电电流不超过允许最大充电电流，以调整发电机向蓄电池充电的电流，同时这也控制了车辆的减速度，具体过程如图 2-60 所示。

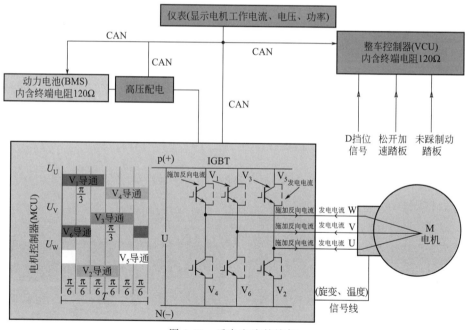

图 2-60 反向电流的施加

当踩下制动踏板时，MCU 输出的电流频率会急剧下降，馈能电流在 MCU 的调节下充入高压电池，当 IGBT 全部关闭时在当前的反拖速度和模式下为最大馈能状态，此时 MCU 对"发电机"没有实施速度和电流的调整，"发电机"所发的电量全部转移给蓄电池，由于发电机负载较大，此时车辆减速也较快。在此期间能量回收的原则是：电池包温度低于 5℃ 时，能量不回收；单体电压在 4.05～4.12V 时，能量回收 6.1kW，单体电压超过 4.12V 时，能量不回收，单体电压低于 4.05V 时，能量满反馈；SOC 大于 95%、车速低于

30km/h时没有能量回收功能，且能量回收及辅助制动力大小与车速和制动踏板行程相关。

7.2.4　挂 E 挡行驶

E 挡为能量回收挡，在车辆正常行驶时 E 挡与 D 挡的根本区别在于 MCU 和 VCU 内部程序、控制策略不同。在加速行驶时 E 挡相对于 D 挡来说提速较为平缓，蓄电池放电电流也较为平缓，目的是尽可能节省电量以延长行驶距离，而 D 挡提速较为灵敏，响应较快。在松开加速踏板时，E 挡更注重能量回收，驱动电机被车轮反拖发电时所需的"机械能"牵制了车辆的滑行，从而也起到了一定的制动效果，所以挂 E 挡行车时车辆的滑行距离比挂 D 挡短。

 # 任务八　认识驱动电机控制器

引言

电机控制器（Motor Control Unit，MCU）就是控制主电源与驱动电机之间能量传输的装置。电机控制器是动力电机驱动系统的控制中心，又称智能功率模块，由外界控制信号接口电路、电机控制电路和驱动电路组成。

学习目标

1. 了解电机控制器的组成。
2. 掌握驱动电机控制器的分类原理。
3. 掌握双向逆变充放电式电机控制器 VTOG。

8.1　电机控制器的组成

电机控制器（MCU）包括 DSP 电机控制板、IGBT 驱动电路板、IGBT（IPM）模块、控制电源、散热系统，如图 2-61 所示。

（1）DSP 电机控制板　接收整车控制器的指令并反馈信息；检测电机系统内传感器信

(a) 北汽EV160电机控制器

(b) 比亚迪E6电机控制器

图 2-61　电机控制器

息；根据指令及传感器信息产生驱动 IGBT 的开关信号。

（2）IGBT 驱动电路　IGBT 驱动电路接收 DSP 的开关信号并反馈相关信息；放大开关信号并驱动 IGBT；提供电压隔离和保护功能。

IGBT 模块的工作原理：IGBT 模块根据控制器主板的指令，将输入的直流电逆变成电源、频率可调的三相交流电，供给配套的三相永磁同步电机。在能量回收工况时，将驱动电机发出的交流电转换成直流电，对动力电池充电。IGBT 电路原理图如图 2-62 所示。

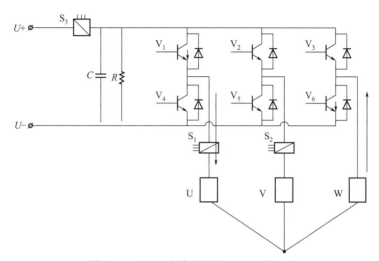

图 2-62　IGBT 电路原理图（比亚迪 E6）

（3）控制电源　控制电源为 DSP 提供电源；为驱动电路提供多路相互隔离的电源。

（4）散热系统　散热系统为电力电子模块散热，通常采用冷却液循环散热。

8.2　驱动电机控制器的分类与原理

8.2.1　驱动电机控制器的分类

（1）直流电机驱动系统　电机控制器一般采用脉宽调制（PWM）斩波控制方式，控制技术简单、成熟、成本低，但有效率低、体积大等缺点。

（2）交流感应电机驱动系统　电机控制器采用 PWM 方式实现高压直流到三相交流的电源变换，采用变频调速方式实现电机调速，采用矢量控制或直接转矩控制策略实现电机转矩控制的快速响应。

（3）交流永磁电机驱动系统　交流永磁电机驱动系统包括正弦波永磁同步电机驱动系统和梯形波无刷直流电机驱动系统，其中正弦波永磁同步电机控制器采用 PWM 方式实现高压直流到三相交流的电源变换，采用变频调速方式实现电机调速；梯形波无刷直流电机通常采用"弱磁调速"方式实现电机的控制。由于正弦波永磁同步电机驱动系统低速转矩脉动小且高速恒功率区调速更稳定，因此比梯形波无刷直流电机驱动系统具有更好的应用前景。

8.2.2　电机控制器的原理

电机控制器作为整个制动系统的控制中心，它由功率变换器和控制器两部分组成。功率变换器接收电池输送过来的直流电电能，变换成驱动电机所需要的电源（如三相交流电）给汽车电机提供电能。控制器接收电机转速、旋变等信号反馈,信息也可在仪表上显示。当发生制动或者加速行为时,控制器控制变频器频率的升降,从而达到加速或者减速的目的。其控制原理如图 2-63 所示。

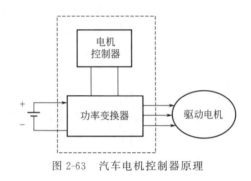

图 2-63　汽车电机控制器原理

8.3　双向逆变充放电式电机控制器 VTOG

比亚迪 E6 双向逆变充放电式电机控制器类型为电压型逆变器,利用 IGBT 将直流电转换为交流电,额定电压为 330V,主要功能是根据电机和发电机等不同工况控制电机的正反转、功率、转矩、转速等。即控制电机的前进、倒退、维持电动车的正常运转,关键零部件为 IGBT,IGBT 实际为大电容,目的是为了控制电流的工作,保证能够按照人们的意愿输出、输入合适的电流参数。

控制器总成包含上、中、下三层,上、下层为电机、充电控制单元,中层为水道冷却单元,总成还包括信号接插件(包含 12V 电源/CAN 线/挡位、节气门、制动/旋变/电机过温信号线/预充满信号线等)。

主要功能如下。

① 控制电机正向驱动、反向驱动、正转发电、反转发电。

② 控制电机的动力输出,同时对电机进行保护。

③ 通过 CAN 与其他控制模块通信,接收并发送相关的信号,间接地控制车上相关系统正常运行。

④ 制动能量回馈控制。

⑤ 自身内部故障的检测和处理。

⑥ 可以通过电机控制器直接从充电网上对车辆进行交流充电,也可以通过电机控制器把车辆电池包的高压直流电经控制器的逆变放到充电网上。

 任务九　驱动电机系统常见故障及检修

引言

电机的故障有机械故障与电气故障两大类,机械故障比较容易发现,而电气故障则要通过测量其电压或电流进行分析判断。电动汽车存在危险,应注意高压安全。

学习目标

1. 了解电机常见故障的检测与排除方法。
2. 掌握直流电机零部件检修。

9.1　电机常见故障的检测与排除方法

9.1.1　电机的空载电流大

当电机的空载电流大于极限数据时，表明电机出现了故障。电机空载电流大的原因有：电机内部机械摩擦大，线圈局部短路，磁钢退磁。继续做有关的测试与检查项目，可以进一步判断出故障原因或故障部位。

电机的空载/负载转速比大于 1.5，打开电源，踩踏油门踏板，使电机高速空载转动 10s 以上。等电机转速稳定以后，测量此时电机的空载最高转速 N_1。在标准测试条件下，行驶 200m 以上的距离，开始测量电机的负载最高转速 N_2。空载/负载转速比＝N_2/N_1。当电机的空载/负载转速比大于 1.5 时，说明电机的磁钢退磁已经相当严重了，应该更换电机内的整套磁钢，在电动车的实际维修过程中一般是更换整个电机。

9.1.2　电机发热

电机发热的直接原因是电流大，电机的电流为 I，电机的输入电动势为 E_1，电机旋转的感生电动势为 E_2（又称反电动势），与电机线圈电阻 R 之间的关系是 $I＝(E_1－E_2)/R$，电流 I 增大，说明电阻 R 变小或 E_2 减少了。R 变小一般是线圈短路或开路引起的，E_2 减少一般是磁钢退磁引起的或者线圈短路、开路引起的。在电动汽车整车的维修实践中，处理电机发热故障的方法，一般是更换电机。

9.1.3　电机在运行时内部有机械碰撞或机械噪声

无论是高速电机还是低速电机，在负载运行时都不应该出现机械碰撞或不连续、不规则的机械噪声。不同形式的电机可运用不同的方法进行维修。

9.1.4　整车续驶里程缩短、电机乏力

整车续驶里程缩短与电机乏力（俗称电机没劲）的原因比较复杂。但是当排除了电机故障之后，一般来说，整车续驶里程缩短的故障就不是由电机引起的了，这与电池容量的衰减、充电器充不满电、控制器参数漂移（PWM 信号没有达到 100%）等有关。

9.1.5　无刷电机缺相

无刷电机缺相一般是由无刷电机的霍尔元件损坏引起的。可以通过测量霍尔元件输出引线相对霍尔地线和相对霍尔电源的引线的电阻，用比较法判断是哪个霍尔元件出现故障。

为保证电机换相位置的精确，一般建议同时更换所有霍尔元件（3 个）。更换霍尔元件之前，必须弄清楚电机的相位代数角是 120°还是 60°，一般 60°相位代数角电机的 3 个霍尔元件的摆放位置是平行的。而 120°相位代数角电机，3 个霍尔元件中间的 1 个霍尔元件是呈

翻转 180°位置摆放的。

9.2 直流电机零部件检修

9.2.1 电机解体修理

① 检测电机的绝缘性能。采用绝缘电阻表测量绝缘阻值，检测电压设定为 1000V，测定绝缘阻值应大于 $0.5M\Omega$。

② 检测壳体外壳。观察壳体是否有破损。

③ 检测电机定子和转子的气隙大小。

④ 拆开刷架，拆下后先做好位置记号，检查电刷状况。

⑤ 抽出转子，抽转子时应注意转子与定子的间隙，不得碰伤铁芯及线圈。

⑥ 拆下的零件，应妥善保管，做好记录。

9.2.2 转子检修

（1）电枢绕组检查

① 绕组线圈装配稳固，表面应光滑，无破裂、磨损及烧伤等现象。

② 绝缘电阻表用 1000V 电压测量电枢线圈，绝缘电阻的阻值不应低于 $0.5M\Omega$。

（2）电枢铁芯检查

① 铁芯应清洁、紧固，无松动、变形。

② 通风沟应清洁、畅通。

（3）电枢绑线检查

① 绑线清洁，无松动。

② 焊锡无熔化、开焊现象。

③ 绑线下所垫的绝缘材料应完好。

（4）检查风扇

① 风扇应清洁，无灰尘、油垢。

② 风扇叶片安装牢靠，无破裂变形。

9.2.3 定子检修

① 检查定子外壳。定子外壳无破损，接线柱连接稳固牢靠，绝缘完好。

② 检查磁极线圈的安装、连接和绝缘性能。绝缘性能测量采用绝缘电阻表，测量电压设定为 1000V，绝缘阻值应大于 $0.5M\Omega$。

③ 检查磁极铁芯。磁极铁芯应干净清洁，无松动和过温现象，无锈蚀、脱漆现象。

9.2.4 刷架及刷握检修

（1）检查刷架及刷握

① 刷架应无破损、裂纹，刷握内表面光滑且无烧伤、变形，固定螺钉完好。

② 刷架引线绝缘及接线鼻子应完好，连接螺栓紧固。

（2）检查电刷 电刷磨石是否光滑，有无夹砂和灼烧痕迹，并检查电刷与整流子的接触情况，作为电刷调整时参考。

9.2.5 整流子检修

① 整流子表面应清洁、干净、无黑斑，保护整流子表面的氧化膜（紫褐色）不受损伤。

② 整流子表面应为圆柱形，如表面不光滑，可用玻璃砂纸打磨至光滑（但不能用金刚砂纸打磨），打磨完后应吹净碎屑。

③ 整流子间云母沟深为 1~1.5mm，整流片与线圈焊接处无过热松动、脱焊等现象。

④ 整流子的偏心值应不大于 0.05mm 或 0.07mm（1500r/min）。

9.2.6 启动调整装置检修

① 清扫磁场变阻器内各处灰尘、油垢。

② 检查磁场变阻器。磁场变阻器的电阻线应无断裂，各部分螺栓应紧固，滑动接点与固定接点的接触良好，调整装置转动灵活，无发涩现象。

③ 测量磁场可变电阻器绝缘电阻和直流电阻，绝缘电阻的阻值应不低于 0.5MΩ，直流电阻的阻值在规定范围内。

9.2.7 安装

① 安装电机前应检查机内，不得遗留任何异物。

② 安装转子、端盖和转矩螺栓。

③ 组装刷架，调整电刷。按原有记号装好刷架，调整刷握，安装电刷。

④ 接线。按原有记号将电机端子各出线连接好，接线时要求接触良好、紧固牢靠。

⑤ 测量绝缘电阻。电机安装完毕，用绝缘电阻表测量绝缘阻值，1000V 电压下，阻值应大于 0.5MΩ。

⑥ 电气试验及验收。电机安装完成后接着对电机做耐压值检测：绕组外加 1000V 交流电压，保持 60s，观察是否有击穿现象，没有即可验收。

Project 3 项目三
动力电池及管理系统

电池应用的过程是电能输入转变为化学能存储，再以电能形式输出的能量转换过程。虽然不同的电池具有不同的正负极材料、电化学特性和应用特征，但其基本的概念、评价参数和电化学原理等有许多相同之处。

 ## 任务一　动力电池的基本结构及参数

引言

自电动汽车诞生以来，提高动力电池的功率密度、能量密度、使用寿命以及降低成本一直是电动汽车动力电池技术研发的核心。

学习目标

1. 了解动力电池的分类。
2. 掌握动力电池的基本结构。

1.1　动力电池的分类

可用于电动汽车的动力电池根据正负极材料特性、电化学成分的不同，常有三种分类方法（图 3-1）。

1.1.1　按电解液种类分类

（1）碱性电池　电解质主要以氢氧化钾水溶液为主的电池，如碱性锌锰电池（俗称碱锰电池或碱性电池）、锡镍电池、氢镍电池等。

（2）酸性电池　主要以硫酸水溶液为介质的电池，如铅酸蓄电池。

（3）中性电池　以盐溶液为介质的电池，如锌锰干电池、海水激活电池等。

（4）有机电解液电池　主要以有机溶液为介质的电池，如锂离子电池等。

1.1.2　按工作性质和储存方式分类

（1）一次电池　又称原电池，即不能再充电使用的电池，如锌锰干电池、锂原电池等。

（2）二次电池　即可充电电池，如铅酸蓄电池、镍锡电池、镍氢电池、锂离子电池等。

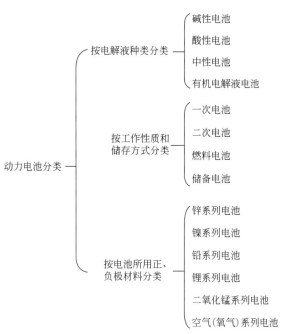

图 3-1　动力电池分类

（3）燃料电池　活性材料在电池工作时才连续不断地从外部加入电池，如氢氧燃料电池、金属燃料电池等。

（4）储备电池　储备电池储存时电极板不直接接触电解液，直到电池使用时，才加入电解液，如镁-氯化银电池，又称海水激活电池。

1.1.3　按电池所用正、负极材料分类

（1）锌系列电池　如锌锰电池、锌银电池等。

（2）镍系列电池　如镍镉电池、镍氢电池等。

（3）铅系列电池　如蓄铅酸电池。

（4）锂系列电池　如锂离子电池、锂聚合物电池和锂硫电池。

（5）二氧化锰系列电池　如锌锰电池、碱锰电池等。

（6）空气（氧气）系列电池　如锌空气电池、铝空气电池等。

1.2　化学能与电能转换基本原理

为了理解电池是怎样把化学能转化为电能的，以经典的丹尼尔原理电池单体化学反应为例进行介绍。

$$Cu^{2+} + Zn \longrightarrow Cu + Zn^{2+} \tag{3-1}$$

在式（3-1）所示的化学反应中，Cu^{2+} 和 Zn^{2+} 在 25℃ 时标准自由能 ΔG 是 $-212kJ/mol$。根据热力学的知识，化学反应总是沿着自发的方向进行，所以如果把锌加入 Cu^{2+} 溶液中，铜就会沉淀出来了。该化学反应就是从含有锌的矿石中提取出铜的常用方法。在金属冶金应用中，化学反应包含的化学能是不可利用的，能量以热能的形式被消耗掉。

式（3-1）可以分解为两个电化学反应步骤完成。

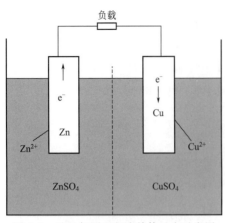

图 3-2　丹尼尔原理电池单体反应示意图

$$Cu^{2+} + 2e^- \longrightarrow Cu \qquad (3-2)$$
$$Zn \longrightarrow Zn^{2+} + 2e^- \qquad (3-3)$$

在式（3-1）所示的从电解液中提取铜的反应过程中，两个反应在锌表面同时发生，然而，如果锌和铜处于独立的两个元件中，那么式（3-2）和式（3-3）就必须在两个不同的位置（电极）发生，而且只有在有电流连接两个电极的情况下反应才能继续进行。在这种情况下，电子的流动是可以利用的。这就是著名的丹尼尔原理电池单体反应（图 3-2），该反应可以通过控制正、负极的连接状态实现有效控制，使化学能按需转化为有用的电能。

1.3　动力电池的基本结构

电池是一种把化学反应所释放的能量直接转变成直流电能的装置。要实现化学能转变成电能的过程，必须满足如下条件。

① 必须让化学反应中失去电子的氧化过程（在负极进行）和得到电子的还原过程（在正极进行）分别在两个区域进行，这与一般的氧化还原反应存在区别。

② 两电极必须是有离子导电性的物质。

③ 化学变化过程中电子的传递必须经过外线路。

为了满足构成电池的条件，电池需包含以下基本组成部分。

① 正极活性物质。它具有较高的电极电位，电池工作即放电时进行还原反应或阴极过程。为了与电解槽的阳极、阴极区别开，在电池中称作正极。

② 负极活性物质。它具有较低的电极电位，电池工作时进行氧化反应或阳极过程。为了与电解槽的阳极、阴极区别开，在电池中称作负极。

③ 电解质。它拥有很高的、选择性的离子电导率，提供电池内部的离子导电的介质。大多数电解质为无机电解质水溶液，少部分电解质还包括固体电解质、熔融盐电解质、非水溶液电解质和有机电解质。有的电解质也参加电极反应而被消耗。电池的基本构成如图 3-3 所示。

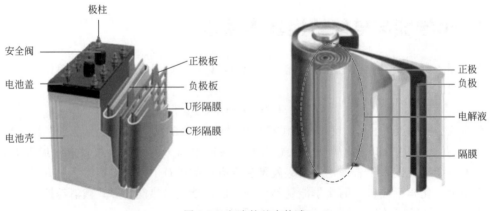

图 3-3　电池的基本构成

任务二 铅酸动力电池

引言

铅酸蓄电池作为电动汽车的动力源，虽有许多不足，但由于其具有技术成熟、可大电流放电、适用温度范围宽和无记忆效应等性能上的优点，以及原材料易于获取和价格远低于镍氢电池与锂离子等高能电池，目前仍然是在电动汽车中非常实用的动力电池。电动车辆上应用的铅酸蓄电池主要是阀控式密封铅酸蓄电池（VRLA）。

学习目标

1. 了解铅酸蓄电池的类型与储能原理。
2. 掌握铅酸蓄电池的结构。
3. 掌握铅酸蓄电池的维护方法与故障诊断。

2.1 铅酸蓄电池的类型与储能原理

2.1.1 铅酸蓄电池的类型

根据铅酸蓄电池的作用可将其分为三种类型：启动式铅酸蓄电池（Starter Batteries）、牵引式铅酸蓄电池（Traction Batteries）、固定式铅酸蓄电池（Stationary Batteries）。这三类电池的性能差异见表 3-1。

表 3-1   三类电池的性能差异

类型	常用容量/A·h	正极板	负极板	特点
启动式铅酸蓄电池	5～200	涂膏式	涂膏式	比功率高、比能量高
牵引式铅酸蓄电池	40～1200	管状	涂膏式	可深度充放电
固定式铅酸蓄电池	40～5000	板状	涂膏式	比能量较低、自放电率小

上述三类铅酸蓄电池中，启动式铅酸蓄电池由于不能深度充放电，不能用于电动汽车的主电源，一般仅作为低压辅助电源使用。而固定式铅酸蓄电池虽然容量可以做得很大，但是比能量较低，体积和重量很大，不适合车用，一般仅用于不间断电源等位置相对固定的场合。牵引式铅酸蓄电池容量相对较大，可深度充放电，比能量较高，可用于电动汽车主动力电源。

随着铅酸蓄电池技术的不断发展，目前牵引式铅酸蓄电池已有很多种类型，如开口式铅酸蓄电池、阀控密封铅酸蓄电池（VRLA）（图 3-4）、胶体蓄电池、双极性密封铅酸蓄电池、水平式密封铅酸蓄电池、卷绕式圆柱形铅酸蓄电池（图 3-5）、超级蓄电池等。

图 3-4 阀控密封铅酸蓄电池

图 3-5 卷绕式圆柱形铅酸蓄电池

2.1.2 铅酸蓄电池的储能原理

铅酸蓄电池放电时的电化学反应被称为双硫化反应，正极成流反应为

$$PbO_2 + 3H^+ + HSO_4^- + 2e^- \longrightarrow PbSO_4 + 2H_2O \tag{3-4}$$

负极成流反应为

$$Pb + HSO_4^- \longrightarrow PbSO_4 + 2e^- + H^+ \tag{3-5}$$

电池总反应

$$PbSO_4 + Pb + 2H_2SO_4 \longrightarrow 2PbSO_4 + 2H_2O \tag{3-6}$$

在充电时，铅酸蓄电池内部发生如下反应。

$$PbSO_4 - 2e^- + 2H_2O \longrightarrow PbO_2 + 2H^+ + H_2SO_4 \tag{3-7}$$

正极

$$H_2O \longrightarrow 2H^+ + \frac{1}{2}O_2 + 2e^- \tag{3-8}$$

负极

$$PbSO_4 + 2e^- + 2H^+ \longrightarrow Pb + H_2SO_4 \tag{3-9}$$

$$2H^+ + 2e^- \longrightarrow H_2 \tag{3-10}$$

其中，式（3-7）和式（3-9）是蓄电池的充电反应，而式（3-8）和式（3-10）则是电解水的副反应。如图 3-6 所示为铅酸蓄电池的反应原理。在充电过程中，可以根据两种反应的激烈程度将充电分为 3 个阶段：高效阶段、混合阶段和气体析出阶段。

（1）高效阶段 高效阶段的主要反应是 $PbSO_4$ 转换成为 Pb 和 PbO_2，充电接受率约为 100%。充电接受率是转化为电化学储备的电能与来自充电机输出端的电能之比。这一阶段在电池电压达到 2.39V/单元（取决于温度和充电率）时结束。

（2）混合阶段 水的电解反应与主反应同时发生，充电接受率逐渐下降。当电池电压和酸液的浓度不再上升时，电池单元被认为是充满了。

（3）气体析出阶段 电池已充满，电池中进行水的电解和自放电反应。由于在密封的阀控免维护铅酸蓄电池中具有氧循环的设计，即正极板上析出的氧在负极板上被还原重新生成水而消失，因此析气量很小，不需要补充水。

铅酸蓄电池的放电反应为上述过程的逆反应，在此不再赘述。

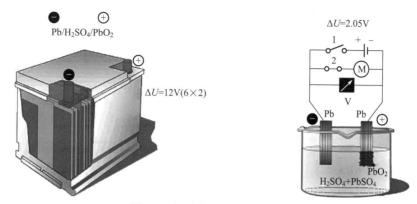

图 3-6　铅酸蓄电池的反应原理

2.2　铅酸蓄电池的结构

铅酸蓄电池在外形上各异，但主要构成部件相似。阀控密封铅酸蓄电池的构造如图 3-7 所示。

正负极板是蓄电池的核心部件，是蓄电池的"心脏"，分为正极和负极。正极活性物质主要成分为二氧化铅，负极活性物质主要成分为铅。

隔板是由微孔橡胶、玻璃纤维等材料制成的，新型隔板由聚丙烯、聚乙烯等制成，其主要作用是防止正、负极板短路，使电解液中正、负离子顺利通过，延缓正、负极板活性物质的脱落，防止正、负极板因振动而损伤。因此，要求隔板应孔率高、孔径小、耐酸、不分泌有害物质、在电解液中电阻小、具有化学稳定性。

电解液是蓄电池的重要组成部分，是由浓硫酸和净化水配置而成的，它的作用是传导电流和参加电化学反应。电解液的纯度和密度对电池容量及寿命有重要影响。

电池壳、盖是安装正、负极板和电解液的容器，应该耐酸、耐热、耐振。壳体多采用硬橡胶或聚丙烯塑料材料制成，为整体式结构，底部有凸起的肋条以搁置极板组。

排气栓一般由塑料材料制成，对电池起密封作用，阻止空气进入，防止极板氧化。同时可以将充电时电池内产生的气体排出电池，避免电池产生危险。

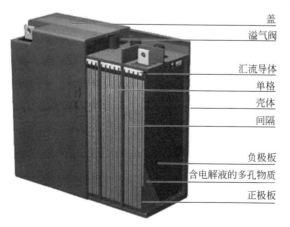

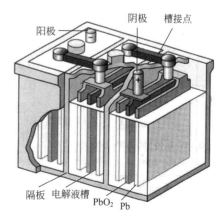

图 3-7　阀控密封铅酸蓄电池的构造

除上述部件外，铅酸蓄电池单体内还有连条、极柱、液面指示器等零部件。

上述电池构造构成一个电池单体（Cell）。为了增加铅酸蓄电池的容量，一般由多块极板组成极群，即多块正极板和多块负极板分别用连接条（汇流排）焊接在一起，共同组成电池（Battery）。传统内燃机汽车用的 12V 铅酸蓄电池就是 6 个独立的铅酸蓄电池单体组成的。

2.3 铅酸蓄电池的应用

铅酸蓄电池发明 100 多年来，广泛应用于人类生产和生活的各个方面。作为启动、点火、照明电池，主要用于汽车、摩托车、内燃机车和电力机车；作为工业用的铅酸蓄电池，主要用于邮电、通信、发电厂和变电所开关控制设备以及计算机备用电源等；阀控密封式铅酸蓄电池可用于应急灯、UPS、电信、广电、铁路和航标等；作为动力电池，主要用于电动汽车、高尔夫车、电动叉车等。

2.3.1 电动自行车

政府将环境保护作为可持续发展战略的重要内容，但燃油汽车对环境造成污染，并导致世界性的能源紧缺，因此，实施电动车重大科技产业化项目工程刻不容缓。铅酸蓄电池尤其是 VRLA 阀控密封铅酸蓄电池以其价格低、安全、铅的回收率高等优势，成为电动自行车和低速短途纯电动车的首选。

电动自行车应用 VRLA 电池在我国已经有十多年，电池的制造技术和产品质量都有了巨大的提高。如图 3-8 所示为采用 VRLA 电池的电动摩托车和电动自行车。

(a) 电动摩托车　　　　　　　　　　　　　　　　(b) 电动自行车

图 3-8　采用 VRLA 电池的电动摩托车和电动自行车

2.3.2 电动牵引车

电动牵引车是制造工厂、物流中心等搬运产品的常用运输工具，主要采用富液管式铅酸蓄电池或胶体 VRLA 电池作为动力电源，具有无污染、无噪声的优点，尤其是在需要举升重物时，铅酸蓄电池还可以起到配重的作用。如图 3-9 所示为胶体铅酸蓄电池及电动牵引车。

(a) 胶体铅酸蓄电池

(b) 电动牵引车

图 3-9　胶体铅酸蓄电池及电动牵引车

2.3.3　低速纯电动车

在二三线城市和农村地区，以阀控密封铅酸蓄电池为动力电源的低速纯电动汽车，凭借其购车成本和使用成本低、环保低噪、驾驶技术要求低、安全等优点得到人们的欢迎。如图 3-10 所示的时风电动汽车，其主要采用铅酸蓄电池作为动力电源，所用的铅酸蓄电池容量为 260A·h，额定电压为 60V，由 10 块 GD04B 铅酸蓄电池串联组成。

图 3-10　时风电动汽车

2.3.4　电动大客车

株洲时代集团公司研发的 TEG6120 EV-2 型电动大客车（图 3-11）采用水平铅酸蓄电池为动力电源，工作电压为 384V。该车最高车速为 70km/h，实际工况续驶里程达 90km，可承载 64 名乘客。

图 3-11　TEG6120EV-2 型电动大客车

2.4 铅酸蓄电池的维护与检测

2.4.1 铅酸蓄电池的维护

(1) 每天都充电（勤充电）　每次使用以后，无论蓄电池的电量是否放完，均要进行充电。即便对电动汽车行驶里程要求不高，充1次电可以使用2～3天，但还是建议每天都充电，这样使得蓄电池处于浅循环状态，蓄电池的寿命就会延长。

多数充电机在指示灯指示充满电以后，蓄电池充入电量可能是97%～99%。虽然只欠充电1%～3%的电量，对续驶能力的影响几乎可以忽略，但是也会形成欠充电积累。因此蓄电池充满电变灯以后还应尽量继续进行浮充电，这样对抑制蓄电池硫化有好处。

电动汽车蓄电池放电以后即开始硫化过程，从12h开始，就出现了明显的硫化。若及时充电，可以清除不严重的硫化。若不及时充电，这些硫化结晶将要聚积而逐步形成粗大的结晶，通常的充电机对这些粗大的结晶是无能为力的，会逐渐造成蓄电池容量下降，缩短蓄电池的使用寿命。因此，除了每天充电以外，还要注意蓄电池电量耗尽后要尽早充电，尽量使蓄电池电量处于饱满状态。

(2) 防止过放电　蓄电池放电到终止电压后，继续放电称为过放电。蓄电池电量一旦用完以后，严禁再用。尽管蓄电池放完电以后，电压会慢慢恢复，能够再放电（使用），但这时候使用蓄电池对蓄电池的寿命影响极大。其原因在于，蓄电池放完电后可供反应的物质已经消耗殆尽，此时若继续放电，是在使用不能使用的反应物质，它们一旦使用就无法恢复原来的性状。因此，过放电会严重损害蓄电池，对蓄电池的电气性能和循环寿命极为不利。蓄电池放电到终止电压时，内阻较大，电解液浓度非常稀，尤其是极板孔内及表面几乎处于中性；过放电时内阻有发热倾向，体积膨胀，放电电流较大时，明显发热（甚至出现发热变形），这时硫酸铅的浓度非常大，生成晶枝短路的可能性增大，况且这时硫酸铅会结晶成较大颗粒，即形成不可逆硫酸盐，将进一步加大内阻，充电恢复能力很差，甚至无法修复。蓄电池使用时应避免过放电，采取欠压保护是很有效的措施。

(3) 防止过充电　过充电会加大蓄电池的水损失，加快极板腐蚀、活性物质软化，增加蓄电池变形的概率，应尽可能避免过充电的发生。选择充电器的参数要和蓄电池良好匹配，要充分了解蓄电池在高温季节的运行状况以及整个使用寿命期间的变化情况。使用时不得将蓄电池置于过热环境中，尤其是充电时应远离热源。蓄电池受热后要采取降温措施，等到蓄电池温度恢复正常时方可进行充电。蓄电池的安装位置应尽量确保良好的散热，发现过热时应停止充电，对充电器和蓄电池进行检查。蓄电池放电深度较浅时或环境温度偏高时应缩短充电时间。在夏季充电时最好找低温环境；反之，冬季最好找高温环境，充电的环境温度最好接近25℃。

(4) 防止大电流放电　大电流放电对蓄电池损害很大。若电动汽车严重超载或电机电流过大，会造成蓄电池过放电。

(5) 防止大电流充电　蓄电池的充电电流有一定的要求，应当按照说明书的要求使用合适的充电机。

(6) 防止短路　蓄电池在短路状态时，其短路电流可以达数百安培。短路还会产生大量热量，在薄弱环节发热量更大，会使连接处熔断，发生短路现象。蓄电池局部可能产生易爆气体，在连接处熔断时会产生火花，引起蓄电池爆炸。若蓄电池短路时间较短或电流不是非常大，可能不会引起连接处熔断，但短路仍会有过热现象，损坏蓄电池连接导线，使其留下隐患。所以，蓄电池绝对不能有短路产生，在安装或使用时应格外小心，所用工具应采取绝缘措施，连线时应先将蓄电池以外的电器连好，经检查无短路后，再连接蓄电池，布线要规范，绝缘需良好，而且不要使用过细的连接导线。

（7）防止连接松动和不牢　如果接触不牢程度较轻时，会发生导电不良，使其线路接触部位发热，线路损耗较大，输出电压降低，影响电机功率，使行驶里程减少或不能正常行驶。若接线端子接触不牢，端子就会大量发热，影响端子和密封胶的结合，时间一长就会发生漏液"爬酸"现象。如果在行驶过程或充电过程中出现接触不牢，可能会产生断路，断路时会形成强烈的火花，可能点燃蓄电池内部的可爆气体，尤其是刚充好电的蓄电池，由于这时蓄电池内可爆气体较多，且蓄电池电量足，断路时形成的火花较强烈，爆炸的可能性相当大。

（8）防止亏电　存放的蓄电池放电后应及时充电，不能在没电状态下长时间放置，否则蓄电池极板就会发生硫化。蓄电池在电量不足的情况下放置，会生成硫酸盐，其原因是蓄电池在电量不足的情况下，内部液体的密度提高，溶解度降低，就会有硫酸盐析出，导致硫化。

蓄电池若长期不使用，要充足电后存放，并且每隔 1 个月进行 1 次补充充电。

（9）不要随便更换充电机并保护好充电机　各个电动汽车制造商的充电机通常都有个性化需求，在没有把握的时候不要随意更换充电机。若续驶里程要求比较长，为了异地充电而必须配备多个充电机，则白天补充充电用的充电机采用其他充电机，而晚上采用原配的充电机。

电动汽车通常在使用说明书上面都有关于保护充电机的说明。要防止充电机发生振动和颠簸，此外需注意充电的时候要保持充电机的通风，否则不仅影响充电机的寿命，还可能发生热漂移而影响充电状态，这样均会对蓄电池造成损伤。因此，保护好充电机也是非常重要的。

2.4.2　铅酸蓄电池的检测

（1）外观检测

① 蓄电池外观正常，无变形、破损、裂纹及碰伤等机械损伤。

② 蓄电池表面干净，无电解液渗漏。

③ 蓄电池端子位置正常，方向一致，无锈蚀。

④ 蓄电池正、负极标志清晰，极性正确。

⑤ 印刷商标、出厂日期位置正确，不得歪斜，字迹清晰。

（2）检测开路电压　用万用表直流电压挡先测量总电压，然后测量单个蓄电池电压。整组蓄电池中各单体电池的开路电压差不得大于 50mV，单个蓄电池开路电压为 10.5～13V，超过此电压值表示蓄电池存在故障。若发现单个电池电压不正常，再检查单格电压是否正常。电池电压的测量如图 3-12 所示。

图 3-12　电池电压的测量

（3）检查电池带载电压　用蓄电池容量检测表测量单个蓄电池带载电压，若低于红色刻度，表明蓄电池有故障。

（4）检测放电容量　将蓄电池用充电器充电至红灯点亮后，再按标准电流使用蓄电池常量放电仪进行常量检测，应符合国家标准 2h 率放电的要求。

2.5　铅酸蓄电池的故障诊断

2.5.1　蓄电池热失控

蓄电池在充电或运行过程中，若温度升高，而充电电压未做降低调整，将产生大量气体。在电解液流动的蓄电池中，生成的气体通过安全阀排出蓄电池，可以将大部分热量散发到蓄电池外，但排气将增加水的损失，冲击正极板活性物质，以及增加正极板栅架的腐蚀速度。在缺少电解液的蓄电池中，一般内部的温度要比流动电解液的蓄电池温度高，而散热较为困难。因为内部气体复合产生热量，在本已发热的蓄电池中聚集，若产生的热量大于散出的热量，将导致热失控。已经处于热失控状态的蓄电池几乎无法恢复到原有状态，严重时还会引起蓄电池变形。

2.5.2　蓄电池充不进电

（1）故障现象　蓄电池充电 10h，仍充不进电。

（2）检查维修

① 首先检查充电插头与插座是否损坏，是否连接可靠。

② 检查充电机有无损坏，充电参数是否符合要求。36V 充电机的额定电压是 42V；48V 充电机的额定电压是 56V；60V 充电机的额定电压是 72V。

③ 查看蓄电池内部是否有干涸现象，若缺液，需补充电解液。

④ 最后检查蓄电池极板是否存在不可逆硫酸盐化。极板的不可逆硫酸盐化，可以通过充放电测量其端电压的变化进行判定。在充电时，蓄电池的电压上升非常快，某些单格电压非常高，超出正常值很多；放电时电压下降非常快，蓄电池不存电或存电很少。出现上述情况，可判断电池出现不可逆硫酸盐化。若蓄电池硫酸盐化，可用蓄电池修复仪修复。

2.5.3　蓄电池自放电

（1）故障现象　蓄电池充足电后，储存 1 个月，电能容量大约损失一半，这种现象说明蓄电池自放电严重。蓄电池的自放电是指蓄电池在不使用的情况下，电量逐渐下降的现象。通常认为每天消耗本身电量的 1%～2% 是正常的，如果超过此数值，为不正常放电。

（2）故障原因

① 隔板破裂，造成局部短路放电。

② 极板活性物质脱落，使得极板短路造成放电。

③ 极板材料或电解液中有杂质，使得蓄电池放电。

④ 蓄电池盖上有电解液或水，使正、负极形成通路而放电。

⑤ 蓄电池长期存放，电解液中硫酸下沉，使得上部密度小，下部密度大，引起自行

放电。

（3）预防措施

① 加强保养，保持蓄电池上盖清洁。

② 确保电解液有较高的纯度，在配制电解液、添加蒸馏水时，都应严防杂质进入。

③ 蓄电池在存放过程中需经常充电，使蓄电池电量保持充足，电解液密度保持均匀，并使液面不会下降。

④ 冲洗蓄电池外表时需预防污水从加液口盖或通气孔处进入蓄电池内部。

⑤ 隔板、极板损坏时应及时修复或更换。

⑥ 若电解液发黑，在更换电解液时，一定要将蓄电池内的残液清除干净。

2.5.4 蓄电池内部短路

（1）故障现象

① 大电流放电时，蓄电池端电压快速下降到零。

② 充电末期冒气少或无气泡。

③ 充电时电解液温度上升快，密度上升慢，甚至不上升。

④ 开路电压低，闭路电压（放电）迅速达到终止电压。

⑤ 自放电严重。

⑥ 开路时电解液密度很低，在低温环境中电解液会出现结冰现象。

⑦ 充电时电压上升很慢，而且始终保持低值（有时降为零）。

⑧ 充电时电解液温度上升很慢或几乎无变化。

（2）故障原因

① 隔板位置发生变化使正负极板相连。

② 正极板活性物质脱落，由于脱落的活性物质沉积过多，致使正负极下部边缘或侧面边缘与沉积物相互接触而造成正负极板相连。

③ 焊接电极时形成的"铅流"未除尽，或是装配时有"铅豆"在正负极板间存在，在充放电过程中损坏隔板造成正负极板相连。

④ 导电物体落入蓄电池内部，使蓄电池短路。

（3）故障维修　若蓄电池发生短路现象，通常做报废处理，需更换新蓄电池。有条件的可以打开蓄电池外壳进行开盖维修。

2.6 铅酸蓄电池的回收

随着社会各界对环境问题的重视，铅酸蓄电池中的硫酸以及铅、锑、砷、镍等重金属会对环境产生污染，这成为限制其发展和应用的一个重要因素。如铅作用于神经系统、造血系统、消化系统和肝、肾等器官，能抑制血红蛋白的合成代谢，还能直接作用于成熟红细胞，对婴、幼儿的毒害很大，它将导致儿童身体发育迟缓，慢性铅中毒的儿童智力低下。

在铅酸蓄电池回收方面已经形成了完善的工艺，常用的有火法冶金、湿法冶炼、固相电解还原等方法。现在铅酸蓄电池处理中的核心问题是铅酸蓄电池的回收网络问题，需要建立从用户到回收厂的物流体系，使散落在用户的废旧铅酸蓄电池回流到回收厂。

任务三 碱性动力电池

引言

碱性电池是以氢氧化钾（KOH）等碱性水溶液为电解液的二次电池的总称。根据极板活性物质的材料不同，可分为锌银电池、铁镍电池、镍镉电池等系列。一般情况下，电解液中的 KOH 不直接参与电极反应，这是碱性电池有别于铅酸蓄电池的一大特点。相对于铅酸蓄电池，碱性电池具有能量密度高、机械强度高、工作电压平稳、功率密度大的特点。

学习目标

1. 了解镍镉电池的结构及储能原理。
2. 掌握镍氢电池的结构及储能原理。

3.1 镍镉电池的结构及储能原理

镍镉电池（Ni-Cd，Nickel-Cadmium Battery）因碱性氢氧化物中含有金属镍和镉而得名。镍镉电池结构示意图如图 3-13 所示。

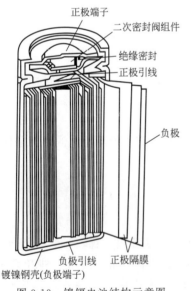

图 3-13 镍镉电池结构示意图

正极端子
二次密封阀组件
绝缘密封
正极引线
负极
负极引线　正极隔膜
镀镍钢壳(负极端子)

镍镉电池的正极材料为球形氢氧化镍，充电时为 NiOOH，放电时为 $Ni(OH)_2$。负极材料为海绵状金属镉或氧化镉粉以及氧化铁粉，氧化铁粉的作用是使氧化镉粉有较高的扩散性，增加极板的容量。电解液通常为氢氧化钠或氢氧化钾溶液，为了增加蓄电池的容量和循环寿命，通常在电解液中加入少量的氢氧化锂（每升电解液加 $15\sim20g$）。充放电过程的反应如下。

正极充放电反应为

$$NiOOH + H_2O + e \underset{充电}{\overset{放电}{\rightleftharpoons}} Ni(OH)_2 + OH^- \quad (3-11)$$

负极充放电反应为

$$Cd + 2OH^- - 2e \underset{充电}{\overset{放电}{\rightleftharpoons}} Cd(OH)_2 \quad (3-12)$$

电池总反应为

$$Cd + 2NiOOH + 2H_2O \underset{充电}{\overset{放电}{\rightleftharpoons}} Cd(OH)_2 + 2Ni(OH)_2$$

$$(3-13)$$

3.1.1 镍电极反应机理

镍电极充电时，首先是电极中 $Ni(OH)_2$ 颗粒表面的 Ni^{2+} 失去电子成为 Ni^{3+}，电子通过正极中的导电网络和集流体向外电路转移；同时 $Ni(OH)_2$ 颗粒表面晶格 OH^- 中的 H^+

通过界面双电层进入溶液，与溶液中的 OH^- 结合生成 H_2O。上述反应先是发生在 $Ni(OH)_2$ 颗粒的表面层，使得表面层中质子 H^+ 浓度降低，而颗粒内部仍保持较高浓度的 H^+。由于浓度梯度，H^+ 从颗粒内部向表面层扩散。

镍电极充电时，由于质子 H^+ 在 $NiOOH/Ni(OH)_2$ 颗粒中扩散系数小，颗粒表面的质子浓度降低，在极限情况下会降低到零，这时表面层中的 $NiOOH$ 几乎全部转化为 NiO_2。电极电势不断升高，反应如下。

$$NiOOH + OH^- \longrightarrow NiO_2 + H_2O + e \tag{3-14}$$

由于电极电势的升高，导致溶液中的 OH^- 被氧化，发生如下反应。

$$4OH^- - 4e \longrightarrow O_2 \uparrow + 2H_2O \tag{3-15}$$

因此，在充电过程中，镍电极上会有 O_2 析出，但这并不表示充电过程已全部完成。通常情况下，在充电不久时镍电极就会开始析氧，这是镍电极的一个特点。在极限情况下，表面层中生成的 NiO_2 并非以单独的结构存在于电极中，而是掺杂在 $NiOOH$ 晶格中。NiO_2 不稳定，会发生分解，析出氧气。

$$2NiO_2 + H_2O \longrightarrow 2NiOOH + \frac{1}{2}O_2 \uparrow \tag{3-16}$$

3.1.2 镉电极的反应机理

镍镉电池的负极活性物质是海绵状金属镉，放电产物是难溶于 KOH 溶液的 $Cd(OH)_2$。镉电极的放电反应机理是溶解-沉积机理，放电时 Cd 被氧化，生成 $Cd(OH)_3^-$ 进入溶液，然后再形成 $Cd(OH)_2$ 沉积在电极上。$Cd(OH)_3^-$ 在碱液中的溶解度为 $9 \times 10^{-5}\,mol/L$，该浓度可以使镉电极具有较高的反应速率，这也是镍镉电池能够高倍率放电的主要原因。电极的放电机理为首先发生 OH^- 的吸附。

$$Cd + OH^- \longrightarrow Cd - OH_{吸附} + e \tag{3-17}$$

随着电极电势不断升高，镉进一步氧化，生成 $Cd(OH)_3^-$ 进入溶液。

$$Cd - OH_{吸附} + 2OH^- \longrightarrow Cd(OH)_3^- + 2e \tag{3-18}$$

当界面溶液中 $Cd(OH)_3^-$ 过饱和时，$Cd(OH)_2$ 就沉积析出。

$$Cd(OH)_3^- \longrightarrow Cd(OH)_2 \downarrow + OH^- \tag{3-19}$$

生成的 $Cd(OH)_2$ 附着在电极表面，形成疏松多孔的 $Cd(OH)_2$，有利于溶液中的 OH^- 继续向电极内部扩散，使内部的海绵状镉也通过溶解沉积过程转化为 $Cd(OH)_2$，实现内部活性物质的放电。

3.2 镍氢电池的结构及储能原理

镍氢（MH-Ni）电池是在 Ni-Cd 电池的基础上发展起来的，相对于镍镉电池，其最大的优点是环境友好，不存在重金属污染。民用镍氢电池又是以航天用高压镍氢电池为基础，由于高压镍氢电池采用高压氢，而且还需要用贵金属作催化剂，这就很难为民用所接受。自 20 世纪 70 年代中期，研究者开始探索民用的低压氢镍电池。镍氢电池于 1988 年进入实用化阶段，1990 年在日本开始规模生产。

目前，以储氢合金为负极材料的镍氢电池能满足混合动力电动汽车所要求的高能量、高功率、长寿命和足够宽的工作温度范围，同时该类电池也已经广泛地应用在电子工具、电动自行车等日常生活用品上。

3.2.1　镍氢电池的结构

镍氢电池由如图 3-14 所示的几个部分构成，包括以镍的储氢合金为主要材料的负极板、具有保液能力和良好透气性的隔膜、碱性电解液、金属壳体、具有自动密封的安全阀及其他部件。图 3-14 所示的圆柱形电池，采用被隔膜相互隔离开的正、负极板，它们呈螺旋状卷绕在壳体内，壳体用盖帽进行密封，在壳体和盖帽之间用绝缘材质的密封圈隔开。

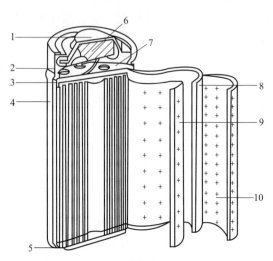

图 3-14　镍氢电池组成

1—正极盖帽（＋）；2—胶圈；3—集流体；4—电池钢壳（一）；5—底部绝缘片；6—安全
防爆孔；7—顶部绝缘片；8—隔膜纸；9—镍正极片；10—金属氢化物负极片

作为镍氢电池负极板的储氢合金，顾名思义就是可以储存氢气的合金。不同的金属元素与氢有着不同的亲和力，将与氢之间有强亲和力的 A 金属元素与另一种与氢有弱亲和力的 B 金属元素依一定比例熔成 A_xB_y 合金，若 A_xB_y 合金内 A 原子与 B 原子排列得非常规则，且介于 A 原子与 B 原子间的空隙也排列得很规则，则这些空隙很容易让氢原子进出。当氢原子进入后形成 $A_xB_yH_z$ 的三元合金，也就是 A_xB_y 的氢化物，此 A_xB_y 合金（主要包括 AB、A_2B、AB_2、AB_3、AB_5、A_2B_7）即称为储氢合金。

储氢合金在进行吸氢/放氢化学反应（可逆反应）的过程中，也伴随着放热/吸热的热反应（可逆反应），同时也产生充电/放电的电化学反应（可逆反应）。具有实用价值的储氢合金应该具有储氢量大、容易活化、吸氢/放氢的化学反应速率快、使用寿命长及成本低廉等特性。目前常见的储氢合金主要为 AB_5 型（如 $NaNi_5$、$CaNi_5$）、AB_2 型（如 $MgZn_2$、$ZrNi_2$）、AB 型（如 TiNi、TiFe）、A_2B 型（如 Mg_2Ni、Ca_2Fe）几种。

3.2.2　镍氢电池的储能原理

镍氢电池正极的活性物质为 NiOOH（放电时）和 $Ni(OH)_2$（充电时），负极的活性物质为 H_2（放电时）和 H_2O（充电时），电解液采用 30％的氢氧化钾溶液，电化学反应如下。

负极反应式

$$x\,H_2O + M + xe \underset{\text{放电}}{\overset{\text{充电}}{\rightleftharpoons}} x\,OH^- + MH_x \tag{3-20}$$

正极反应式

$$Ni(OH)_2 + OH^- \underset{放电}{\overset{充电}{\rightleftharpoons}} NiOOH + H_2O + e \qquad (3-21)$$

电池反应式

$$x\,Ni(OH)_2 + M \underset{放电}{\overset{充电}{\rightleftharpoons}} x\,NiOOH + MH_x \qquad (3-22)$$

从反应式也可以看出，镍氢电池的反应与镍镉电池相似，只是负极充、放电过程中生成物不同。从反应式也可以看出，镍氢电池在充、放电过程中，正、负极上在进行电化学反应时不生成任何中间态的可溶性金属离子，也没有电解液中的任何组分消耗和生成，因而镍氢电池可以做成密封型结构。镍氢电池的电解液多采用 KOH 水溶液，并加入少量的 LiOH。隔膜采用多孔维尼纶无纺布或尼龙无纺布等。

为了防止充电过程后期电池内压过高，电池中装有防爆装置。圆柱形密封镍氢电池的结构如图 3-14 所示。当镍氢电池过充电时，金属壳内的气体压力将逐渐上升。当该压力达到一定数值后，顶盖上的限压安全排气孔打开，因此，可以避免电池因气体压力过大而爆炸。

镍氢电池放电时，正极上的 NiOOH 得到电子还原成为 Ni(OH)$_2$，负极金属氢化物（MH$_x$）内部的氢原子扩散到表面形成吸附态氢原子，接着再发生电化学反应生成水和储氢合金。在镍氢电池出现过放电时，正极活性物质中的 NiOOH 已经消耗完了，这时正极上的水分子被还原为氢和 OH$^-$。负极上由于储氢合金的催化作用，使 OH$^-$ 与氢反应又生成水。

过充电时，正极上会析出氧，然后扩散到负极上发生去极化反应，生成 OH$^-$。在电池过充电和过放电过程中，正、负极上发生的反应可用下式表示。

正极：

过充电析出氧 $\qquad\qquad 4OH^- \longrightarrow O_2 + 2H_2O + 4e \qquad (3-23)$

过放电析出氢 $\qquad\qquad 2H_2O + 2e \longrightarrow 2OH^- + H_2 \qquad (3-24)$

负极：

过充电消耗氧 $\qquad\qquad 2H_2O + O_2 + 4e \longrightarrow 4OH^- \qquad (3-25)$

过放电消耗氢 $\qquad\qquad H_2 + 2OH \longrightarrow 2H_2O + 2e \qquad (3-26)$

由此可知，储氢合金既承担着储氢的作用，又起到催化剂的作用，在电池出现过充和过放电时，可以消除由正极产生的 O$_2$ 和 H$_2$。从而使电池具有耐过充、过放电的能力。但随着充、放电循环的进行，储氢合金的催化能力逐渐退化，电池的内压就会上升，最终导致电池漏液失效。

3.3　镍氢电池在电动汽车上的应用

由于镍氢电池满足混合动力电动汽车高功率密度的要求，因此该类电池目前在混合动力电动汽车尤其是在日系车型中应用广泛，如丰田凯美瑞混合动力车、普锐斯、雷克萨斯CT200、本田思域等。福特公司推出的 Escape 混合动力汽车也采用了额定电压在 300V 左右的镍氢电池组。

如图 3-15 所示，丰田普锐斯混合动力汽车的 HV 蓄电池采用的就是 288V、6.5A·h 的镍氢动力电池，如图 3-15 中的数字"1"所指的位置。该电池组可以通过发电机和电机实现充放电，且输出功率大、重量轻、寿命长、耐久性好。丰田凯美瑞混合动力汽车的镍氢电池组在车内的布置如图 3-16 所示。

图 3-15 丰田普锐斯混合动力汽车内部结构图
1—HV 蓄电池；2—无级变速系统；3—发动机；4—动力控制单元

阿特金森循环发动机

可变电压
控制系统和
直流/交流
逆变器系统

HV镍氢电池组

同步交流永磁电机

图 3-16 丰田凯美瑞混合动力汽车的镍氢电池组在车内的布置

新途锐混合动力汽车采用镍氢电池作为动力电源，如图 3-17 所示。新途锐混合动力通过结合电力驱动、车辆滑行、能量回收和启动-停车系统 4 个方面的技术，使得这辆重达 2.3t 的 SUV 在城市路况的燃油效率较同级别车型提高了 25%；在城市、高速公路和乡间的综合路况，平均油耗则降低了 17%。

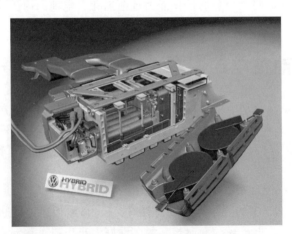

图 3-17 新途锐混合动力汽车采用的镍氢电池

任务四　锂离子动力电池

引言

锂离子电池具有重量轻、容量大、比能量高（高达 150W·h/kg）、循环寿命在 2000 次以上、自放电率低、无记忆性（可随时充电）、对环境无污染、能够制造成任意形状等优点，以及 10 年的超长寿命，因而得到了普遍应用。

学习目标

1. 了解锂离子电池的类型与工作原理。
2. 掌握锂离子电池正负极材料的结构。
3. 了解锂离子电池的特点及应用。

4.1　锂离子电池的类型与工作原理

4.1.1　锂离子电池的类型

根据锂离子电池所用电解质材料不同，锂离子电池可以分为液态锂离子电池（Lithium Ion Battery，LIB）和聚合物锂离子电池（Polymer Lithium Ion Battery，LIP）两大类。其主要区别在于电解质不同，液态锂离子电池使用的是液体电解质，而聚合物锂离子电池则以聚合物电解质来代替。无论是液态锂离子电池还是聚合物锂离子电池，它们所用的正负极材料都是相同的，工作原理也基本一致。

4.1.2　锂离子电池的工作原理

锂离子电池在原理上实际是一种锂离子浓差电池，正、负电极由两种不同的锂离子嵌入化合物组成，正极采用锂化合物 $LiCoO_2$、$LiNiO_2$ 或 $LiMn_2O_4$，负极采用锂碳层间化合物 LiC_6，电解质为 $LiPF_6$ 和 $LiAsF_6$ 等有机溶液。经过 Li^+ 在正、负电极间的往返嵌入和脱嵌，形成电池的充电和放电过程。充电时，Li^+ 从正极脱嵌，经过电解质嵌入负极，负极处于富锂态，正极处于贫锂态，同时电子的补偿电荷从外电路供给到碳负极，保持负极的电平衡。放电时则相反，Li^+ 从负极脱嵌，经过电解质嵌入到正极，正极处于富锂态，负极处于贫锂态。正常充放电情况下，锂离子在层状结构的碳材料和层状结构氧化物的层间嵌入及脱出，一般只引起层面间距的变化，不破坏晶体结构；在放电过程中，负极材料的化学结构基本不变。因此，从充放电的可逆性看，锂离子电池反应是一种理想的可逆反应。锂离子电池的电极反应表达式如下。

正极反应式

$$LiMO_2 \longrightarrow Li_{1-x}MO_2 + xLi^+ + xe \tag{3-27}$$

负极反应式

$$nC + xLi^+ + xe \longrightarrow Li_xC_n \qquad (3\text{-}28)$$

电池反应式

$$LiMO_2 + nC \longrightarrow Li_{1-x}MO_2 + Li_xC_n \qquad (3\text{-}29)$$

式中，M 为 Co、Ni、W、Mn 等金属元素。

如图 3-18 所示是钴酸锂锂离子电池的工作原理，其他类型锂离子电池与此类似。

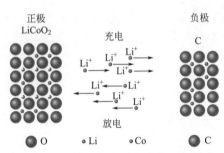

图 3-18 钴酸锂锂离子电池的工作原理

4.2 锂离子电池的正极材料

锂离子电池的正极材料是具有能使锂离子较为容易地嵌入和脱出，并能同时保持结构稳定的一类化合物——嵌入式化合物。目前，被用来作为电极材料的嵌入式化合物均为过渡金属氧化物。充放电循环过程中，锂离子会在金属氧化物的电极上进行反复的嵌入和脱出反应，因此，金属氧化物结构内氧的排列及其稳定性是电极材料的一个重要指标。

作为嵌入式电极材料的金属氧化物，依其空间结构的不同主要可分为以下 3 种类型。

4.2.1 层状化合物

层状正极材料中研究比较成熟的是钴酸锂（$LiCoO_2$）和镍酸锂（$LiNiO_2$）。层状 $LiCoO_2$ 的结构如图 3-19 所示。

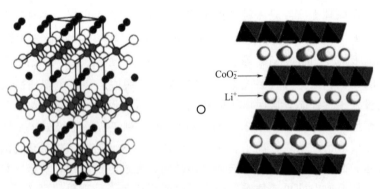

图 3-19 层状 $LiCoO_2$ 的结构

（1）$LiCoO_2$ $LiCoO_2$ 是最早用于商品化二次锂离子电池的正极材料。在充放电过程中，$LiCoO_2$ 发生从三方晶系到单斜晶系的可逆相变，但这种变化只伴随很少的晶胞参数变化，因此，$LiCoO_2$ 具有良好的可逆性和循环充放性能。

尽管 $LiCoO_2$ 具有放电电压高、性能稳定、易于合成等优点。但钴资源稀少，价格较高，并且有毒，污染环境。目前主要应用在手机、笔记本等中小容量消费类电子产品中。

（2）$LiNiO_2$　镍与钴的性质非常相近，而价格却比钴低很多，并且对环境污染较小。$LiNiO_2$ 比较常用的制备方法也是高温固相法，即锂盐与镍盐混合在 $700\sim850℃$ 经固相反应而成。$LiNiO_2$ 目前的最大放电容量为 $150mA\cdot h/g$，比 $LiCoO_2$ 的最大放电容量稍大，工作电压范围为 $2.5\sim4.1V$，因此，$LiNiO_2$ 被视为锂离子电池中最有前途的正极材料之一。

尽管 $LiNiO_2$ 作为锂离子电池的正极材料有较多优点，但仍有不足之处。主要是由于在制备三方晶系 $LiNiO_2$ 时容易产生立方晶系的 $LiNiO_2$，特别是当反应温度高于 $900℃$ 时，$LiNiO_2$ 将由三方晶系全部转化为立方晶系，而在非水电解质溶液中，立方晶系的 $LiNiO_2$ 没有电化学活性。此缺点可以通过改进 $LiNiO_2$ 的制备方法来解决，如通过软化学合成方法来降低反应温度，以抑制立方 $LiNiO_2$ 的生成。同时，可采用掺杂的方法（常用的掺杂元素有 Ti、Al、Co、Ca 等）进行改性，抑制在充放电过程中发生的相转变，以进一步提高 $LiNiO_2$ 的热稳定性和电化学性能。

4.2.2　尖晶石型结构

$LiMn_2O_4$ 是尖晶石型嵌锂化合物中的典型代表。Mn 元素在自然界中含量丰富，价格便宜，毒性远小于过渡金属 Co、Ni 等。理论放电容量为 $148mA\cdot h/g$，实际放电容量为 $110\sim120mA\cdot h/g$。尖晶石型 $LiMn_2O_4$ 常用的制备方法是熔融浸渍法。此法是把锂盐与锰盐混合均匀，然后加热至锂盐的熔点，利用 MnO_2 的微孔毛细作用使熔融的锂盐充分渗透到 MnO_2 的微孔中，这样反应物之间的接触面积大大增加，提高了产物的均匀性，并加快了固相反应的反应速率。尖晶石型结构与层状的结构对比示意图如图 3-20 所示。

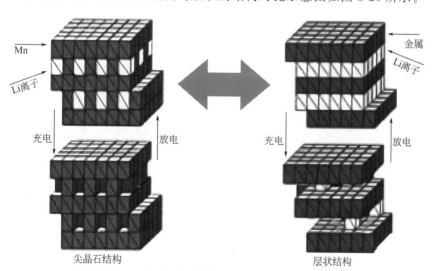

图 3-20　尖晶石型结构与层状结构对比示意图

$LiMn_2O_4$ 的主要缺点是电极的循环容量容易迅速衰减，造成循环容量衰减的原因主要如下。

① $LiMn_2O_4$ 的正八面体空隙发生变化，产生四方畸变，在充放电过程中，在电极表面易形成稳定性较差的四方相 $LiMn_2O_4$。

② $LiMn_2O_4$ 中的锰易溶解于电解液中而造成流失。

③ 电极极化引起内阻增大等，如何克服 $LiMn_2O_4$ 电极循环容量下降是目前研究 $LiMn_2O_4$ 中的焦点。利用掺杂金属离子（如 Cr、Fe、Zn、Mg 等）来稳定 $LiMn_2O_4$ 的尖晶石结构是目前解决其循环容量衰减的最有效方法之一。

4.2.3 橄榄石型结构

$LiFePO_4$ 在自然界以磷铁锂矿的形式存在，属于橄榄石型结构（图 3-21）。$LiFePO_4$ 实际最大放电容量可高达 $165mA \cdot h/g$，非常接近其理论容量，工作电压为 3.2V 左右。并且 $LiFePO_4$ 中的强共价键作用使其在充放电过程中能保持晶体结构的高度稳定性，因此具有比其他正极材料更高的安全性能和更长的循环寿命。另外，$LiFePO_4$ 有原材料来源广泛、价格低廉、无环境污染、比容量高等优点，使其成为现阶段各国竞相研究的热点之一。

$LiFePO_4$ 正极材料常用的合成方法有高温固相法和水热法等。高温固相法工艺简单，易实现产业化，但产物粒径不易控制，形貌也不规则，并且在合成过程中需要惰性气体保护。水热法可以在水热条件下直接合成 $LiFePO_4$，由于氧气在水热体系中的溶解度很小，所以水热合成不再需要惰性气体保护，而且产物的粒径和形貌易于控制。目前，$LiFePO_4$ 正极材料的缺点主要是低电导率问题，有效的改进方法主要有表面包覆碳膜法和掺杂法。$LiFePO_4$ 磷酸铁锂电池的内部结构示意如图 3-22 所示。

图 3-21 橄榄石型 $LiFePO_4$ 的结构示意

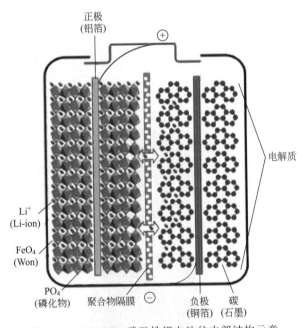

图 3-22 $LiFePO_4$ 磷酸铁锂电池的内部结构示意

现在，我国国内建设的大型锂离子电池生产厂，如杭州万向、天津力神等，均以该类型电池的产业化为主要目标。在国内装车示范的电动汽车中，该类型电池也已经成为主流产品之一。

4.3 锂离子电池负极材料

负极材料是决定锂离子电池综合性能优劣的关键因素之一，比容量高、容量衰减率小、安全性能好是对负极材料的基本要求。目前，应用的负极材料如下。

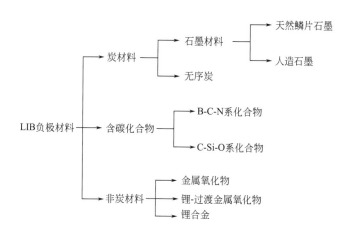

4.3.1 炭材料

炭材料是目前商品化的锂离子电池应用最为广泛的负极材料。炭负极材料包括石墨、无定形炭。其中石墨又分为天然石墨、人造石墨和石墨化炭；无定形炭分为硬炭和软炭。石墨是锂离子电池炭材料中应用最早、研究最多的一种，其具有完整的层状晶体结构。石墨的层状结构，有利于锂离子的脱嵌，能与锂形成锂-石墨层间化合物，其理论最大放电容量为 $372\mathrm{mA \cdot h/g}$，充放电效率通常在 90% 以上。锂在石墨中的脱嵌反应主要发生在 $0 \sim 0.25\mathrm{V}$（相对于 $\mathrm{Li^+/Li}$），具有良好的充放电电压平台，与提供锂源的正极材料匹配性较好，所组成的电池平均输出电压高，是一种性能较好的锂离子电池负极材料。

4.3.2 氧化物负极材料

氧化物是当前人们研究的另一种负极材料体系，包括金属氧化物、金属基复合氧化物和其他氧化物。前两者虽具有较高的理论比容量，但因从氧化物中置换金属单质消耗了大量锂而导致巨大容量损失，抵消了高容量的优点；$\mathrm{Li_4Ti_5O_{12}}$ 具有尖晶石结构，充放电曲线平坦，放电容量为 $150\mathrm{mA \cdot h/g}$，具有非常好的耐过充、过放特征，充放电过程中晶体结构几乎无变化（零应变材料），循环寿命长，充放电效率近 100%，目前在储能型锂离子电池中有所应用。

4.3.3 金属及合金类负极材料

金属锂是最先采用的负极材料，理论比容量为 $3860\mathrm{mA \cdot h/g}$。20 世纪 70 年代中期，金属锂在商业化电池中得到应用。但因充电时，负极表面会形成枝晶，导致电池短路，于是人们开始寻找一种能替代金属锂的负极材料。合金负极材料是研究得较多的新型负极材料体系，有关锂合金的研究工作最早始于 1958 年。据报道，锂能与许多金属在室温下形成金属间化合物，由于锂合金的形成反应通常为可逆，因此能够与锂形成合金的金属理论上都能够作为锂离子电池的负极材料。

金属合金最大的优势就是能够形成含锂量很高的锂合金，具有很高的容量密度，相比炭材料，合金较大的密度使得其理论体积容量密度也较大。同时，合金材料由于加工性能好、导电性好等优点，被认为是极有发展潜力的一种负极材料。目前研究表明，锂合金负极材料的充放电机理实质上就是合金化与脱合金化反应，该过程导致的巨大体积变化是目前亟待克服的问题。

4.4　锂离子电池的特点及应用

尽管锂离子电池价格相对来说比较昂贵，但现在的许多数码设备都采用它作为电源。锂

图 3-23　锂离子电池成组后在电动汽车上构成的电池箱

离子电池的能量密度很高，它的容量是同质量镍氢电池的 1.5～2 倍，目前在我国上汽、比亚迪、北汽、长城等公司研发生产的新能源汽车上应用。锂离子电池成组后在电动汽车上构成的电池箱如图 3-23 所示。

使用过一段时间后动力电池的容量会衰减，当容量低于 80% 时该动力电池即不适于在电动汽车上使用。替换下来的动力电池应转入快速充电站作为快充电源或作为备用电源使用，这样不仅解决了动力电池二次利用的问题，也解决了大量电动汽车快速充电影响电网稳定的问题。

4.5　锂离子电池在电动汽车上的应用实例

4.5.1　日产 Leaf

2009 年 8 月 2 日，日产汽车公司首次公开展示了世界第一款经济型零排放汽车——日产 Leaf（图 3-24）。日产 Leaf 是一款 5 座掀背两厢纯电动汽车，配备了先进的由锂离子电池驱动的车辆底盘，其续驶里程在 160km 以上，可以充分满足消费者在实际生活中的驾驶需求。

2017 年 12 月底为止，Leaf 全球累计销售量达 30 万台。该车采用层叠式紧凑型锂离子电池供电，电池容量为 24kW·h，位于车辆底部、座椅下方，输出功率为 90kW（以上），能量密度为 140W·h/kg，功率密度为 2.5kW/kg，电池单元数量为 48 个，50kW 直流快速充电（0～80%）只需不到 30min，家庭 200V 交流充电则需 8h。

图 3-24　日产 Leaf 纯电动汽车

4.5.2　三菱 i-MiEV

三菱汽车公司 i-MiEV 纯电动汽车于 2010 年开始销售，其结构如图 3-25 所示。三菱 i-MiEV 搭载一台 47kW 的电机，由一组 330V/16kW·h 锂离子电池提供动力，最高车速为 130km/h，续驶里程可达 130km 以上。这组锂离子电池可以利用家用电源进行充电，每次充电时间约为 7h，为了缩短过长的充电时间，电力公司推出了一个快充套装，只需 35min 就可以充满电池 80% 的电量。

电动汽车维修入门

4.5.3　雪佛兰沃蓝达（VOLT）

雪佛兰沃蓝达（VOLT）（图 3-26）被称为 Extended-Range Electric Vehicle，即增程式电动汽车。它通过一个质量为 181.4kg 的 16kW·h 的 T 形锂离子电池组来储存电能，该电池组由多个相连的电池模块构成，总共包含 200 多个电池单元。仅使用电力来驱动车轮时，最多可以行驶 40mile（1mil＝1.609km）。在发动机带动发电机发电并给蓄电池充电的情况下，沃蓝达可以行驶数百英里。沃蓝达在家庭中可以用 120V 或 240V 的电源为其充电，每次充电的成本还不如一杯咖啡的价钱高。

图 3-25　三菱 i-MiEV 纯电动汽车

图 3-26　雪佛兰沃蓝达（VOLT）

4.5.4　奔驰 S400 HYBRID

锂离子电池在奔驰混合动力汽车上也有所使用。为了不影响 S 级轿车空间大、舒适的特点，由德国大陆和 JCS Saft 共同研发了紧凑型锂离子电池组。该电池组一共由 35 个电池单元组成，可提供 19kW 的动力，容量为 6.5A·h，结构非常紧凑，直接可以装在发动机舱内。在奔驰 S400 HYBRID 型轿车上的安装位置如图 3-27 所示。

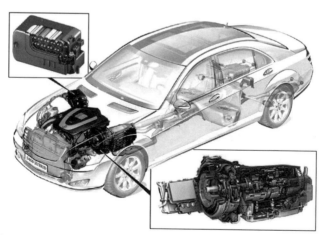

图 3-27　锂离子电池组在奔驰 S400 HYBRID 型轿车上的安装位置

4.6　单体锂离子电池故障

电动汽车锂离子电池出现故障，无论诱发因素是什么，在装车使用和试验中均显示问题出在电池芯这个环节上。其现象主要有以下 7 种情况。

（1）变形　锂离子电池芯膨胀变形是由于电池内部压力增大（电池内部压增大是内部反应放出气体所致）引起的。电池芯内部过大的气压会导致胀破壳体或发生爆裂，基于安全考虑，电池芯端部都设计有单向的防爆泄压阀门，一般的反应气体从泄压阀门释放，不会引起电池芯的膨胀变形等问题。但由于温度、电流、电压异常和内部的非正常化学反应等诸多因素引起的过量的反应气体，则会导致电池芯内部气压增大使外部膨胀变形，甚至壳体爆裂等故障现象产生。

（2）溢出　有雾状电解液从锂离子电池芯的防爆泄压阀门溢出。

（3）泄漏　有电解液从锂离子电池芯的通气口、防爆泄压阀门之外如外壳、密封件或端子等结构的结合部位溢出。

（4）冒烟　从通气口冒出有色的气体，一般为汽化的电解液。

（5）破裂　由于内部化学反应或外部温度、机械等原因，使锂离子电池芯壳体受到机械损坏，造成内在物质暴露或溢出。

（6）着火　电池芯发出火焰或有燃烧的痕迹。

（7）爆炸　电池芯壳出现爆裂现象。

任务五　动力电池成组、故障及安全防护

引言

无论是哪一种电池，单体（节）电池的容量和电压都不能满足汽车的实际需要，因此需要许多电池组合成电池组装入箱体形成整体动力电池组来使用。

学习目标

1. 了解动力电池成组方式。
2. 掌握动力电池成组技术。
3. 动力电池系统常见故障及原因。

5.1　动力电池成组方式

电池组的组合方式主要有串联、并联和混联（串并结合）三种方式。

电池采用串联方式通常是为了满足高电压的工作需要。电池串联使用时电池组电压为单体电压倍数，例如普通燃油汽车使用的 12V 蓄电池，就是由 6 个单格电压为 2V 的蓄电池串联起来组合而成的。串联电池组的容量取决于所串联单体电池中容量最低者。

电池采用并联方式通常是为了满足大电流的工作需要。电池组的容量为单体电池容量的倍数，n 个电池并联容量便为 n 倍。电池组的标称电压为单体电池的标称电压，若电池组单体电池电压不均匀，则电池组的额定电压取决于单体电池中的电压最低者。并联电池组的内阻，理论上为单体电池的 $1/n$，但实际通常都大于这个数值。

混联也就是一个电池组中既有串联又有并联的组合方式。混联是为了满足电池组既要高

电压又要大电流的输出要求。先串后并还是先并后串由电池组的实际需要决定。

5.2 动力电池组的成组技术

电动汽车所用的电池必须具有性能好、成本低、寿命长等特点，但是即使性能最好的电池，组合成电池组后也可能导致动力电池组整体性能下降、寿命降低、安全性能变差。动力电池组由动力电池模块组成，电池模块又由多个单体电池组成，电池装在一个有电子控制和热控制的箱体内，箱体内还设有电池管理系统和与车辆其他部分的接口设施。每个电池模块也有独立的包装、热控制以及机械和电子设备，如图3-28所示。

5.2.1 电池组的热管理系统

电动汽车使用的动力电池在工作时会有发热现象，不同的动力电池其发热程度各不相同，有的动力电池采用自然通风就可满足电池组的散热要求，但有的动力电池必须采用强制通风冷却或液体冷却，才能保证电池组正常工作。另外在电动汽车上，由于动力电池组的各个电池或各个电池模块布置在车架不同的位置上，各处的散热条件和周围环境不同，这些差别也会对电池的充、放电性能和使用寿命造成影

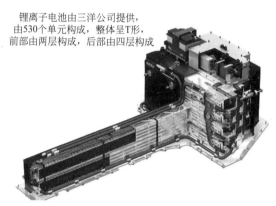

锂离子电池由三洋公司提供，由530个单元构成，整体呈T形，前部由两层构成，后部由四层构成

图3-28 动力电池箱

响。为了保证每个单节电池都能有良好的散热条件和环境，将动力电池组装在一个强制的冷却系统中，使各个电池的温度都保持一致或相接近，利于动力电池组整体性能的发挥和寿命的延长。

根据动力电池组在汽车上的布置，在设置温度管理系统时，应首先合理安排动力电池组的支架，要求便于动力电池组及模块安装，能够实现机械化装卸，并便于各种线束的连接。动力电池组的位置和形状确定后，再设计通风管道、风扇、动力电池组和温度传感器等。动力电池组的水平排列式强制通风冷却系统如图3-29所示。

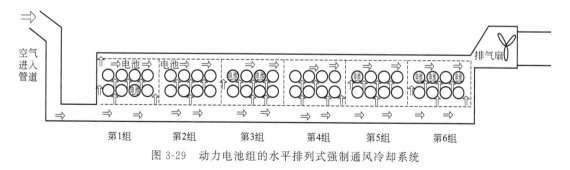

图3-29 动力电池组的水平排列式强制通风冷却系统

5.2.2 动力电池的不一致性

动力电池的不一致性是指统一规格型号的单体电池组成动力电池组后，其电压、荷电量、容量及其衰退率、内阻及其变化率、寿命、温度影响、自放电率等参数存在着一定的差

别。电动汽车动力电池组长期工作在动态负载下，各电池单体散热条件的不一致，会增加电池组内电池的不一致性。电池的自放电率和充放电率会随着循环次数的增加而发生性能衰减，这也会增加不一致性。电池的过充电和过放电，则会更大程度地增加动力电池的不一致性。根据电动汽车动力电池不一致性扩大的原因和对动力电池组性能的影响，可把电池的不一致分为容量不一致、电压不一致和温度不一致三种类型。

5.2.2.1 容量不一致

电池在出厂前的分选试验，可以保证单体电池的初始容量在分组后不一致性较小，但依然存在。在使用过程中，通过对单体电池的单独充放电来调整单体电池容量，使其差异保持较小。所以初始容量不一致是电动汽车动力电池成组使用后的主要问题。动力电池的使用容量受电池循环次数的影响较为明显，越接近电池寿命后期，实际容量的差异就越大，不一致性就越明显。锂离子电池充放电循环次数对容量的影响如图3-30所示。

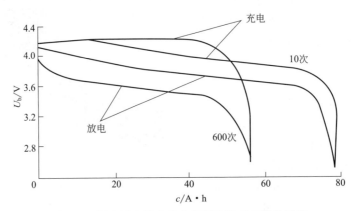

图 3-30　锂离子电池充放电循环次数对容量的影响

可以看出，随着循环次数的增加，电池容量在减少，在充电过程中恒压时间在加长，电池再放出同样能量的电压有所下降。例如同样放出 40A·h 的电量，循环 10 次时电压是 3.75V，而循环 600 次时电压是 3.5V，这主要是电池内阻随电池充放电次数的增加而增大所致。电池容量的衰减与电池的储存温度、电池荷电状态（SOC）等因素有关。据测试，SOC 为 100% 的电池在 40℃环境下保存 1 年后容量衰减 30%。另外，电动汽车动力电池容量不一致还与放电电流有关。

5.2.2.2 电压不一致

电压不一致是电池组不一致性最为直观也最容易测量的表现形式，分为开路电压不一致和工作电压不一致两种。在不同的放电深度下，测量电池组中单体电池电压，可以得到静态单体电池不一致的数据。如图3-31所示，某试验电动汽车锂离子电池在使用前后部分单体电池电压不一致情况。

5.2.2.3 温度不一致

动力电池成组应用，其温度的不一致性主要与电池的组装设计特点及使用中各单体电池所处的环境差异有关。串联锂离子电池充电温度特性如图3-32所示。随着电流减小，电池温度差异减小，说明串联电池组在同样的条件下，温度差异受电池内阻的不一致影响较大，并随着电流的增大这种差异性变得更明显。

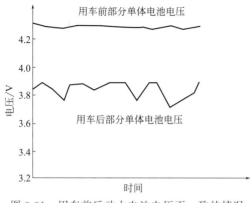

图 3-31 用车前后动力电池电压不一致的情况

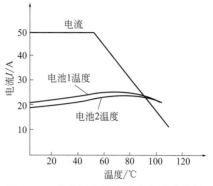

图 3-32 串联锂离子电池充电温度特性

5.2.3 动力电池不一致性的改进措施

根据动力电池应用经验和有关研究，从电池使用和成组筛选等方面，对电池的不一致性可采用以下几种措施，来避免电池的不一致性进一步扩大。

① 在动力电池成组时，必须保证成组的电池是同一类型、同一规格和同一型号的电池。

② 在动力电池组使用过程中定期检测单体电池的参数，并分别在动态和静态两种情况下检测，以掌握电池组内电池不一致情况的发展规律，并对极端参数电池及时进行调整或更换，以避免电池组内的电池不一致性随使用时间的延长而继续增大。

③ 使用时每隔半年即对电池进行一次小电流维护性充电，以促进电池组自身的均衡和性能的恢复。

④ 对测量中发现的电压偏低的电池进行单独的维护性充电，以促进电池组自身的均衡和性能的恢复。

⑤ 避免过充电，尽量防止电池深度放电。

⑥ 尽量保证电池组处于良好的使用环境，减小振动，避免水、灰尘污染电池极桩。

⑦ 开发电池能量管理和电池均衡系统，对电池组的充、放电进行智能管理。

5.3 动力电池系统常见故障

5.3.1 动力电池故障等级

根据动力电池故障对整车的影响划分为三个等级。

5.3.1.1 一级故障（非常严重）

动力电池上报该故障一段时间后会造成整车出现安全事故，如起火、爆炸、触电等，动力电池在正常工作下不会上报该故障，电池管理系统（BMS）一旦上报该故障，表明动力电池处于严重故障状态。动力电池在此状态下功能已经丧失，请求其他控制器立即（1s内）停止充电或放电。如果其他控制器在指定时间内未做出响应，动力电池管理系统将在 2s 后主动停止充电或放电（即断开高压继电器）。例如动力电池内部短路、温度过高，请求其他控制器立即（1s内）停止充电或放电。

5.3.1.2 二级故障（严重）

动力电池上报该故障会造成整车进入跛行、暂时停止能量回馈、停止充电，动力电池正常工作下不会上报该故障，BMS 一旦上报该故障，表明动力电池某些硬件出现故障或动力电池处于非正常工作的条件下。动力电池在此状态下功能已经丧失，请求其他控制器停止充电或者放电；其他控制器应在一定的延时时间内响应动力电池停止充电或放电请求，例如 BMS 内部通信故障、绝缘电阻过低。

5.3.1.3 三级故障（轻微）

动力电池上报该故障对整车无影响或不同程度地造成整车进入限功率行驶状态，动力电池正常工作状态可能上报该故障，BMS 一旦上报该故障，表明动力电池处于极限环境温度下或单体动力电池一致性出现一定劣化等。动力电池性能下降，动力电池管理系统降低最大允许充/放电电流，例如单体电压欠电压、温度不均衡。

5.3.2 动力电池常见故障

动力电池常见故障见表 3-2。

表 3-2 动力电池常见故障

序号	故障描述	常规解决办法（按照序号进行操作）
1	SOC 异常；如无显示、数值明显不符合逻辑	(1)停车或者关闭点火开关后重新启动 (2)检查仪表显示，其他故障报警灯有无点亮，并做好现象记录联系专业售后人员进行复查，维修人员确认无误后正常使用
2	续驶里程低于经验值	联系维护人员，检查充放电过程，容量是否衰减，BMS 控制是否正常
3	电池过热报警/保护	(1)10s 内减速，停车观察 (2)检查报警是否消除，检查是否有其他故障，并做好记录 (3)若报警或保护消除，可以继续驾驶，否则，联系售后人员 (4)运行中若连续三次以上出现停车后减速故障消除时，联系售后人员
4	SOC 过低报警/保护	(1)SOC 低于 30% 报警出现时减速行驶，寻找最近的充电站进行充电 (2)停车休息 3～5min 后行驶，检查故障是否能自动消除 (3)若故障不能自行消除，且仍未到达充电站的，联系售后人员解决
5	电压/电流明显异常	(1)关闭点火开关，迅速下车并保持适当距离 (2)联系专业技术人员处理
6	点火开关打开至 ON/START 后不工作	(1)检查并维护低压电源 (2)若打开至 ON 后能工作，则检查仪表盘上故障显示，并记录 (3)若打开至 START 后仍不能工作，则联系专业技术人员
7	不能充电	(1)检查 SOC 当前数值 (2)检查充电线缆是否按照正确方法连接 (3)若环境温度超出使用范围，则终止使用 (4)联系维修人员
8	运行时高压短时间丢失	检查系统屏蔽层是否有效，检查继电器是否能正常动作，检查主回路是否接触良好
9	电池外箱磨损破坏	联系专业人员维护

5.3.3 仪表显示动力电池绝缘故障

5.3.3.1 绝缘报警初步排查

根据现场故障表现来看，故障的种类和故障部件表现多样，可根据以下步骤进行初步排查。说明整车所有高压部分绝缘都由动力电池检测，整车没有高压绝缘检测功能。如果出现绝缘故障，需使用绝缘表检测动力电池绝缘。

① 如车辆的仪表能正常显示，并正确反映是否有故障，那么说明 BMS 绝缘监测系统本身应该是正常工作的。

② 如车辆的仪表显示绝缘无连接（可使用解码器调取对应的故障码），此时应该检查低压控制线路是否正确或可靠连接。例如低压线束端插接件插针松脱和扭曲导致连接失效的情况。

③ 排除了低压连接线路问题，则需要排除 CAN 总线的通信故障，检查终端电阻值是否正常，若正常应该是 60Ω，如果测出是 40Ω，则可能信号被削弱，会导致 CAN 通信不正常。

④ 当车辆的组合仪表明确显示有故障，此时表明车辆的绝缘故障发生在高压回路上，高压部件出现了绝缘电阻过低的情况，需要对高压部件进行相关检查。由于该绝缘检测系统无法对绝缘故障点进行定位，这时需要进行逐步的人工排查。

5.3.3.2 高压电回路的排查

高压电回路主要由电机系统、高压控制盒、充电系统及附件、电池包组成，安装于车辆后底部。所有线条连接所至的部件的相应位置均有超过人体安全电压的高压电，操作时需要特别关注。

5.4 动力电池故障原因

从锂离子电池出现的七种故障情况看，最为严重的是着火和爆炸。电池故障产生的原因可分为以下七点。

5.4.1 短路

分为外部短路和内部短路。

（1）外部短路 外部短路是指电池正、负极间的短路，主要原因是外部结构上的故障或损坏造成的短路，一般为机械或物理原因所导致。外部短路使电池内部反应相当剧烈，极易造成电池芯的着火和爆炸等。

（2）内部短路 锂离子动力电池除电池正、负极间的物理短路外，还会因电池内部的聚合物隔膜破裂导致内部短路。尤其是过载或循环寿命接近终点的电池极容易出现内部短路。锂离子电池内部的聚合物隔膜厚度一般为 $16\sim30\mu m$，如此薄的隔膜，一旦受到机械外力或热变形造成的压力等破坏作用时，将会直接导致内部短路。另外，过高的温度也同样会导致隔膜破损造成内部短路。隔膜材料的瑕疵或在生产过程中造成微小的损伤，都会使锂离子动力电池工作时局部温度升高，进而形成内部短路。

5.4.2 过负载

分为过电流、过电压、过充电和过放电四种情况。

（1）过电流 电动车辆在起步、加速或爬坡过程中动力电池的工作电流是正常行驶工作电流的几十倍甚至上百倍。动力电池充放电的电流一般用充（放）电率 C 来表示。例如，充电电池的额定容量为 $100A \cdot h$ 时，即表示以 $100A$（$1C$）放电时间可持续 $1h$，如以 $200A$（$2C$）放电时间可持续 $0.5h$，充电也可按此方法对照计算。

（2）过电压 在长时间的刹车制动能量回收充电过程中，或充电设备不匹配的条件下充电，可能使动力电池处于过电压的工作条件下。过电压极易使锂离子电池芯温度升高，引起内部短路而损坏。

(3) 过充电　电池充电属于吸热反应，充电初期极化反应小，吸热处于主导地位，温升出现负值；充电后期，阻抗增大，释放多余热量，吸热温升增加。长时间过充时，锂离子电池芯内部压力升高，放出气体，直至壳体变形、爆裂。通常情况下，锂离子电池在恒流充电阶段末期都会发生不同程度的过充，温升到 $40\sim50℃$，会导致电池容量损失，缩短使用寿命。应特别注意的是过充电使电池芯温度升高和气体膨胀的惯性导致的滞后着火及爆炸等危险。

(4) 过放电　在恒流放电时，电压会出现陡然跌落的现象，这主要是由电阻造成的压降所引起的，电压继续下降经过一定时间后达到新的电化学平衡；当进入放电平台期后继续放电，电压变化不明显，但电池温升明显；当电池放电电压曲线进入"马尾放电"阶段时，极化阻抗增大、输出效率降低，损耗发热增加，应在接近终止电压前停止放电。若接近终止电压后继续大电流放电，除会造成电源系统电压迅速降低外，部分动力电池芯会被反向充电使内部的活性物质结构受到破坏，使电池芯报废，同样会产生温度升高、气体膨胀等，反应严重时会有着火、爆炸的危险。

5.4.3　温升

电池温升的定义是电池内部温度与环境温度的差值。电动车辆的锂离子电池隔膜都具有自动关断保护的物理特性，提高动力电池使用的安全性。隔膜的自动关断保护功能是锂离子电池限制温度升高，防止事故的第一道屏障。无论什么原因，只要是电池芯内部温度升高到一定值，隔膜的物理特性就会使微孔关闭，阻塞电流通过，该温度称为闭孔温度。但热惯性还会使电池内部的温度继续上升，当达到一定温度时就会导致隔膜熔融破裂，该温度称为熔破温度。动力电池芯体一旦达到熔破温度，即意味着内部短路。

5.4.4　内部故障

有明显内部故障的电池芯在生产时会被剔除掉。但进入成品阶段的电池芯，即使内部含有故障也是隐形的，不容易被发现，属于工艺瑕疵范畴，如隔膜不均匀、充容材料有金属残留物等。隐形的内部故障对实车装用是个技术隐患。

5.4.5　循环寿命的影响

电池芯的循环使用寿命是构成动力电池耐久性循环使用寿命的重要因素。早期性能下降较快的电池芯，后续使用就意味着过负载，成为将来的故障隐患。

5.4.6　机械损伤

正常装车使用的动力电池芯，因安装在高强度的防撞击容器箱内，受到机械直接碰撞损坏的可能性并不大。但在车辆发生严重事故时和在电池芯运输安装的过程中，均有可能由于振动和碰撞使电池芯内部结构受到机械损伤，严重时会缩短电池芯的寿命，甚至造成着火或爆炸。

5.4.7　温度、湿度影响

电动汽车的动力电池性能和寿命，在使用过程中会严重受到环境温度和湿度的影响。许多著名公司的电动汽车动力电池箱体内部采用加热和制冷装置，使动力电池芯始终处于适宜的工作温度，以提高其性能和延长其使用寿命。

5.5 动力电池的安全防护

动力电池组是直接装车使用的大型箱体部件，其内部除集成的电池芯外，还有电池芯电路以及组成的模块，并且有配线、连接器、冷却液温度传感器、冷却液管路装置、高压充电接口及电池连接线盒和特制的防撞外壳等，如图 3-33 所示。动力电池控制单元（BCU）和电池芯电路可以进行适当调整，以有效控制大部分不利于电池性能状态的出现。

电动车辆的锂离子电池组是将多个电池芯通过串、并联的方式获得的，有较高的电压、电流和功率。电池芯的相应安全要素在动力电池组中依然存在，由于对电池芯的级联会造成一定的内耗，因此装配在同一组内的电池芯对于其内阻、放电率、循环寿命等有一致性的要求，这就需要对电池芯进行配组。

电动汽车的锂离子电池由于其化学特性、结构特点以及应用环境等因素，若在使用中不注意就会出现泄漏、燃烧、爆炸等不安全的情况。为了保障人员和车辆设施等的安全，需采取以下措施。

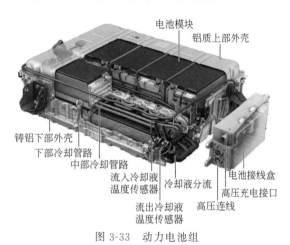

图 3-33　动力电池组

5.5.1 人员的防护

① 任何未经培训的人员都不得接触、拆动、搬运高压动力电池。

② 在电动汽车的动力电池箱组等显著位置张贴"高压危险！禁止非专业拆动！"的明显标志字样。

③ 作业前应首先准备好合适的作业工具、量具，并选择好安全、合适的作业位置。

④ 专业人员作业前首先穿戴好防护的鞋靴、手套、面罩等用具，然后检查车辆是否断开维修保养开关。

⑤ 正式对动力电池作业前再次确认是否已断开维修保养开关。

⑥ 作业中应谨防重物跌落，若两人以上配合作业应事先约定好动作指令。

⑦ 作业前对于动力电池芯的爆炸和燃烧烈度应有适当的估计，并有灭火的准备。动力电池芯的爆炸是由于外力破坏或高温，以及电池芯内部损坏产生高温高压瞬间释放造成的，与爆炸物爆炸完全是两个概念，没有可比性，其形式和效果也不可等同，维护作业人员不必产生恐惧心理。

5.5.2 设备的防护

① 由于电动汽车高压电气设备的存在，其危险性远比传统燃油汽车要高得多，在维修保养作业时应首先使用诊断设备确认故障发生的部位和元器件，不可未经确诊盲目拆解，以防发生危险和损坏设备。

② 电动汽车动力电池芯在电池保护箱内排列紧密，操作时应及时发现和处置损坏及危险的电池芯，同时还应防止其他电池芯的连锁反应，造成更大的损失。

③ 对于电动汽车的动力电池作业，无论是在操作前、操作中和操作后，都要时刻监控其温度变化，电池芯温度高即意味着发生危险的可能性增加，必要时采取降温措施或中断作业。

④ 动力电池的作业可采用由一人监控指挥的作业方式进行，既提高效率，又保障安全。

 ## 任务六　认识动力电池管理系统

引言

电池管理系统（Battery Management System，BMS）通过检测电池组中各个单体电池的状态，综合计算后判断整个电池系统的荷电状态（SOC）和健康状态（SOH），并根据它们的状态对动力电池系统进行对应的控制调整和策略实施，从而实现对动力电池系统及各单体的充放电管理，以保证动力电池系统安全稳定地运行。

学习目标

1. 了解电池管理系统（BMS）的组成。
2. 掌握动力电池管理系统的任务。
3. 掌握电池管理系统的工作模式。

6.1　电池管理系统（BMS）的组成

电池管理系统的基本功能可以分为检测、计算、管理和保护这四个方面。具体来看，包括数据采集、状态监测、均衡控制、热管理、安全保护以及信息管理等功能。

动力电池管理系统组成包括硬件和软件。硬件方面可以分为主控模块和从控模块两大部分，主要由数据采集单元（采集模块）、中央处理单元（主控模块）、显示单元、均衡单元检测模块（电流传感器、电压传感器、温度传感器、漏电检测）以及控制部件（熔断装置和继电器）等组成。中央处理单元由高压控制回路和主控板等组成，数据采集单元由温度采集模块、电压采集模块等组成。一般采用 CAN 现场总线技术实现相互间的信息通信。

软件包括控制策略、实现控制策略的底层操作系统以及实现检测、运算和判断的应用程序。动力电池管理系统中的软件设计，功能一般包括系统初始化、自检功能、系统检测功能、电压检测、温度采集、电流检测、绝缘检测、SOC 估算、CAN 通信、上下电控制、放电均衡功能、充电管理和热管理等。动力电池管理技术指标包括最高可测量总电压、最大可测量电流、SOC 估算误差、单体电压测量精度、电流测量精度、温度测量精度、工作温度范围、CAN 通信、故障诊断、故障存储功能、在线监测与调试功能等。

BMS 通过通信接口与整车控制器、电机控制器、能量管理系统、车载显示系统和远程监控终端等进行通信。譬如在北汽新能源的 EV200 车型中，电机控制器、电池管理系统、整车控制器和车载充电器作为通信报文收发节点，通过 CAN 总线连接，各节点可经过相互通信了解其他部件工作状态，使整车系统处于高效可靠的工作状态（图 3-34）。

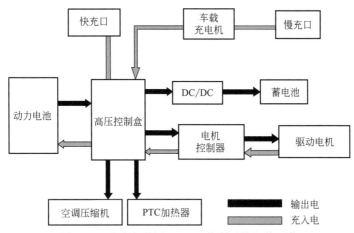

图 3-34　北汽新能源 EV200 控制系统网络通信

对于电动汽车动力电池来讲，各个整车厂商的控制策略基本相同，但选用的控制元器件精度和性能有所不同，特别是实现控制策略的算法、应用程序各不相同，因此也成为各个厂家的特色和机密。各整车厂商在控制软件开发上，会根据使用过程发现的问题不断完善，可以通过刷程序来为车主的爱车升级。维修人员取得整车厂商的授权，得到控制程序和密码后，就可以通过车辆 OBD 接口对有关控制器程序重刷升级。

6.2　动力电池管理系统的任务

动力电池管理系统的任务：保证高压供电系统绝缘安全，防止电池热失控，实现电池对外部负载上下电控制和制动能量回馈；保障电池充放电过程安全、合理；实现电池信息与仪表和远程控制终端的交流通信等。具体有如下内容。

6.2.1　电池参数检测

电池参数检测包括总电压、总电流和单体电池电压的检测（防止出现过充、过放甚至反极现象）、温度检测（最好每串电池、关键电缆接头等均有温度传感器）、烟雾检测（检测电解液泄漏）、绝缘检测（检测漏电）、碰撞检测等。

6.2.2　电池状态估计

电池状态估计包括荷电状态（SOC）或放电深度（DOD）、健康状态（SOH）、功能状态（SOF）、能量状态（SOE）以及故障及安全状态（SOS）等。

6.2.3　在线故障诊断

在线故障诊断包括故障检测、故障类型判断、故障定位和故障信息输出等。故障检测是指通过采集到的传感器信号，采用诊断算法诊断故障类型，并进行早期预警。

电池故障是指电池组、高压电回路或热管理等各个子系统的传感器故障和执行器故障（如接触器、风扇、泵、加热器等），以及网络故障、各种控制器软硬件故障等。电池组本身故障是指过压（过充）、欠压（过放）、过电流、超高温、内短路、接头松动、电解液泄漏和绝缘降低等。

6.2.4 电池安全控制与报警

电池安全控制与报警包括热系统控制、高压电安全控制。BMS 诊断到故障后，通过网络通知整车控制器，并要求整车控制器进行有效处理（超过一定阈值时 BMS 也可以切断主回路电源），以防止高温、低温、过充、过放、过流、漏电等对电池和人身的损害。

6.2.5 充电控制

BMS 中具有一个充电管理模块，它能够根据电池的特性、温度高低以及充电机的功率等级控制充电机，给电池进行安全充电。

6.2.6 电池均衡

不一致性的存在使得电池组的容量小于电池组中最小单体的容量。电池均衡是根据单体电池信息，采用主动或被动、耗散或非耗散等均衡方式，尽可能使电池组容量接近最小单体的容量。

6.2.7 热管理

根据电池组内温度分布信息及充放电需求，决定主动加热/散热的强度，使得电池尽可能工作在最适合的温度，充分发挥电池的性能。

6.2.8 网络通信

BMS 需要与整车控制器等网络节点通信。同时，BMS 在车辆上拆卸不方便，需要在不拆壳的情况下进行在线标定、监控和升级维护等，一般的车载网络均采用 CAN。

6.2.9 信息存储

用于存储关键数据，如 SOC、SOH、SOF、SOE、累积充放电安时数、故障码和一致性等。

6.2.10 电磁兼容

由于电动汽车使用环境恶劣，要求 BMS 具有良好的抗电磁干扰能力，同时要求 BMS 对外辐射小。

6.3 电池管理系统的工作模式

电池管理系统有 5 种工作模式，即下电模式、准备模式、上电模式、充电模式及故障模式，具体内容如下。

6.3.1 下电模式

下电模式是整个系统的低压与高压部分处于不工作状态的模式。在下电模式下，动力电池管理系统控制的所有高压继电器均处于断开状态。低压控制电源处于不供电的状态，只有动力电池内部控制器的低压常供电有静态维持电流。

6.3.2 准备模式

处于准备模式时，系统所有的接触器均处于未吸合状态。当系统接收到外界启动钥匙ON挡、整车控制器、电机控制器和充电插头开关等部件发出的硬线信号，或受CAN报文控制的低压信号，动力电池管理系统的控制初始化、自检完成后，电池管理系统进入下一步上电模式。

6.3.3 上电模式

当电池管理系统自检合格后，检测到启动钥匙的高压上电信号后，系统将首先闭合主负继电器。由于驱动电机是感性负载，驱动电机控制器内部电路有大电容，为防止过大的电流冲击，负极接触器闭合后，先闭合与正极继电器并联的预充电阻和预充接触器，进入预充电状态。当电机控制器内电容两端电压达到母线电压的90%时，立即闭合主正继电器，延迟10ms后，断开预充接触器进入放电模式。

6.3.4 充电模式

当电池管理系统检测充电唤醒信号时，系统即进入充电模式。在该模式下，主正、主负继电器闭合；同时为保证低压控制电源持续供电，DC/DC直流转换接触器需处于工作状态。

充电模式下，动力电池管理系统不响应启动钥匙发出的任何指令，充电插件发出的充电唤醒信号作为充电模式的判定依据。

磷酸铁锂电池低温条件下的充电特性不好，从充电安全角度考虑，在进入充电模式之前对系统进行一次温度判别。当电池温度低于0℃时，系统进入充电预热模式，此时通过接通电池包内加热继电器向铺设在电池箱内的加热毯供电，对电池模组预热；当电池包内的温度高于0℃时，系统可进入充电模式，即闭合主正、主负接触器。

6.3.5 故障模式

故障模式是控制系统中常出现的一种状态。由于动力电池高压的使用关系到使用者和维修人员的人身安全，因而动力电池管理系统对于各种工作模式采取"安全第一"的原则。电池管理系统对于故障的响应还需根据故障等级而定；当其故障级别较低时，系统可采取报错或发出轻微报警信号的方式告知驾驶人员；而当故障级别较高，甚至伴随有危险时，系统将采取断开高压接触器的控制策略。表3-3为行车状态下3类故障的处理方法。

表3-3 行车状态下3类故障的处理方法

符号	名称	对应电池故障类型	故障确认方法	处理方法
	动力电池故障	动力电池所有二级故障和一级故障	采集CAN1的报文数据，读取报文数据，确认是否上报以上电池故障	这类故障均属于零部件质量问题，可交由供应商进行售后维护处理
	动力电池断开	四类动力电池一级故障处理策略	(1)采集CAN1的报文数据，读取报文数据，确认是否上报电池一级故障 (2)电池若无一级故障，需要检查其他零部件是否存在故障	上报四种一级故障时，均需立刻停止使用

符号	名称	对应电池故障类型	故障确认方法	处理方法
HV +	动力电池绝缘电阻低	绝缘电阻过低二级故障（会伴随动力电池故障、断开故障一并出现）	（1）先单独对动力电池系统进行绝缘检测，测量电池的 R 值是否$\leqslant 40k\Omega$ （2）如果电池绝缘电阻正常，就要排查整车高压回路中其他高压零部件的绝缘电阻是否正常，如电机、充电机、DC/DC	对于绝缘存在问题的零部件进行整改

三级故障：表明动力电池性能下降，电池管理系统降低最大允许充/放电电流。

二级故障：表明动力电池在此状态下功能已经丧失，请求其他控制器停止充电或者放电；其他控制器应在一定的延时时间内响应动力电池停止充电或放电请求。

一级故障：表明动力电池在此状态下功能已经丧失，请求其他控制器立即（1s 内）停止充电或放电。如果其他控制器在指定时间内未做出响应，电池管理系统将在 2s 后主动停止充电或放电（即断开高压继电器）。

注意，其他控制器响应动力电池二级故障的延时时间建议少于 60s，否则会引发动力电池上报一级故障。充电状态下，电量随电压的增长呈现上升趋势，为防止电池过充，当电池电压高于设定值时，充电器接触器即断开。由于电荷累计效应的影响，电池电压又会有小幅度回落。电池 SOC 值随单体电压值变化的总趋势为，SOC 值随单体电压值的增加而增加，但 SOC 值为 20%～85%的电压值变化并不明显。

放电状态下，磷酸铁锂电池的单体电压值随着 SOC 的减小而降低。为防止电池的过放电，当电池端电压低于预设值时，B+接触器即断开，同样由于电荷累积效应，电压随后又有小幅度回升。

6.4 电池系统的健康状态（SOH）

电池系统的健康状态（SOH）是用于表征电池是否可正常工作的一个重要指标，电池健康状况将直接关系到电池的性能。当 SOH 较差时，电池可能已经处于失效状态。电池包失效的方式包括电池单体电压波动较大和电池包蓄电容量急剧下降两种；单体电池失效常出现充电瞬间充满，放电又瞬间放完的现象。SOH 与电池单体的状态关系极其密切，单体的容量骤然下降也将导致整个电池包的储电容量急剧下降。

6.4.1 通过车载充电机充电（慢充模式）

车载充电机（On-board Charger）将输入的交流电转换成直流电输出。车载充电机需要与充电桩、BMS、VCU 进行通信，根据动力电池的当前状态控制车载充电机（OBC）对动力电池进行充电。充电电流主要与温度和单体电压有关，温度越低或者越高，充电电流越小；单体电压越高，充电电流越小。

6.4.2 直流充电桩（快充模式）

快充充电桩和车辆之间进行通信，根据动力电池的当前状态（电池温度和单体电压），控制快充桩对动力电池进行充电。充电电流主要与温度和单体电压有关，温度越低或者越高，充电电流越小；单体电压越高，充电电流越小。

6.5 动力电池控制策略

动力电池控制策略有的车型是基于 STATE 机制的电池系统上下电控制策略，根据外部输入信号，由整车控制器发送工作模式。工作模式可分为 3 种：行车模式、快充模式和慢充模式。

6.5.1 低压控制上电策略

该控制策略模块明确 BMS 低压上电条件及第一帧报文发送、初始化要求。

① BMS 判断 VCU 输出的"唤醒"信号为高电位，BMS 被唤醒开始工作之后进入下一步；如果 BMS 被唤醒后 VCU 输出的"唤醒"信号为低电位，则 BMS 自检计数器上报为 0 之后，根据整车状态执行相应高压下电、低压下电流程。

② BMS 判断整车状态为"新能源低压供电"或"新能源低压自检"，且 VCU 输出的"唤醒"信号为高电位，BMS 开始初始化之后进入下一步。

③ BMS 检测外围输入输出接口；读取 EEPROM 中存储的可用容量、SOC、故障等信息；巡检单体电池状态；巡检温度；高压诊断 1（包括 MSD 检测；电池绝缘检测；V1、V2、V3 及总电流检测，其中 V3 检测 EP 阶段实现）；负极继电器粘连检测；正极及预充继电器同时粘连检测（新增 V3 检测后实现），动力电池高压互锁检测。

如果出现故障，则按照故障策略处理首先上报故障到 EVBUS，故障状态上报完成后，BMS 自检计数器上报为 1；若无故障，则 BMS 自检计数器上报为 0；BMS 判断 VCU 输出的"唤醒"信号为高电位，50ms 后发送第一帧报文，第一帧报文内容以通信协议中规定的初始值上报。

④ 初始化时间要求及初始值上报：BMS 判断 VCU 输出的"唤醒"信号为高电位，300ms 内初始化完成，300ms 内 BMS 初始化状态位置 1；300ms 内初始值上报为通信协议中规定的初始值；300ms 后除单体最高电压、最低电压、温度及与温度相关的数值外，其余数据上报为真实值；1300ms 后要求所有报文发送内容全部为真实值并满足通信协议要求。

6.5.2 高压上电流程

① 低压上电完成后，BMS 检测整车状态"电池高压检测"时，进行高压诊断 2，包括判断负极继电器断路、预充电电阻断路、预充电继电器粘连以及电池正极继电器粘连（新增 V3 检测后实现）。如果高压诊断 2 有故障，按照故障策略处理上报故障到 EVBUS，故障状态上报完成后 BMS 自检计数器上报为 2。如果高压诊断 2 无故障，BMS 自检计数器上报为 2。

② BMS 等待整车状态更新。当 BMS 检测到整车状态"高压系统预充电"时，吸合预充电继电器之后把预充电继电器状态设置为"闭合"；20ms 后开始进行高压诊断 3 第一部分（预充电继电器断路故障）。

如果高压诊断 3 有故障，则按照故障策略处理，上报故障到 EVBUS，故障状态上报完成后 BMS 自检计数器上报为 3。

若无故障，则判断 V1 与 V2 的差值。如果预充电继电器闭合 750ms 后，V1 与 V2 的差值大于 15V，或 V2 小于 V1 的 95％，则 BMS 上报预充电状态为"预充电未完成"。如果开始计时 750ms 内，V1 与 V2 的差值小于等于 15V，或 V2 大于等于 V1 的 95％，则 BMS 吸合正极继电器，同时把正极继电器状态设置为"闭合"。20ms 后断开预充电继电器，同时把预充电继电器状态设置为"断开"；20ms 后上报预充电状态为"预充电完成"。

之后进行高压诊断 3 第二部分，也就是正极继电器断路故障（新增 V3 检测后实现）。如果高压诊断 3 有故障，则按照故障策略处理上报故障到 EVBUS，故障状态上报完成后 BMS 自检计数器上报为 3。

6.5.3 电芯加热策略

加热只在充电模式下启动，按照动力电池系统的温度范围和充电类型划分如下。

① 如果温度 T_{avg}＜−20℃，则车载交流充电模式下进行充电前预热，即只加热不充电。不支持直流充电。

② 如果−20℃≤T_{avg}＜10℃，则车载交流充电模式下与直流充电模式下，边充电边加热。

③ 如果 T_{avg}＞10℃，则加热不启动。

6.5.4 充电控制策略

该控制策略需要根据动力电池的充电能力，控制车载充电机或直流充电机对动力电池进行充电。充电模式分为车载充电模式和直流快充模式。充电电流倍率和温度的关系如图 3-35 所示。

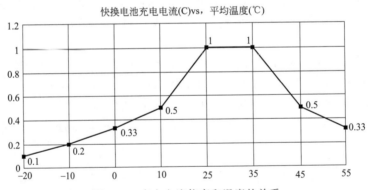

图 3-35　充电电流倍率和温度的关系

6.5.5 放电功率控制策略

该控制策略模块是根据动力电池系统 SOC 及单体电芯平均温度（T_{avg}），调整当前状态最大允许放电功率。

① 放电控制策略在整车"远程运行状态"和"行车状态"执行。

② BMS 按照表 3-4 上报当前状态最大允许放电功率给 VCU，间接控制动力电池放电功率。

③ 当 SOC 和单体电芯平均温度（T_{avg}）发生变化时，BMS 以每 20ms 变化 0.5kW 的速率，调整当前状态最大允许放电功率。

表 3-4　SOC 与温度关系

SOC/%	温度/℃							
	−21	−20	−15	−5	5	45	55	56
0	0	0	0	0	0	0	0	0
5	0	4	15	21	24	56	4	0
10	0	4	21	27	54	69	15	0
20	0	15	32	54	69	69	21	0
30	0	21	69	69	110	110	21	0
40	0	21	69	69	110	110	21	0
50	0	21	69	69	110	110	21	0
60	0	56	69	69	110	110	56	0
70	0	56	69	69	110	110	56	0
80	0	56	69	69	110	110	56	0
90	0	56	69	69	110	110	56	0
100	0	56	69	69	110	110	56	0

6.5.6　动力电池能量回馈控制策略

① 动力电池能量回馈的条件：SOC 为 0～100％，且不触发不允许能量回收的故障。当达到不允许能量回馈的条件时，"最大允许充电功率"由原上报值以每 20ms 变化 0.5kW 的速率调整为 0。

② 能量回馈控制策略在整车"行车"状态执行。

③ BMS 通过上报"允许最大回馈功率"给 VCU，间接控制能量回馈充电功率。能量回馈功率见表 3-5。

表 3-5　能量回馈功率

SOC/%	电芯温度 T(持续 15s)/℃							
	<-20	$-20<T\leqslant-15$	$-15<T\leqslant-5$	$-5<T\leqslant0$	$0<T\leqslant10$	$10<T\leqslant25$	$25<T\leqslant45$	$45<T\leqslant50$
$\leqslant100$	不允许	不允许	不允许	1	1	2	2	1
$\leqslant95$	不允许	不允许	4	8	14	20	14	14
$\leqslant80$	不允许	4	14	30	41.5	70	70	41.5
$\leqslant70$	不允许	8	18	45	41.5	70	70	41.5

6.5.7　电池系统下电流程

该控制策略模块明确 BMS 低压下电条件及数据存储要求。

① BMS 判断整车状态为"部件存档"，BMS 写入 EEPROM、BMS 自检计数器上报为 0、发送低压下电请求、继电器状态上报为"断开"。

② BMS 判断整车状态"新能源系统掉电"且 VCU 输出的"唤醒"信号为低电位，BMS 进入休眠，低压下电完成。

③ 在其他"state"状态下，如果"唤醒"信号突然为低电位，则 BMS 不进入休眠，仍按"state"执行。

任务七 电池管理系统的检测

引言

电池管理系统的检测包括基础电池模块电池电压检测、动力电池母线继电器开闭状态检测、高压回路绝缘状况检测、动力电池母线电流与电压检测等几个方面。

学习目标

1. 了解基础电池模块电池电压检测。
2. 掌握动力电池母线继电器开闭状态检测。
3. 掌握高压回路绝缘状况检测方法。

7.1 基础电池模块电池电压检测

如图 3-36 所示为动力电池管理系统内部 CAN 通信以及与外部系统 CAN 通信关系框图。几个单个电芯并联后（大容量电芯单个）形成基础模块，基础模块再串联形成便于在电池包内布置的模组。每个模组编上序号，每个模组内的基础模块也都有自己的序号，即 n 模组××号电池。各个模组内电池基础模块正负极分别引出检测线，集中成低压检测线束，送到电压采集从控盒对应的接插件上，然后分别引导电芯电压检测电阻矩阵的对应电阻（图 3-37）。

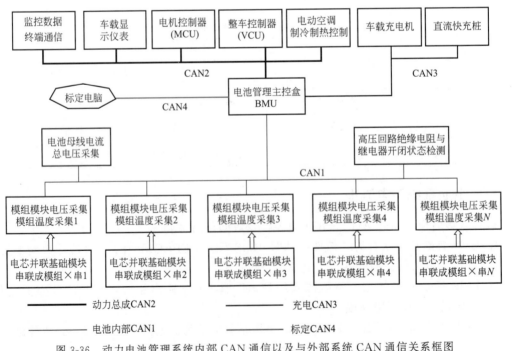

图 3-36 动力电池管理系统内部 CAN 通信以及与外部系统 CAN 通信关系框图

从控盒电路板上的检测电路对各个电芯巡回检查，电压数据经隔离后送到电路板计算区域处理，再通过内部 CAN 线送主控盒分析处理。主控盒要进一步计算整个电池包的 SOC，以及最高电压电芯与最低电压电芯的差值是否超标，是否达到放电截止电压或充电截止电压，然后再做后续控制处理。

电池温度检测一般在电池模组上安置温度传感器进行检查，温度传感器安置在模组的接线柱附近。温度传感器的

图 3-37　电芯电压检测接点分布

测量引线分别送到从控盒的插接件对应的 PIN 脚上，由从控盒内电路测量处理，并经内部 CAN 线送到主控盒电路上处理。温度信号对于电池的热保护以及高低温加热或冷却控制是十分重要的因素。

如图 3-38 所示，电芯电压检测用电阻阵列取电芯电压值，每个电芯的正极和负极引出检测线，连接到电阻阵列对应的电阻前，由控制板上的测量电路按顺序接通检测电阻。这样在检测电阻上就可以取到某个电芯的电压值。控制板上的测量电路把检测到的每个电芯的电压值进行比较、运算和判断，判断电芯一致性是否符合要求。放电时单个电芯达到放点截止电压，停止放电；充电时单个电芯达到充电截止电压，停止充电。

图 3-38　电芯电压检测线与检测电阻阵列

7.2　动力电池母线继电器开闭状态检测

7.2.1　动力电池对外高压上下电过程控制

如图 3-39 所示为动力电池上下电过程原理图。动力电池对外部负载上的电指令如下。

驾驶员启动车辆，钥匙置"ON"位，动力电池负极继电器闭合，全车高压系统各个控制器初始化、自检，完成后通过 CAN 线通报。动力电池对内部电芯电压和温度检查合格，母线绝缘检测合格，动力电池主控盒接通预充继电器（预充继电器与预充电阻串联，然后与

正极继电器并联）。动力电池为外部负载所有电容器充电，当充电电压与动力电池电压差值小于5V时认为预充结束，控制闭合主正继电器，对外负载上电。主正闭合10ms后，预充继电器断开，仪表屏幕显示"READY"，上电结束。当启动钥匙置"OFF"位时，动力电池主控盒控制主正继电器和主负继电器断开，全车高压下电。在高压上电后如果发生重要故障，则主控盒也会断开主正和主负继电器。

7.2.2 动力电池高压回路关键控制点的电压检测

动力电池对外高压上下电过程，有几个重要时间节点必须检测高压回路的关键控制点。图3-39中V1检测的是动力电池串联后的总电压，当维修开关（MSD）插入良好，或者没有配置维修开关，V1可以测出总电压。也就是说，V1电压值可以判断动力电池串联回路的电连接是否完好。

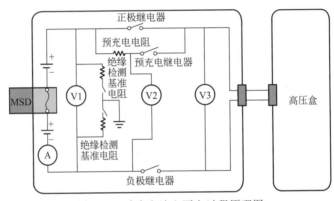

图 3-39　动力电池上下电过程原理图

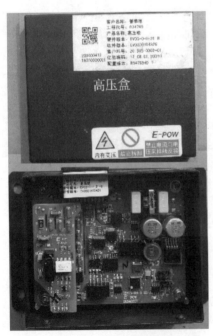

图 3-40　某款车高压回路绝缘检测与继电器开闭状态检测控制盒

V2检测的是预充电阻之后的电压，预充继电器闭合后高压回路接通，V2电压随着电容器充电迅速上升。当V2与V1差值小于5V时，判定为预充电结束，闭合主正继电器。当预充电时间超过设定时间时，系统判断并记录预充电超时故障。正极母线继电器和预充电继电器闭合时间会重叠10ms，保证对外供电流畅。如果V2与V1电压相等，则预充电继电器判定已经断开，或因故障没有按要求闭合。

负极继电器闭合后，主正继电器和预充电继电器都没有闭合，V3电压为0；当预充电继电器闭合后，主正继电器断开，V3电压等于V2电压；当主正继电器闭合后，V3电压等于V1电压。由V1、V2和V2电压值的比较，就可以判断各个继电器触点是否按要求正确开闭。

V1、V2和V3电压检测点位置设置在继电器主触点处，通常用螺栓把检测线的线端固定在主触点座上，检测线连接到高压检测盒。如图3-40所示是某款车高压回路绝缘检测与继电器开闭状态检测控制盒。

7.3 高压回路绝缘状况检测

高压回路绝缘状况检测点设置在正极母线和负极母线接触器主触点处，动力电池金属底壳与车身搭铁良好。通过检测高压回路正负母线对车辆底盘的绝缘电阻，来反映高压电气系统的绝缘性能。

为检测绝缘电阻，将动力电池高压电源作为检测电源，在电源正极、负极和车辆底盘之间建立桥式阻抗网络，如图 3-41（a）所示。其中绝缘监测电路 A 点与电源正极相连，B 点与电源负极相连，O 点与车辆底盘相连。U_0 为高压电源的输出电压，I 为绝缘检测电路内部电流。R_{g_1}、R_{g_2} 分别为高压正、负极引线对底盘的绝缘电阻（可以想象成一个实体电阻），其阻值根据正负母线对地（电池包壳体对车身搭铁）绝缘状况可能是变化的。母线对车身地绝缘良好，R_g 阻值无穷大；母线绝缘层损坏，R_g 阻值会变小。限流电阻 R 有 2 个，阻值非常大，有的电动汽车中 R 的阻值达到 $20k\Omega$。

T_1、T_2 为电子控制开关管，由高压盒内部控制器通过控制其导通与关断，改变点 A 和点 B 之间的等效电阻及电源的输出电流 I。根据 U_0、I 和等效电阻之间的关系，可以计算出 R_{g_1} 和 R_{g_2}。相对电压 U_0 而言，开关管 T_1 和 T_2 的导通电压很小，可以忽略不计。在电动汽车运行过程中，电压 U_0 随着电量变化而变化，其数值要和电流 I 同时采集。

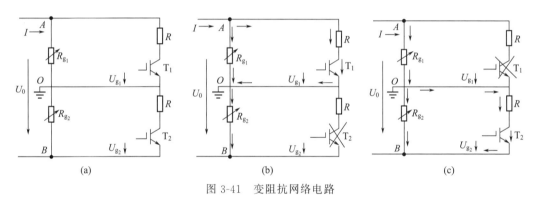

图 3-41 变阻抗网络电路

当 T_1 导通、T_2 关断时，图 3-41(b) 桥式阻抗网络的等效形式为 R_{g_1} 与 R 并联后与 R_{g_2} 串联。这时，电源电压为 U_{0_1}，电流为 I_1。

$$U_{0_1} = I_1 \frac{R_{g_2} + R_{g_1}R}{R_{g_1} + R} \tag{3-30}$$

当 T_2 导通、T_1 关断时，图 3-41(c) 桥式阻抗网络的等效形式为 R_{g_2} 与 R 并联后与 R_{g_1} 串联，这时，电源电压为 U_{0_2}、电流为 I_2。

$$U_{0_2} = I_2 \frac{R_{g_1} + R_{g_2}R}{R_{g_2} + R} \tag{3-31}$$

当高压电源正、负极引线对底盘绝缘性能较好，满足 $R_{g_1} > 10R$ 以及 $R_{g_2} > 10R$ 时，可以做以下近似处理。

$$\frac{R_{g_1}R}{R_{g_1} + R} \approx R \tag{3-32}$$

$$\frac{R_{g_2}R}{R_{g_2}+R}\approx R \tag{3-33}$$

由式(3-30)~式(3-33)可得如下。

$$R_{g_1}=\frac{U_{0_2}}{I_2-R} \tag{3-34}$$

$$R_{g_2}=\frac{U_{0_1}}{I_1-R} \tag{3-35}$$

如果 T_1 和 T_2 同时关断时，电流 I 大于 2mA，说明绝缘电阻 R_{g_1} 和 R_{g_2} 之和小于 250kΩ，电源的正、负极引线电缆对底盘的绝缘性能都不好，检测系统不再单独检测 R_{g_1} 和 R_{g_2}，并立即发出报警信号。绝缘电阻的好坏是反映电池用电安全的重要方面，根据人体所能承受的电压范围，当监测到绝缘电阻小于 500Ω/V 时，电池管理系统即对驾乘人员做出安全警告或做出切断高压继电器动作。

7.4 动力电池母线电流与电压检测

动力电池母线电流检测一般有两种方法：一种是在电池高压回路串联检测电流传感器（图 3-42）；另一种是用霍尔电流传感器套在高压母线上（图 3-43）。检测的电流信号送到控制盒。

图 3-42　串联在主回路内的电流传感器　　　　图 3-43　套装在母线上的霍尔电流传感器

母线电流用以判断是否过放或过充，是否降功率运行，主控盒是否采取进一步相应措施。数据还送到显示仪表、整车控制器和数据采集终端。

动力母线电压信息直接在正、负母线接线柱上取出，送到高压绝缘盒内，隔离处理后检测计算即可。

项目四
Project **4**

电动汽车的充电及故障排除

　　充电设施是电动汽车能源供给的基础，是电动汽车进入商业化运营的保障，直接关系到电动汽车的产业化推广应用。动力电池的能量补给形式除了直接充电外，还可以采用机械式更换与充电相结合的方式。

 任务一　电动汽车充电技术

引言

　　纯电动汽车和插电式混合动力电动汽车需要为车载储能装置补充电力，也就是通常所说的充电。电动汽车的充电是指以受控的方式将电能传输到电动汽车的蓄电池或其他车载储能装置中的过程，这一过程主要通过充电装置来完成。

学习目标

1. 了解纯电动汽车充电系统的结构。
2. 掌握输入电能的供给方式。
3. 掌握电能变换方式。

1.1　纯电动汽车充电系统的结构

　　广义的纯电动汽车的充电系统分为两大部分：一部分为车辆以外的充电装置，主要包括城市交流电网、固定充电桩；另一部分是纯电动汽车车辆（内部）充电系统。后者为狭义的纯电动汽车充电系统。纯电动汽车充电系统一般是指车辆内部的充电系统。纯电动汽车与充电机如图 4-1 所示。

　　纯电动汽车充电系统（车辆内部）主要由动力电池组件、车载充电器、DC/DC 转换器、高压控制盒、VCU、慢充（交流）充电口等组成。

图 4-1　纯电动汽车与充电机

充电系统结构布置如图 4-2 所示。

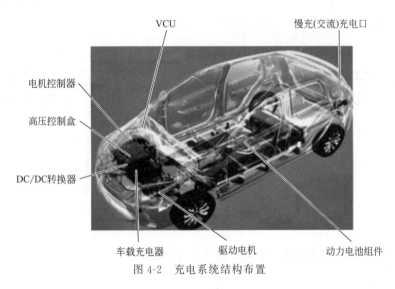

图 4-2　充电系统结构布置

1.2　输入电能的供给方式

电动汽车在充电时，输入的电能既可以来源于交流电源，也可以来源于直流电源。

1.2.1　交流供电

交流电源与交流电网连接。我国标准规定的电动汽车充电用交流电源电压的额定值最大可为 660V，交流标称电压为单相 250V、三相 415V，允许偏差为标称电压的 ±10%，频率的额定值为 50Hz±1Hz。交流标称电流可以为 16A、32A、60A、100A、150A 或 250A。

将电动汽车和交流电网相连时，可以采用下述三种方式中的一种或多种。

（1）连接方式 A　将电动车辆和交流电网相连时，使用和电动车辆连在一起的供电电缆和插头，如图 4-3(a) 所示。

（2）连接方式 B　将电动车辆和交流电源连接时，使用带电动车辆连接器和电源连接器的独立活动电缆，如图 4-3(b) 所示。

（3）连接方式 C　将电动车辆和交流电源连接时，使用和交流电网连在一起的供电电缆和连接器，如图 4-3(c) 所示。

1.2.2　直流供电

直流电源通常是在对交流电源进行整流后得到的，但由于单独设置的整流装置或直流电源并不仅限于为电动汽车提供输入电能等原因，所以在充电过程中将该整流环节排除在外，而认为电动汽车充电的输入电源是直流电源。如某充电站利用城市无轨电车的供电网作为输入电源，则对该充电站内的充电装置而言，输入电源即为直流电源。

我国标准规定用于电动汽车充电的直流电源的电压最高为 1000V。

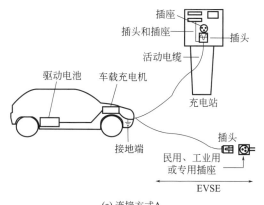

(a) 连接方式A

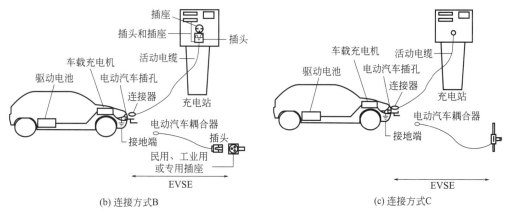

(b) 连接方式B (c) 连接方式C

图 4-3 电动汽车的充电连接方式

1.3 电能变换方式

输入电能一般均需要通过电能变换装置在受控的方式下将交流电能或直流电能变换成蓄电池或其他车载储能装置可接收的直流电能，这样的电能变换装置称为充电机（或充电器）。根据安装位置不同，充电机可以分为非车载充电机（安装在电动汽车车体外）和车载充电机（固定安装在电动汽车上）两种类型。

当输入电源为交流电源时，充电机的基本工作流程主要包括输入整流环节、功率因数校正（Power Factor Correction，PFC）环节、DC/DC 功率变换环节及输出滤波环节。具体结构如图 4-4 所示。

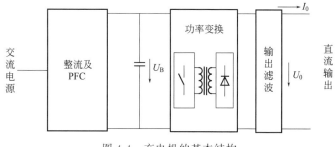

图 4-4 充电机的基本结构

输入整流及功率因数校正环节对单相或三相交流电进行整流并完成功率因数的校正，再经过滤波后形成稳定的直流母线电压，从而提供给后级的 DC/DC 功率变换环节。完整的输入整流环节需要应用到包括快速熔断器、预充电电阻和继电器、单相或三相整流桥、PFC 电路、滤波电感、直流母线支撑电容和滤波电容等元件。整流环节的基本结构如图 4-5 所示。

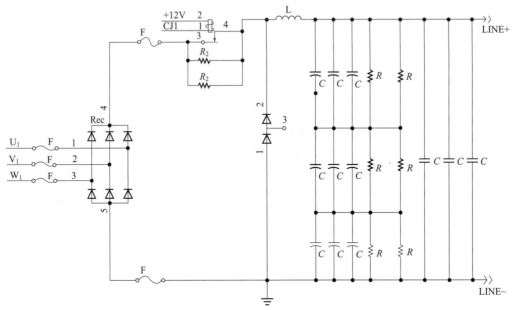

图 4-5　整流环节的基本结构

　　DC/DC 功率变换环节通常采用隔离型变换方式，主要元件包括主功率开关管（IGBT）、高频变压器、输出整流桥、输出滤波电感和电容、输出防逆流二极管、快速熔断器及开关器件缓冲电路等。DC/DC 变换环节的基本结构如图 4-6 所示。

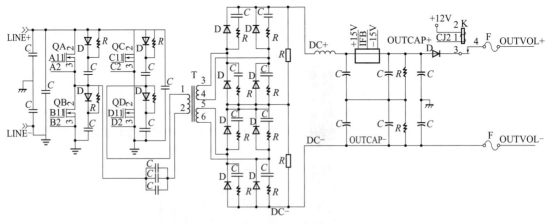

图 4-6　DC/DC 变换环节的基本结构

　　当输入电源为直流电时，充电机的基本组成一般只包括 DC/DC 功率变换环节。在电能变换的过程中，常用的控制技术是脉宽调制（PWM）技术。功率电路中的功率器件在控制系统的控制下完成对输入电能的变换，从而在输出侧提供恒定的电流或电压输出，满足蓄电池系统的充电要求。

1.4 动力电池成组充电方式

根据运营方式的不同，电动车辆动力电池组充电又可分为地面充电和车载充电两种充电情况。

1.4.1 地面充电方式

当车辆进行补充充电时，将需要充电的电池从车辆上卸下，安装已充满电的电池，车辆即离开继续运营或应用，对卸载下的电池采用地面充电系统进行补充充电。采取地面充电方式有利于电池维护，延长电池使用寿命和提高车辆使用效率，但对车辆及电池更换设备提出了更高的要求。地面充电又包括分箱充电或者整组充电。

（1）分箱充电 分箱充电时，每台充电机对电池组中一箱电池进行充电，并和该箱的电池管理单元通信，完成充电控制。采用这种方式，有利于提高电池组的均衡性，延长电池组使用寿命，但充电机数量多，电池组与充电机间的连线多，监控网络复杂，成本较高。地面单箱充电结构如图 4-7 所示。

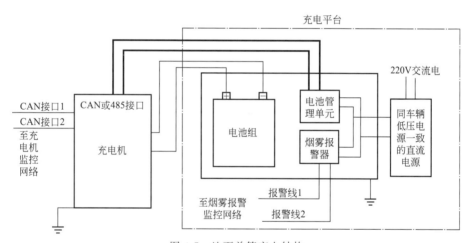

图 4-7 地面单箱充电结构

其中，充电平台包括与车辆低压电源一致的直流电源、电池存储架、充电机通信接口连接器、充电机输出连接器、烟雾传感器。当单箱电池放置在充电平台上、低压电源为电池管理单元提供供电电源时，充电机和电池管理单元通信实现充电控制，能量通过充电机输出连接器从充电机传输到电池。烟雾传感器、温度传感器等实现在充电过程中的现场监视。

当采用单箱充电时，需要电池调度系统对所有的电池实时进行数量、质量和状态的监控及管理，完成电池存储、更换、重新配组和电池组均衡、实际容量测试及电池故障的应急处理等功能。

（2）整组充电 采用整组充电，则将从电动车辆上卸下的各箱电池按照车辆上的应用方式连接，通过一台充电机给整组电池进行充电，所有的电池管理单元通过电池管理主机与充电机进行通信，完成充电控制。采用这种方式，充电机数量较少，监控网络简单，但是相对单箱充电方式而言，电池组的均衡性较差，使用寿命较低。地面整组充电结构如图 4-8 所示。

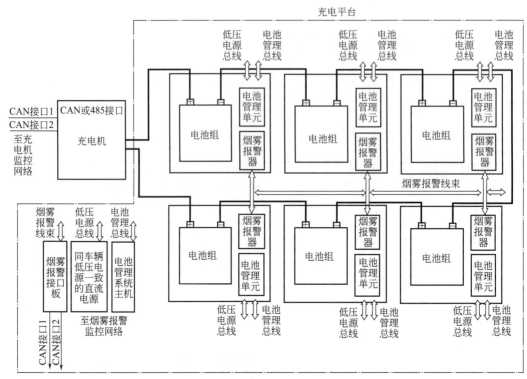

图 4-8 地面整组充电结构

两种充电方式比较见表 4-1。

表 4-1 两种充电方式比较

整组充电	分箱充电
充电电压高、安全性差	充电电压低、安全性好
单台充电设备功率大,技术不成熟,设备成本高	充电设备单机功率小;技术成熟,总体成本低
一致性差异增加快	减缓一致性差异增加
谐波相对较大	谐波相对较小
不适于更换模式下电池对称布置	适于更换模式下电池对称布置
电池使用寿命短	兼顾一致性,有效提高了电池使用寿命

1.4.2 车载充电方式

如图 4-9 所示,有的电动汽车(如北汽 EV 系列)有两个充电口,一个快充口,一个慢充口。快充是直流供电,半小时可充到 80%;慢充为交流供电,充电时间为 6~8h。当车辆进行补充充电时,充电机与充电车辆通过充电插头进行连接,电池无需从车辆上卸下即可直接进行充电,如图 4-10 所示。其优点是充电操作过程简单,不涉及电池存储、电池更换等过程。但车辆充电时间占用了车辆的运营或应用时间,车辆利用率较低,不利于保持电池组的均衡性以及延长电池组的使用寿命。

该系统通过充电插头上的 CAN 网络连接线与电动汽车内部 CAN 网络进行连接,与车载电池管理主机进行通信,完成充电控制。车载充电通信网络结构如图 4-11 所示。

图 4-9　车载充电的快充口和慢充口

图 4-10　充电机与充电车辆通过充电插头进行连接充电

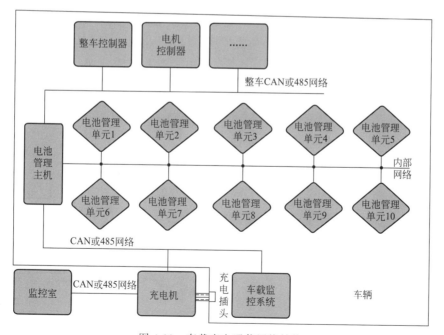

图 4-11　车载充电通信网络结构

车载电池充电采用的充电机有两种形式，一种是随车安装、携带的车载充电机，一般功率较小，对于电动汽车多数在 5kW 以下，充电电流小，充电时间长，适于晚间充电、白天使用的电动车辆工况；另一种是非车载快速充电机，一般保证车辆充电在 30min 以内，可以充入保证车辆行驶超过 50km 的电量。已经产品化的电动轿车为了满足这两种充电机的应用，需要在车辆上设置车载充电机接口和快速充电接口。如图 4-12 所示为日产公司 Leaf 电动汽车的充电接口，为两个接口并列的形式。

图 4-12　日产公司 Leaf 电动汽车的充电接口

1.5　电能的传输方式

根据充电装置与车辆接收装置连接方式的不同，电动汽车的整车充电方式可以分为传导式充电和非接触式充电两种。

1.5.1　传导式充电

在将电能传输到电动汽车的蓄电池或其他车载储能装置的过程中，如果电能的传输经由连接电缆实现，则称为传导式充电（图 4-13）。

1.5.2　非接触式充电

与传导式充电相对的是非接触式充电，也称为感应式充电或无线充电。在非接触式充电中，充电装置与车辆接收装置之间无需直接接触即可实现电能的补给，一种典型的非接触式充电方案如图 4-14 所示。非接触式充电主要采用无线电能传输（Wireless Power Supply，WPS）技术，利用电磁场或电磁波进行能量传递（图 4-15）。与传导式充电相比，无线电能传输技术具有很多优点，具体如下。

① 由于系统完全绝缘，可以避免高压触电的危险。
② 全密封的设计可以避免短路和漏电的危险。
③ 有利于接口的标准化，也便于实现自动化和无人操作。
④ 无机械磨损和相应的维护问题，可适应多种恶劣环境和天气。

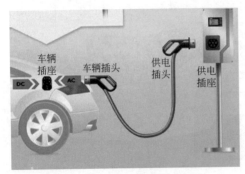

图 4-13　电动汽车的传导式充电

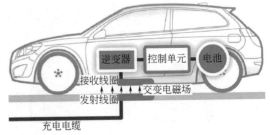

图 4-14　一种典型的非接触式充电方案

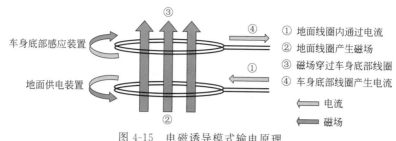

① 地面线圈内通过电流
② 地面线圈产生磁场
③ 磁场穿过车身底部线圈
④ 车身底部线圈产生电流

⬅ 电流
⬅ 磁场

车身底部感应装置

地面供电装置

图 4-15　电磁诱导模式输电原理

 任务二　电动汽车的充换电

引言

将各种供电电源形式、电能变换方式、电能传输方式及其他相关技术进行合理的选择和整合，就可构成一个完整的电动汽车充电系统。

学习目标

1. 了解电动汽车的充电系统。
2. 掌握电动汽车的换电。

2.1　电动汽车的充电系统

电动汽车的充电系统可以分为家庭充电（Home Charge，HC）系统、泊车充电（Park-And-Charge，PAC）系统、行驶充电（Move-And-Charge，MAC）系统等多个种类。

2.1.1　家庭充电系统

家庭充电系统适用于装备有车载充电机的纯电动汽车，可以在夜间利用家中普通单相交流电对动力蓄电池进行慢速充电，如图 4-16 所示。根据蓄电池容量和放电深度的不同，充电时间一般需要 6~8h。由于车载充电机的质量一般要求限制在 5kg 以下，因此结构紧凑的轻便型车载充电机对于家庭充电系统来说是至关重要的，这种需求也促进了具有高功率密度和高效率的单相 AC/DC 转换器的研究。此外，由于夜间的电力需求较低，处于波谷阶段，使用家庭充电系统对电动汽车进行充电有利于电网的峰谷调节控制。

2.1.2　泊车充电系统

当纯电动汽车在停车场中停放时，可以根据停车时间的长短通过固定在地面或壁挂式的非车载充电机进行常规充电或快速充电。地面充电机通常采用三相交流电作为输入电源，并通过计算机控制将三相交流电转换为直流电后为蓄电池充电。充电过程控制及充电均衡控制都通过计算机实现，以避免蓄电池出现过充电，从而延长蓄电池的使用寿命。泊车充电系统如图 4-17 所示。

图 4-16　家庭充电系统　　　　　　图 4-17　泊车充电系统

2.1.3　行驶充电系统

对纯电动汽车的蓄电池进行充电的最理想情况是在行驶过程中完成充电，行驶充电（MAC）系统的概念正是基于以上构想而提出的。MAC 系统可以嵌入某些特定区域的路面上，如高速公路的充电区等，如图 4-18 所示。该系统既可以采用传导式充电，也可以采用感应式充电。对于传导式 MAC 系统，纯电动汽车的车体底部需要安装接触受电弓，通过与路面上的供电元件接触接收大电流充电；对于感应式 MAC 系统，其原理与感应式充电机类似，纯电动汽车在驶过充电区域时，就可以完成一次充电过程。

图 4-18　行驶充电系统

2.2　电动汽车的换电

在电池更换方式中，由于电池在充电时与车体分离，因而在充电时段的选择上相对自由，既可以利用电网低谷时段给蓄电池充电，同时又能在很短的时间内完成电动汽车的电能补给，整个电池更换过程可以在 10min 内完成，与现有燃油汽车的加油时间大致相当。根据车辆类型的不同，电池更换技术可以分为乘用车电池更换和商用车电池更换两种。

2.2.1　乘用车电池更换

根据电池箱在车辆中的布置位置，乘用车电池更换方式可分为底盘更换和后备厢更换两种，分别如图 4-19 和图 4-20 所示。在底盘更换方式中，电池箱安装在车辆底盘上，与乘员舱隔离，车辆整体重量分布均匀，可更好地满足车辆运行的技术性能指标、车辆行驶的安全性和舒适性要求。但底盘更换方式对电池箱的标准化程度要求较高，同时整车的技术难度较大。在后备厢更换方式中，电池箱安放在车辆的后备厢中，相比于底盘更换方式，后备厢更换方式更容易实现，整车不需要进行太大的改造。但后备厢更换方式也存在一定的缺点，由于电池组占用了后备厢的空间，因而牺牲了车辆后备厢的储藏功能；同时由于该方式中的电池箱与乘员舱没有隔离，因而安全性不如底盘更换方式。

图 4-19　电动汽车的底盘更换电池

图 4-20　电动汽车的后备厢更换电池

　　此外，由于电池箱具有一定的重量，电池箱安放在后备厢中会导致整车重心后移，车辆运行的技术性能也有所下降。

2.2.2　商用车电池更换

　　商用车辆电池箱一般位于车辆两侧，通常需要使用更换设备从车辆两侧对电池组进行更换。由于商用车所携带的电池箱数量较多，每辆车通常需要携带 8～12 箱电池，电池箱的重量也较大，因此商用车电池一般采用自动化更换设备来实现。为了提高商用车电池的更换效率，缩短电池的更换时间，可以采用不同模式的商用车电池更换方法。根据更换操作程序的不同，商用车辆的电池更换又可以进一步分为一步式方案和两步式方案。在一步式更换模式中，利用更换设备首先将电池从电池架上取下后并旋转180°，然后安装在车上，两个动作由同一套装置完成；而

图 4-21　商用车辆的换电系统

在两步式更换模式中，电池取放设备和更换设备分离，整个电池的更换动作分两步完成。商用车辆的换电系统如图 4-21 所示。

2.3　电动汽车的充（换）电站

　　基于上述充电技术、换电技术、充电系统结构及不同的服务对象和服务需求，并结合其他支撑性技术和系统，即可构成一个完整的电动汽车充（换）电站，为电动汽车提供充（换）电服务。

充（换）电站的结构按功能可划分为若干个子系统模块，如充电站供电系统、能源调度与管理系统、整车充电系统、更换式充电系统、充电监控系统、电池维护与检测系统及车辆运营管理系统等，电动汽车充（换）电站的构成如图 4-22 所示。

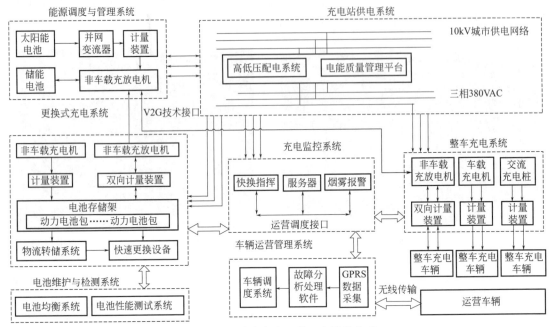

图 4-22　电动汽车充（换）电站的构成

 任务三　电动汽车的充电桩

引言

电动汽车充电桩（图 4-23）的功能类似于加油站内的加油机，可以固定在地面或墙壁上，也可以安装于公共建筑（如公共楼宇、商场和公共停车场等）或居民小区的停车场及充电站内，并且能够根据不同的电压等级为各种型号的电动汽车充电。

学习目标

1. 了解充电桩的基本形式。
2. 掌握充电桩的构成和功能。
3. 掌握充电接口的标准和结构。
4. 掌握非车载充电机的充电过程。

图 4-23　电动汽车充电桩

3.1　充电桩的基本形式

充电桩通常可以分为交流充电桩（图 4-24）和直流充电桩（图 4-25）两种类型。

图 4-24　交流充电桩

图 4-25　直流充电桩

交流充电桩是指采用传导方式为具有车载充电装置的电动汽车提供交流电源的专用供电装置。交流充电桩的输入端连接至输入电源，输出端通过交流充电接口连接至电动汽车。

直流充电桩需要与非车载充电机配合使用，其发展过程可分为两个阶段。在第一阶段，非车载充电机和直流充电桩为分体式结构，非车载充电机的输出端连接至直流充电桩的输入端，直流充电桩的输出端通过直流充电接口连接至电动汽车。与此同时，直流充电桩通过通信接口实现对非车载充电机的控制。该模式的优点是可以将充电机置于室内，从而降低对充电机 IP 防护等级的要求，便于进行统一的散热管理；其缺点主要是布线较长，从而造成较大的压降和功率损耗，通信线路也易受干扰，对系统可靠性的影响较大。

随着技术的进步，直流充电桩与非车载充电机的发展进入到了第二阶段，即非车载充电机和直流充电桩整合成为一体式结构。此时，直流充电桩的输入端直接连接至输入电源，输出端仍然通过直流充电接口连接至电动汽车。

3.2　充电桩的构成和功能

3.2.1　交流充电桩的构成和功能

交流充电桩一般由桩体、电气模块、计量模块等组成。桩体包括外壳和人机交互界面；电气模块和计量模块安装在桩体内部；电气模块包括充电插座、电缆转接端子排和安全防护装置等。交流充电桩的一般结构如图 4-26 所示。

交流充电桩一般应具有人机交互功能、计量功能、外部通信功能和软件升级功能等。

人机交互界面提供人机交互功能，主要包括显示功能和输入功能。显示功能要求充电桩应能显示在各种状态下的相关信息，输入功能要求充电桩应具备手动设置充电参数的功能。计量模块提供对输出电能量的计量功能。充电桩的控制单元具备与外部通信的相关接口，并具备系统控制软件的升级功能。

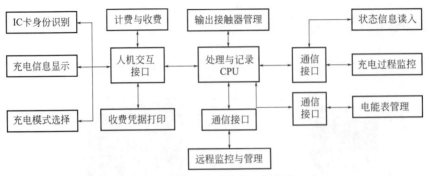

图 4-26　交流充电桩的一般结构

3.2.2　直流充电桩的构成和功能

直流充电桩的系统结构如图 4-27 所示，主要由充电桩控制器、人机交互界面、IC 卡读写器、功率变换子系统及电量计量等部分组成。

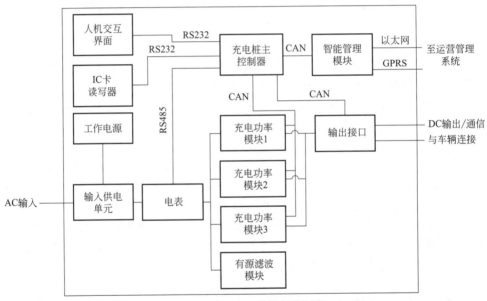

图 4-27　直流充电桩的系统结构

各部分子模块的组成和主要功能如下。

① 充电桩主控制器完成对各个子系统的协调控制功能，接收多种输入指令，切换充电桩的工作状态及控制充电功率模块的输出等。

② 人机交互子系统包括 IC 卡读写器和人机交互界面等，用以实现用户与充电桩的人机交互，完成用户身份鉴证、充电需求信息输入、充电过程中的数据显示及用户自主控制指令输入等功能。

③ 功率变换子系统包括交流供电输入单元、充电功率模块和有源滤波模块，充电功率模块可以实现并联时的自主均流，从而可以由一种标准功率模块并联组成多种规格的充电桩。

④ 电量计量单元采用成熟的交流计量技术。

⑤ 智能管理模块包括运营管理系统的通信接口、数据处理和数据存储等组成部分，用来实现各种运营管理策略。

3.3 充电接口

纯电动汽车充电接口是指通过活动电缆与充电外部设备（充电桩）和电动汽车相连接的充电部件，包括充电插头和充电插座两部分。充电接口的这种连接方式有别于无线充电方式连接，电动汽车充电接口又被称为电动汽车传导式充电接口。

3.3.1 全球 5 大电动汽车充电标准接口及世界主流充电接口

3.3.1.1 中国标准接口

《电动汽车传导充电用插头、插座、车辆耦合器和车辆插孔通用要求》（GB/T 20234—2011）详细规定了充电电流为 16A、32A、250A 交流和 400A 直流的连接分类方式，主要借鉴了国际电工委员会（IEC）2003 年提出的标准，但是这个标准并未规定充电接口的连接针数、物理尺寸和接口定义。2011 年，我国又推出了 GB/T 20234—2011 推荐性标准，替换了部分 GB/T 20234—2006 中的内容，其中规定：交流额定电压不超过 690V，频率 50Hz，额定电流不超过 250A；直流额定电压不超过 1000V，额定电流不超过 400A。该标准优点：相比 2006 年版的国家标准对更多充电接口参数进行了详细标定。缺点：标准仍不够完善。另外，其只是推荐性标准，并未强制执行。

国家标准规定了两种充电接口：一种是将交流供电电网连接到车载充电机上进行充电的"交流充电"接口；另一种是利用非车载充电机（充电桩）对电动汽车进行"直流充电"的接口。如图 4-28 所示为纯电动汽车充电枪。

    (a) 交流充电接口   (b) 直流充电接口   (c) 充电插座

图 4-28 纯电动汽车充电枪（国家标准）

电动汽车国家标准插头对插头和充电接口的材质、接触电阻、工作时额定电流、额定电压、插拔力、电气性能、防水等级、断开状态、充电状态、防松设置、及时断开等都做了规定。

3.3.1.2 Combo 充电接口

Combo 接口可以允许电动车慢充和快充，是目前在欧洲应用的最广的插座类型，包括奥迪、宝马、克莱斯勒、戴姆勒、福特、通用、保时捷以及大众都配置 SAE（美国汽车工程师协会）所制定的充电界面。Combo 充电接口如图 4-29 所示。

图 4-29 Combo 充电接口

2012 年 10 月 2 日，SAE 相关委员会成员投票通过的 SAE J1772 修订草案成为全球唯一一个正式的直流充电标准。该标准的推出是为了改变鱼龙混杂的充电系统的现状，提升消费者对于电动汽车的购买积极性。基于 SAEJ1772 修订版制定的关于直流快速充电的标准其核心为 Combo Connector。而 2012 年制定的新版 SAEJ1772 标准中的 Combo Connector 除了具备原来的所有功能外，还多了两个引脚，可用于直流快充，但无法与当前生产的旧款电动车兼容。

（1）优点　Combo Connector 的最大好处在于，未来汽车制造商可以在他们新车型上采用一个插座，不仅适用于第一代尺寸较小的基础交流连接器，还适用于第二代尺寸较大的 Combo Connector，后者可以提供直流及交流两种电流，分别以两种不同的速度充电，并且还有一种直流快充模式。

（2）缺点　快充模式下需要充电站提供最高 500V 电压和 200A 电流。

3.3.1.3　CHAdeMO 充电接口

CHAdeMO（CHArge de Move）是日本日产及三菱汽车等支持的 CHAdeMO 充电接口（图 4-30），CHAdeMO 从日语翻译过来意思为"充电时间短如茶歇"。这种直流快充接口可以提供最大 50kW 的充电容量。

图 4-30　CHAdeMO 充电接口

CHAdeMO 采用的快速充电方式电流受控于汽车的 CAN 总线信号。即在监视电池状态的同时，实时计算充电所需电流值，通过通信线向充电器发送通知；快速充电器及时接收来自汽车的电流命令，并按规定值提供电流。

支持该充电标准的电动汽车车型包括日产聆风（Leaf）、三菱 Outlander 插电混动车、雪铁龙 CZERO、标致 iON、雪铁龙 Berlingo、标致 Partner、三菱 i-MiEV、三菱 MINICAB-MiEV、三菱 MINICAB-MiEV 货车、本田飞度电动版、马自达 DEMIO EV、斯巴鲁 Stella 插电混动车、日产 eEV200 等。

注意：日产聆风和三菱 i-MiEV 电动汽车都有两个不同的充电用接口，其中一个适用于 Combo 充电接口；另外一个是适用于日本本土的 CHAdeMO 标准的接口。

在日本，按照 CHAdeMO 标准安装的快速充电器有 1154 座投入使用。在美国，有 1344 个 CHAdeMO 交流快速充电站。

（1）优点　CHAdeMO 除了数据控制线外，还采用 CAN 总线作为通信接口，由于其抗噪性优越且检错能力高，因此通信稳定性、可靠性高。其良好的充电安全记录受到了业内的肯定。

（2）缺点　CHAdeMO 最初设计的充电输出功率为 100kW，连接器十分笨重，在充电汽车上的输出功率仅为 50kW。

3.3.1.4　特斯拉充电接口

特斯拉汽车有一套自己的充电标准，号称能在 30min 内充满可行驶 300km 以上的电量。因此其充电插座最高功率可达 120kW，最高电流可达 80A。其充电接口如图 4-31 所示。

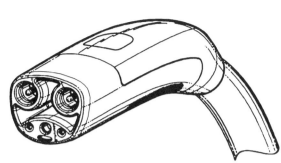

图 4-31　特斯拉充电接口

目前，特斯拉有遍布全球的 1261 座超级充电站，10021 个超级充电桩。截至于 2017 年年底，特斯拉在中国已完成建立 168 个超级充电站；充电桩数量已经超越 1000 多个。

据海外媒体报道，2018 年 5 月，特斯拉正式更新后的超级充电站地图显示，其在全球超级充电站达到 9800 个，安装有 9800 个充电桩，到 2019 年年底将超过 1 万个，主要集中在中国、美国、欧洲三个区域，这些超级充电站可让车主在半小时内将汽车电量充到 80%，基本可以满足城市日常出行。此外，为了更好地融入各个地区，特斯拉计划放弃对充电标准的控制，采用各国的国家标准，其在我国已经如此执行。

（1）优点　技术先进，充电效率高。

（2）缺点　与各国国标相悖，不妥协难以提升销量；妥协后充电效率将打折扣，处于两难境地。

3.3.1.5　CCS 充电接口（联合充电系统）

为了改变混乱的充电接口标准现状，美系和德系的八大厂商福特、通用、克莱斯勒、奥迪、宝马、奔驰、大众和保时捷于 2012 年发布了"联合充电系统"充电接口，即"CCS"标准充电接口，如图 4-32 所示。

"联合充电系统"可将现行所有充电接口统一起来，这样，用一种接口就能够完成单相交流充电、快速三相交流充电、家用直流充电和超速直流充电四种模式。

SAE 已选定联合充电系统作为其标准，除 SAE 外，欧洲汽车制造商协会（ACEA）也已宣布选择了联合充电系统作为直流/交流充电界面，从 2017 年开始用于所有在欧洲销售的插电式电动车。自 2017 年德国与我国统一了电动汽车充电标准后，为我国的电动汽车发展带来前所未有的机遇。

图 4-32　CCS 充电接口

（1）优点　宝马、戴姆勒以及大众这三家德国汽车制造商将加大对我国的电动汽车的投入，CCS 标准或更有利于我国。

（2）缺点　支持"CCS"标准的电动汽车，或者销量较小，或者刚刚开始发售。

3.3.1.6　世界主流充电接口

世界主流充电接口如图 4-33 所示。

美国和日本的充电机采用单相 AC 230V 供电，以 32A 电流输出，针脚数量为 5；意大利采用单相 AC 230V 供电，16A AC 输出，针脚数量为 4～5；德国采用单相或三相 AC 500V，单相电流 70A，三相电流 63A，针脚数量为 7；我国标准单相 AC 220V，单相最大

129

电流 32A，三相 AC 380V，三相最大电流 63A，针脚数量为 7。

	美国Type1	欧洲Type2	中国	日本
交流	 SAE J1772 /IEC 62193-2	 IEC 62193-2	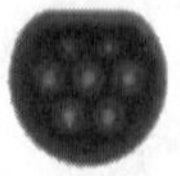 GB/T 20234. 2-2011	 IEC 62193-2
直流	 IEC 62193-2	 IEC 62193-3	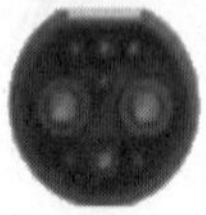 GB/T 20234. 3-2011	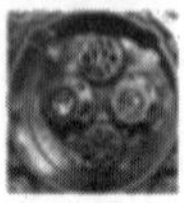 CHAdeMO
组合式	 SAE J1772 /IEC 62193-3	 IEC 62193-3		

图 4-33　世界主流充电接口

3.3.2　充电接口结构

3.3.2.1　交流充电接口

《电动汽车传导充电用插头、插座、车辆耦合器和车辆插孔通用要求》（GB/T 20234—2011）规定，我国交流充电接口为七对端子。交流充电接口如图 4-34 所示。

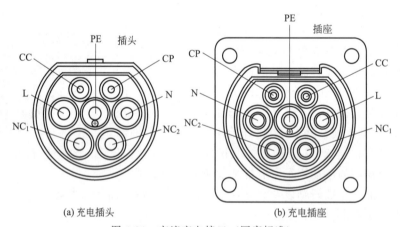

(a) 充电插头　　　　　　　　　　　　(b) 充电插座

图 4-34　交流充电接口（国家标准）

（1）端子功能定义　L——交流电（220V、16/32A）；N——中线（交流电 220V、16/32A）；CC——充电连接确认（电压 36V，电流 2A）；CP——控制确认（电压 36V，电流 2A）；PE——保护接地；NC$_1$——备用端子；NC$_2$——备用端子，共七对端子。

（2）直流充电连接界面　在充电连接过程中，首先连接保护搭铁端子，最后连接控制确认端子。在脱开的过程中，首先断开控制确认端子，最后断开保护搭铁端子。交流充电接口连接界面如图 4-35 所示。

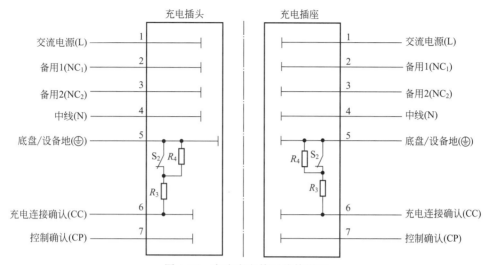

图 4-35　交流充电接口连接界面

3.3.2.2　直流充电接口

国家标准《电动汽车传导充电用插头、插座、车辆耦合器和车辆插孔通用要求》（GB/T 20234—2011）规定，我国直流充电接口为九个端子。直流充电接口如图 4-36 所示。

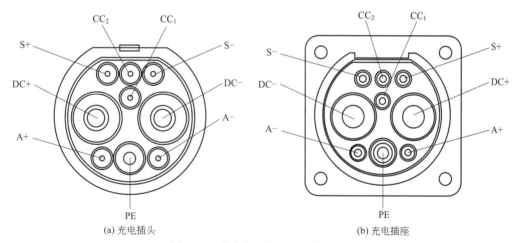

(a) 充电插头　　　　　　　　　　　　　　(b) 充电插座

图 4-36　直流充电接口（国家标准）

（1）电气参数值及功能定义（表 4-2）。

表 4-2　电气参数值及功能定义

端子编号-标识	额定电压和额定电流	功能定义
1-(DC+)	750V 125A/250A	直流电源正极,连接直流电源正极与电池正极
2-(DC-)	750V 125A/250A	直流电源负极,连接直流电源负极与电池负极
3-(PE)	—	保护接地,连接供电设备地线和车辆底盘地线
4-(S+)	36V 2A	充电通信 CAN-H,连接非车载充电机与电动汽车的通信线

端子编号-标识	额定电压和额定电流	功能定义
5-(S−)	36V 2A	充电通信CAN-L,连接非车载充电机与电动汽车的通信线
6-(CC₁)	36V 2A	充电连接确认1
7-(CC₂)	36V 2A	充电连接确认2
8-(A+)	36V 20A	低压辅助电源正极,非车载充电机为电动汽车提供低压辅助电源正极
9-(A−)	36V 20A	低压辅助电源负极,非车载充电机为电动汽车提供低压辅助电源负极

注：非车载充电机控制装置和车辆控制装置应有 CAN 总线终端电阻，建议为 120Ω。通信线宜采用屏蔽双绞线，非车载充电机端屏蔽层接地。

（2）直流充电连接界面　在充电插头和充电插座的连接过程中，端子耦合的顺序为：保护接地，直流电源正极与直流电源负极，低压辅助电源正极与低压辅助电源负极，充电通信与充电连接确认。在脱开的过程中，则顺序相反。直流充电接口的连接界面如图 4-37 所示。

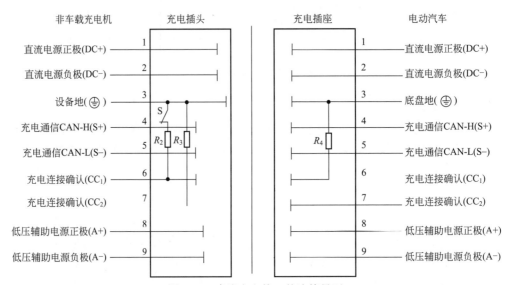

图 4-37　直流充电接口的连接界面

3.4　充电操作注意事项

① 首先，电池不宜过充、过放。电池过度充电和放电都会降低其使用寿命。

② 不同车型的蓄电池，充电时间长短不一，要控制好充电时间、电流大小和电池的温度，如果电池温度超过 65℃，应该停止充电。

要将电量很低的动力电池组充至满电状态，使用 220V 交流电一般需要 6～10h。充电时间的长短也取决于动力电池组的荷电状态（SOC），荷电状态较高时充电时间较短，荷电状态较低时充电时间较长。常用国产纯电动汽车充电时长续驶里程见表 4-3。

③ 电动汽车应该尽量采用常规充电方式进行充电（交流慢充）。直流快充，充电电流较大，经常采用快充方式对电池有损伤。

④ 由于动力电池的特性以及检测精度的问题，有时候动力电池充至满电状态时，SOC 表的指针并未指示在 100%，这个指示的范围可能是在 98%～100%。所以可以认为当 SOC 表的指针指示在 98% 以上时（包括 98%），动力电池组已经充满电。

表 4-3　常用国产纯电动汽车充电时长续驶里程

车型	慢充时间/h	快充时间/h	续驶里程/km
北汽 E150EV	8	2	150
比亚迪 E6	20	2	300
江淮和悦 IEV4	8	2.5	200
江淮和悦 IEV5	8	2.5	200
奇瑞 eQ 纯电动车	8～10	0.5	200
腾势	5	1.5～2	250
北汽 C70GB	10 以上	2	130
荣威 E50	6～8	1.5	180
启辰 e30	8	1.5	180
众泰知豆 E20	6	1	120

⑤ 在充完电拔下充电接头以后，如果没有及时查看 SOC 表的充电状态，而是过了几小时或者更长的时间才进行查看，这时由于动力电池的特性，SOC 表指针可能指示在 98% 以下，这并不意味着动力电池组出现了故障。

⑥ 动力电池组的可用能量会随着使用时间的延长而逐步衰减。如果动力电池组的使用时间已经很长，充满电时 SOC 表指针也不会指示在 100% 附近。

⑦ 在充电过程中，动力电池包电池管理系统（BMS）会自动控制充电电流的大小，当动力电池组充至满电状态时，电池管理系统会自动终止对动力电池组的充电。

⑧ 当环境温度太低时，插上充电接头以后，电池管理系统会自动先对电池组进行加热，当温度合适以后才对电池包进行充电。

 # 任务四　电动汽车再生制动能量回收

引言

电动汽车正常行驶时，电机是一个能将电能转化为机械能的装置。而这个转化过程常见的是通过电磁场的能量变化来传递能量和转化能量的，从更直观的力学角度来讲，主要体现为磁场大小的变化。电机接通电源，产生电流，构建了磁场。交变的电流产生了交变的磁场，当绕组在物理空间上呈一定角度布置时，将产生圆形旋转磁场。运动是相对的，等于该磁场被其空间作用范围内的导体进行了切割，于是导体两端建立了感应电动势，通过导体本身和连接部件，构成了回路，产生了电流，形成了一个载流导体，该载流导体在旋转磁场中将受到力的作用，这个力最终成为电机输出转矩中的力。

学习目标

1. 熟悉制动能量回收的定义。
2. 掌握电动汽车电机制动能量回收原理。
3. 熟悉再生制动能量回收方法和类型。
4. 掌握电动汽车的再生制动能量回收系统的结构与工作原理。

4.1 制动能量回收

制动能量回收就是把电机无用的、不需要的或有害的惯性转动产生的动能转化为电能，并回馈蓄电池。同时产生制动力矩，使电机快速停止无用的惯性转动，这个总过程也称为再生制动。

4.2 电动汽车电机制动能量回收原理

当电动汽车减速或制动，即切除电源时，电机惯性转动，此时通过电路切换，往转子中提供相比而言功率较小的励磁电源，产生磁场，该磁场通过转子的物理旋转，切割定子的绕组，于是定子感应出电动势，也称逆电动势，此时电机反转，功能与发电机相同，是一个将机械能转化为电能的装置，所产生的电流通过功率变换器接入蓄电池，即为能量回馈，至此制动能量回收过程完成。与此同时转子受力减速，形成制动力，这个总过程合称再生制动。

4.3 再生制动能量回收方法

根据储能原理不同，可以将电动汽车再生制动能量回收的方法分为飞轮储能、液压储能和电化学储能三种。

4.3.1 飞轮储能

飞轮储能是利用高速旋转的飞轮来储存和释放能量，其能量回收系统原理图如图 4-38 所示。当汽车制动或减速时，先将汽车在制动或减速过程中的动能转换成飞轮高速旋转的动能；当汽车再次启动或加速时，高速旋转的飞轮又将存储的动能通过传动装置转化为汽车行驶的驱动力。

图 4-38 飞轮储能式再生制动能量回收系统原理图

如图 4-39 所示是飞轮储能式再生制动能量回收系统示意图。系统主要由发动机、高速储能飞轮、增速齿轮、离合器和驱动桥组成。发动机用来提供驱动汽车的主要动力，高速储能飞轮用来回收再生制动能量及作为负荷平衡装置，为发动机提供辅助的功率以满足峰值功率的要求。

4.3.2 液压储能

液压储能式再生制动能量回收系统原理图如图 4-40 所示。它是先将汽车在制动或减速过程中的动能转换成液压能，并将液压能储存在液压储能器中；当汽车再次启动或加速时，储能系统又将储能器中的液压能以机械能的形式反作用于汽车，以增加汽车的驱动力。

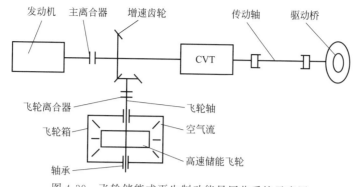

图 4-39　飞轮储能式再生制动能量回收系统示意图

图 4-40　液压储能式再生制动能量回收系统原理图

如图 4-41 所示是液压储能式再生制动能量回收系统示意图。系统由发动机、液压泵/电机、储能器、变速器、驱动桥、离合器和液压控制系统组成。汽车启动、加速或爬坡时，液控离合器接合，液压储能器与连动变速器连接，液压储能器中的液压能通过液压泵/电机转化为驱动汽车的动能，用来辅助发动机满足驱动汽车所需要的峰值功率。减速时，电控元件发出信号，使系统处于储能状态，将动能转换为压力能储存在液压储能器内，这时汽车行驶阻力增大，车速降低直至停车。在紧急制动或初始车速较高时，能量再生系统不工作，不影响原车制动系统正常工作。

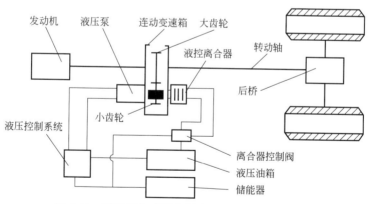

图 4-41　液压储能式再生制动能量回收系统示意图

4.3.3　电化学储能

电化学储能式再生制动能量回收系统原理图如图 4-42 所示。它是先将汽车在制动或减速过程中的动能，通过发电机转化为电能并以化学能的形式储存在储能器中；当汽车再次启动或加速时，再将储能器中的化学能通过电机转化为汽车行驶的动能。储能器可采用蓄电池或超级电容，由发电机、电机实现机械能和电能之间的转换。系统还包括一个控制单元，用来控制蓄电池或超级电容的充放电状态，并保证蓄电池的剩余电量在规定的范围内。

图 4-42　电化学储能式再生制动能量回收系统原理图

　　如图 4-43 所示是电化学储能式再生制动能量回收系统示意图。当汽车以恒定速度或加速度行驶时，电磁离合器脱开。当汽车制动时，行车制动系统开始工作，汽车减速制动，电磁离合器接合，从而接通驱动轴和变速器的输出轴。这样，汽车的动能由输出轴、离合器、驱动轴、驱动轮和从动轮传到飞轮和发电机上。制动时的机械能由电机（用作发电机）转换为电能，存入蓄电池。在发电机和飞轮回收能量的同时，产生负荷作用，作为前轮驱动的阻力。

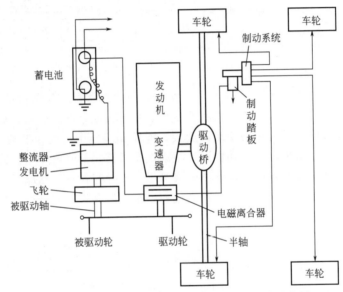

图 4-43　电化学储能式再生制动能量回收系统示意图

　　电动汽车一般采用这种形式实现再生制动能量回收，采用的办法是在制动或减速时将驱动电机转化为发电机。

4.4　电动汽车的再生制动能量回收系统

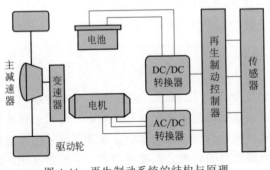

图 4-44　再生制动系统的结构与原理

再生制动系统的结构与原理如图 4-44 所示，由驱动轮、主减速器、变速器、电机、AC/DC 转换器、DC/DC 转换器等组成。

　　汽车在制动或滑行过程中，根据驾驶员的制动意图，由制动控制器计算得到汽车需要的总制动力，再根据一定的制动力分配控制策略得到电机应该提供的再生制动力，电机控制器计算需要的电机电枢中的制动电流，通过一定的控制方法使电机跟踪需要的制动电流，从而较准确地提供再生制动力矩，在电机的电枢中产生的电流经 AC/DC 转换器整流，再经 DC/DC 转换器反充到储能装置中保存起来。

在城市循环工况下，汽车的平均车速较低，负荷率起伏变化大，需要频繁地启动和制动，相关研究显示，汽车制动过程中以热能方式消耗到空气中的能量约占驱动总能量的 50%，如果可以将该部分损失的能量加以回收利用，汽车的续驶里程将会得到很大提高。有关资料显示，具有再生制动能量回收系统的电动汽车，一次充电续驶里程至少可以增加 10%～30%。

 任务五 电动汽车充电系统常见故障排除

引言

为了延长充电设备的使用寿命，避免沙尘对设备通风及电器安全性能的影响，减少运行过程中的风险，应注重充电设备的日常维护工作，并在一定检修周期内对设备各关键项目进行检修，如设备工作环境较恶劣，应根据实际情况缩短检修周期。

学习目标

1. 了解充电系统的日常巡检及维护检修重点。
2. 掌握快充系统的常见故障排除。
3. 掌握慢充系统的常见故障排除。

5.1 充电系统的日常巡检及维护检修重点

5.1.1 直流充电系统的日常巡检及维护检修重点

（1）日常巡检项目　直流充电桩日常巡检项目见表 4-4。

表 4-4　直流充电桩的日常巡检项目

序号	项目	序号	项目
1	外观及桩内清洁干燥	6	液晶屏显示电压、电流等数据与测量数据相符
2	固定平稳、牢固	7	液晶屏显示电压、电流等数据与充电机数据相符
3	充电插头外观完好、无损坏变形现象	8	能够自动完成设定充电过程
4	指示灯状态符合运行状态	9	急停按钮外观无损坏,操作有效
5	液晶屏无损坏,操作有响应		

（2）检修项目　因直流充电机输入、输出电压均为高压，使用过程中为避免发生触电危险。不能自行打开充电机外盖，检修工作需由专业技术人员操作完成，主要项目包括根据需要对桩体内外进行清洁，定期检查接线端子、接地电缆、接触器、熔断器是否积尘和污垢过多，端子、接线电缆是否绝缘及坚固；检测接触器触点及动作，熔断器的接触力，检查电路

板的跳线帽焊脚是否松动，构件是否坚固，以免造成故障。

（3）安全检查　直流充电设备首次投用或长时间停运后再次投运时，需对整机进行安全检查，主要内容如下。

① 电缆连接。

a.必须检查现场所有电气连接，按照设备电路图纸，确保连接正确牢固。

ⓐ检查 PE 连接。检查设备是否连接到安装场地的等电位连接装置，检查连接是否牢靠。

ⓑ检查交流电网连接。确保全部固定到位，按照电路图检查连接是否正确。

ⓒ检查外部连接。检查连接，确保全部固定牢靠，按照电路图检查连接是否正确。

b.确定连接处力矩符合要求。

ⓐ检查连接处的螺栓是否已经达到要求的力矩值，检查完成后要做好合格标记，避免后续按照电路图中的力矩规格反复重新紧固连接处螺栓。

ⓑ仅在连接处螺栓变松时按照电路图中的力矩规格重新紧固连接。

② 上电调试。连接错误可能导致火灾危险，在以上检查都合格后方可进行上电调试。调试过程中要严格按照调试的操作的步骤进行。

（4）注意事项

① 充电完毕或充电过程中停止充电，需先结束充电，再拔下充电插头，切记不要带电插拔。

② 直流充电机周围严禁存放汽油、煤油、机油、板皮、棉纱、破布等易燃易爆物品。

③ 下雨时充电需严格注意安全，避免在雨中插拔充电枪。

④ 车辆停车时，需与直流充电机保持必要间距，切勿碰撞机体。

⑤ 在工作中，若直流充电机发生不正常声响、气味、振动或其他故障，应立即停止工作进行检查，根据情况及时反馈给技术服务人员。

5.1.2 交流充电系统日常巡检及维护检修重点

（1）日常巡检项目　交流充电桩日常巡检项目见表 4-5。

表 4-5　交流充电桩的日常巡检项目

序号	项目	序号	项目
1	外观及桩内清洁干燥	5	液晶屏无损坏，操作有响应
2	固定平稳、牢固	6	桩内接线牢固、无松脱
3	充电插座外观完好，无损坏变形现象	7	充电过程中充电线缆无明显发热迹象
4	指示灯符合运行状态		

（2）检修项目及周期　交流充电桩维护检修主要包括外观检查及除尘、电气连接检查及原件功能测试三方面。交流充电桩建议检修项目及检修周期见表 4-6。

表 4-6　交流充电桩建议检修项目及检修周期

检修项目	检修周期（推荐）	检修项目	检修周期（推荐）
外观检查及除尘 铜排及电缆 柜体（指示灯、操作手柄等） 一、二次回路原件（交流断路器、接触器等）	三个月	浪涌保护器功能测试	三个月
		辅助电源电压测量	三个月
		紧急停机按钮测试	三个月
		检查各种安全标志	一个月

检修项目	检修周期(推荐)	检修项目	检修周期(推荐)
电气连接检查	三个月	元件检查	三个月
保护开关电气性能测试(交流断路器)	三个月		

（3）检修方法

① 外观检查及除尘。

a. 设备内铜排电缆。

ⓐ观察铜排外绝缘热缩管有无因过热引起的发黑、烧焦现象；检查电缆绝缘层有无因过热引起的烧焦老化现象。

ⓑ清除铜排及电缆表面灰尘。

b. 柜内元件。

ⓐ清除一次回路交流断路器、接触器、熔断器表面的污垢。

ⓑ清除二次回路继电器、接触器、开关电源表面的灰尘。

c. 柜体除尘。

ⓐ清除设备内外壁灰尘。

ⓑ清除柜面断路器手柄表面灰尘。

ⓒ清除指示灯、显示屏表面灰尘，使之显示清晰。

② 电气连接检查。由于正常使用条件下的热循环，机械电气连接经过一段时间可能会松动。当机械电气连接松动时，接触电阻将变大，最终可能会导致火灾或零部件损坏。因此，对电气连接的检查是非常必要的。对于螺栓连接，应检查力矩是否达到要求；对于接线端子压接连接，应检查端子有无损坏。

a. 检查各处电缆与铜排连接处、各元器件接线端子等螺栓连接的地方有无松动，必要时用扳手重新紧固一遍，并检查力矩是否达到要求。

b. 检查各二次回路接线端子排、元件接线端子连接有无松动，端子有无损坏，必要时更换端子，重新接线。

③ 保护开关检修。组合柜配置有过流保护开关，用以防止因短路故障或过载引起的过电流，定期测试保护开关动作可靠性是确保系统安全的重要手段。

保护开关功能测试程序为：先停止系统，切断电网电源开关，确保进入组合柜电源全部切断→断开交流断路器→打开柜门，手动闭合交流断路器→按下断路器测试按钮，断路器跳闸→关上柜门。

④ 紧急停机按钮检测。紧急停机按钮是系统故障状态下紧急停机之用，定期检查紧急停机按钮的可靠性可以减少系统运行的风险。

⑤ 安全标志检查。检查各种安全标志，如发现有脱落或模糊不清楚的标志应立即更换。

⑥ 元器件检测。系统所配零部件均具有额定使用寿命，为避免因元件使用时间达到额定寿命造成失效，应定期对设备使用寿命进行评估，及时更换元件对系统稳定可靠运行很有帮助。

（4）注意事项

① 柜体运行时切忌随意断开断路器或者按下急停按钮，遭遇特殊情况时，需请示专业人员，勿擅自操作以免造成柜体重要设备的损坏。

② 切忌随意修改设备原设定值，以免在出现故障时影响出厂设计的保护功能。

③ 柜体运行时禁止直接触碰或间接触碰带电单元。

④ 柜体运行时操作人员及参观人员要与柜体保持一定的安全距离。

⑤ 整个系统应该远离烟火、爆炸物及腐蚀物。

⑥ 在使用完设备后，将负载断开，防止下次上电之前对设备造成伤害。

5.2 快充系统常见故障排除

5.2.1 常见故障

（1）快充桩与车辆无法通信　快充桩与车辆无法通信的主要原因有唤醒线路熔丝损坏、搭铁点搭铁不良，快充枪、快充口、快充线束、低压电器盒、整车控制器、动力电池低压控制插件等部件的低压辅助电源针脚、连接确认针脚、快充 CAN 针脚等损坏，退针、烧蚀、锈蚀，动力电池和数据采集终端快充 CAN 总线间的电阻不符合。

（2）快充桩与车辆通信正常但无充电电流　快充桩与车辆通信正常但无充电电流的主要原因有高压控制盒快充继电器线路熔丝损坏、主熔丝损坏、低压电器盒损坏、高压控制盒损坏、快充线束损坏，动力电池 BMS 快充唤醒失常。

5.2.2 故障排除思路

排除"快充桩与车辆无法通信"故障，首先检查线路连接情况，然后检查快充系统各部件低压辅助电源、连接确认信号、快充 CAN 线路等的针脚情况以及电压、电阻等是否符合要求。排除"快充桩与车辆通信正常但无充电电流"故障时，显然没有了低压通信的问题，但应检查高压供电线路的熔丝、线束、继电器等有无问题，检查动力电池与高压控制盒连接插件的电压，检查动力电池 BMS 快充唤醒信号是否正常，检查高压控制盒快充连接端子电压是否正常，若有电压则联系动力电池厂家售后对动力电池检测，若无电压则更换高压控制盒。

5.2.3 "快充桩与车辆无法通信"的故障排除

以某电动车为例，通过图 4-45 检修"快充桩与车辆无法通信"的故障思路如下。

（1）检查快充桩与快充口连接是否良好　检查车辆快充口各连接端子有无损坏；快充口和快充枪有无烧蚀和锈蚀现象；快充口 PE 端与车身搭铁是否导通（标准阻值为 0.5Ω 以下）；快充口 CC_1 与 PE 之间的阻值是否符合要求，阻值应为 $(1000\pm50)\Omega$。

（2）检测充电唤醒信号是否正常　如未唤醒，可能是唤醒线路熔丝 FB27 损坏、快充口及快充线束损坏、低压电器盒损坏，应逐步检查熔丝电阻、熔丝电压（12V）；快充口 A+与快充线束 A+、低压电器盒是否导通，如不导通，应更换或维修。

（3）检查车辆端连接确认信号是否正常　如快充唤醒信号及相关线束都正常，车辆仍旧不能通信连接，则对车辆端连接确认信号进行检测。可能是快充口及快充线束损坏、整车控制器针脚损坏、动力电池低压控制插件损坏，应逐步检查快充口 CC_2 与快充线束 CC_2、整车控制器插件 17 针是否导通，检查快充口 S−与快充线束整车低压线束插件 S−是否导通，检查快充口 S+与快充线束整车低压线束插件 S+是否导通，如不导通应更换或维修；检查快充线束 S+与 S−之间的阻值，应为 $(60\pm5)\Omega$；检查快充线束整车低压线束插件 S−与动力电池低压插件 T 针及数据采集终端插件 2 针是否导通，阻值应小于 0.5Ω；检查快充线

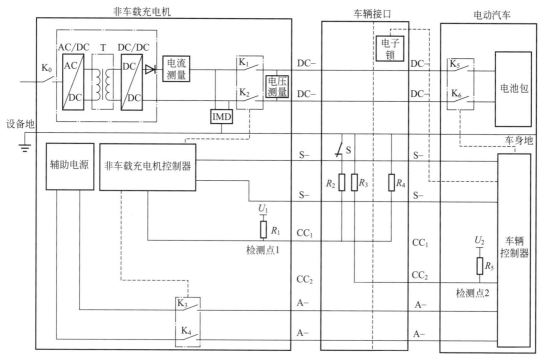

图 4-45 快充系统工作原理

束整车低压线束插件 S＋与动力电池低压插件 S 针及数据采集终端插件 1 针是否导通，阻值应小于 0.5Ω；断开快充线束与数据终端和动力电池低压插件，检查快充线束整车低压线束插件 S＋与 S－之间的阻值，应为无穷大，分别检查动力电池和数据采集终端快充 CAN 总线间的电阻，应该都为 120Ω，若不是，应更换或维修，检查快充线束整车低压线束插件 A- 与车身搭铁是否导通，若不导通，应更换或维修。

5.3 慢充系统常见故障排除

5.3.1 常见故障

① 充电桩显示车辆未连接，主要原因有充电枪安装不到位，车辆与充电桩两端枪反接。

② 动力电池继电器未闭合，主要原因有插接器连接不正常，车载充电机输出唤醒不正常。

③ 动力电池继电器正常闭合，但充电机无输出电流，主要原因有车端充电枪连接不到位，高压熔丝熔断，高压插接器及线缆连接不正确。

5.3.2 故障排除思路

（1）线路连接情况 检查慢充桩——充电线、慢充口、慢充线束、车载充电机、高压控制盒、动力电池之间的线路连接是否良好。

（2）检查低压供电及唤醒信号是否正常 检查车载充电机指示灯状态，如三个灯都不亮，表示没有电源输入，分别检查线路熔丝、充电线、慢充口、慢充线束是否正常，若正常，则更换车载充电机；检查车载充电机的 12V 电源及慢充唤醒信号是否正常，高压控制盒内的车载充电机熔断器是否损坏，动力电池 12V 唤醒信号是否正常，整车控制器、动力电池等部件的新能源 CAN 总线是否正常；动力电池低压控制端搭铁及整车控制器控制搭铁是否正常。

（3）检查高压电路是否正常　如果低压电路正常，充电仍无法完成，应逐步检查充电线、慢充线束、车载充电机、高压控制盒、动力电池之间的高压电是否正常，是线束故障还是部件故障。

（4）使用故障诊断仪检查　使用故障诊断仪分别检查动力电池及车载充电机的工作状态，对数据进行分析，找出故障所在。

5.3.3　检修车载充电机与充电桩连接故障

（1）检查慢充桩与慢充口连接是否良好　检查车载充电机，发现三个指示灯都不亮。分别测量充电线桩端充电枪的 N、L、PE、CP、CC 脚和车辆端的 N、L、PE、CP、PE 脚是否导通，如不导通，则修复或更换充电线总成；测量充电线车辆端充电枪的 CC 脚和 PE 脚的阻值，16A 充电线阻值应为 $680×（1±3\%）$ Ω，32A 充电线阻值应为 $220×（1±3\%）$ Ω，若阻值与标准值不符，则修复或更换充电线总成。

（2）检查慢充口与车载充电机连接是否良好　排除慢充桩充电线问题后，启动充电，车载充电机指示灯仍旧都不亮，检查慢充线束及车载充电机。

检查插件端子有无烧蚀、虚接现象；分别测量充电口 L、N、PE、CC、CP 脚与充电线束充电机插件 1、1、3、5、6 脚是否导通，如不导通，则修复或更换慢充线束总成；慢充线束检查完毕，恢复好后进行充电测试，如果车载充电机的指示灯还都不亮，则更换车载充电机。

当该车更换车载充电机后，充电正常，故障排除。

Project **5** 项目五

电动汽车电气系统

 任务一　认识电动汽车仪表

引言

　　电动汽车的仪表是从传统汽车仪表的基础上发展而来的，而且车速里程表仍然是主要的显示部分，如图 5-1 所示。该仪表是一块带有 CAN 总线接口的数字仪表，可以与整车控制器、电机控制器和电池管理系统实现 CAN 总线通信。

图 5-1　电动汽车仪表

学习目标

1. 了解电动汽车仪表和指示符号。
2. 掌握电动汽车仪表的结构。

1.1　仪表结构和指示符号

　　如图 5-1 所示，奔驰公司新研制的 B 级电动汽车仪表由车速表、电池电量显示表、电机能量显示表、电压表等组成。其中车速表和电机能量显示表采用 240°旋转角度的独立仪表，在车速表中红色的"PARK"显示当前车辆状态为停车，右下角的小指针表为电池电量表，仪表盘右边为电机能量显示表。0 刻度以上为驱动电机输出能量，0 刻度以下绿色部分为充电状态，电机能量显示表右下角的小指针表为电压表。电池电量表由 90°旋转角度的独立指针表和中间的"Energy Flow"显示模块组成；电压表也为 90°旋转角度的独立指针表。所有的独立指针仪表均采用步进电机来驱动，利用微步驱动控制，分辨率高，工作精度能够达到 0.1°以上。

　　在中间的 TFT 液晶显示屏中显示报警指示信号和电池剩余能量等信息，由下往上分三部分。最下部分左面的 82°F 显示的是驾乘室内华氏温度，换算成常用的摄氏温度是 27.78℃；绿色的"READY"表示已准备好，该灯点亮说明上电结束，车辆可运行；右面的字母 R 表示倒挡，N 表示空挡，D 表示前进挡，P 表示驻车挡，红色的 S 表示运动模式。

中间是整车模拟图标，可显示车门状态，内部是剩余电量，53%表示还有53%的电量，此处英文"Energy Flow"是能量流显示剩余能量。上部左侧32miles为32英里（1mile＝1.6km），右侧4：15为当地时间。另外还有左右箭头（转向指示灯）等其他隐形符号，这些隐形符号只有当所对应的功能启用时才亮起显示。

信号和报警指示灯是用于指示车辆运行中的一些关键状态，起到告知驾驶员有关电气系统和动力电池状况的作用。指示灯采用高亮度的LED灯，具有性能稳定、寿命长等优点。

电动车辆的信息除利用仪表上的指示和警告灯显示外，还可在中控台上的液晶显示屏进行更大量信息的显示，而且可以根据需要进行翻页和触摸控制，如图5-2和图5-3所示。

图5-2　液晶显示屏显示（一）

图5-3　液晶显示屏显示（二）

随着电动汽车驾驶舒适化要求越来越高，其功能按键也越来越多，如跑道偏离报警功能、车距控制功能、陡坡缓降功能、后视镜加热功能、后视镜自动折叠功能、后视镜调节功能、车窗控制功能、车窗一键锁定等。

1.2　仪表显示

电动汽车采用的数字仪表主要是通过外围接口，利用总线或线路接收汽车速度、电机转速、电池电量、灯光、车门状态、轮胎压力、制动、安全带等信号，进行处理后在仪表或显示屏上实现数字化、图形化显示。电动汽车数字仪表还具有实时报警功能。当发生故障，仪表接收到故障信息后，除进行储存、显示外，还可采用声响、灯光闪烁的方式进行报警，提醒驾驶员有故障发生，需要进行检查和修理。

驾乘人员可以点击中控触摸屏实现人机交互，根据喜好和需要选择各种显示界面。中控触摸屏还可以显示电子地图并进行车辆导航、测距，为驾驶员提供方便、快捷的路径信息。电动汽车数字仪表具有丰富的图形显示界面，可方便地进行人机交互，实时采集车辆运行信息，并即时显示和存储，针对运行故障和异常情况提供报警信息。仪表的总体结构分为信息采集层、数据处理层和人机交互层三个层次，其结构框图如图5-4所示。

1.2.1　信息采集层

主要负责接收电动汽车各种运行信号和车况信息，设有CAN总线接口、A/D转换信息接口、脉冲计数接口和I/O接口。其中CAN总线接口负责接收车载CAN网络上的其他总线模块的数据，A/D转换接口负责接收电动汽车的母线电流、电压、驱动电机温度等模拟信号，脉冲计数接口负责接收行车速度和驱动电机转速等脉冲信号，I/O接口负责接收车灯信号、安全带信号、车门信号、制动信号和驻车信号等信息，以点亮或熄灭相应的警告提示灯。

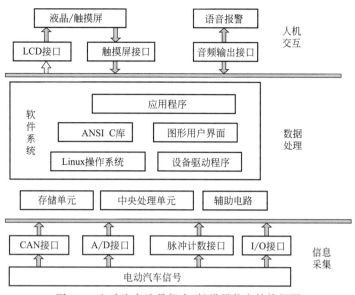

图 5-4 电动汽车液晶仪表/触摸屏信息结构框图

1.2.2 数据处理层

主要负责处理从信息采集层接收到的各种信息，是电动汽车数字仪表系统的主要部分，包括中央处理单元、存储单元、接口电路以及辅助电路等。整个系统的软件部分运行在数据处理层上，包括嵌入式 Linux 操作系统、设备驱动程序、图形用户界面和应用程序。

1.2.3 人机交互层

人机交互层是驾驶员和电动汽车仪表之间的交互平台，包括液晶屏接口、触摸屏接口和音频接口三部分。电动汽车仪表的核心部件是中央处理单元，该处理单元接收到各种信息并经处理后在液晶显示屏显示。驾驶员可通过点击触摸屏或切换界面进行相关的操作，实现人机交互操作。当接收到的信息超出该类信息的范围时，报警灯光闪烁或音频输出接口通过扬声器发出声响报警以提醒驾驶员注意。最典型的如未系安全带的报警，在停车时未系安全带灯是点亮的，行车时不仅灯是点亮的，而且还有声响报警。

1.2.4 仪表线路

电动汽车的仪表线路较为复杂，某公司电动汽车正在使用的仪表仅对外连接线路就有二十多条导线，如图 5-5 所示，有仪表的总线通信线、车速传感器信号线、制动油液位开关和驻车制动开关共用的制动报警灯线路、各门开关控制的门灯开关线路、转向助力线路、远光指示灯线路、安全带报警灯线路、后雾灯线路、位灯即仪表照明灯线路、R 挡指示灯线路、D 挡指示灯熄灭线路、双搭铁线路、电源线路、钥匙开关接通线路、左右转向灯线路等，而且对仪表的每个端子都进行了编号，每一条线路都进行了编码。例如：安全带报警灯端子是 A29，线路漏码为 $\frac{Y09a}{G/B}$，表示该导线编号是 Y09a，颜色是 G/B（主色是绿色，辅色是黑色，简称绿黑色导线）。

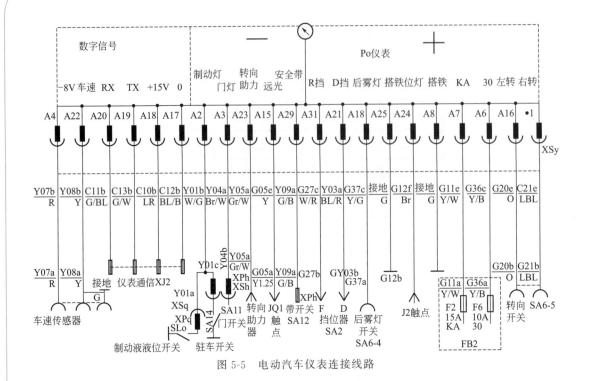

图 5-5 电动汽车仪表连接线路

1.2.5 仪表系统软件

软件是系统功能实现的关键，主要由 CAN 通信程序和数据处理程序组成。CAN 通信程序主要负责对实时性要求较高的控制单元信息进行采集、处理和传送，一旦检测到有效动作信号，就会调用相关子程序由 ECU 处理该数据。CAN 通信程序流程如图 5-6 所示。数据处理程序主要负责仪表 TFT-LCD、步进电机和报警指示灯的显示。由信号接口或 CAN 总线采集到的数据通过 ECU 的运算分别驱动仪表指针转动到相应的位置，TFT 显示相应的画面和报警指示灯的亮灭。数据处理程序流程如图 5-7 所示。

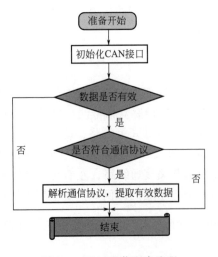

图 5-6　CAN 通信程序流程

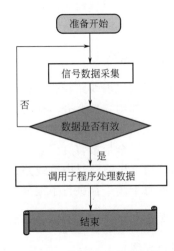

图 5-7　数据处理程序流程

1.3　仪表 CAN 总线通信协议

为使新能源电动汽车仪表能正确显示电源电量、驱动电流等信息，仪表必须从电源、驱动电机等处采集信号，这样就增加了成本，增加了仪表的复杂性，也增加了故障概率。若通过 CAN 总线将控制器的信号传输给仪表进行显示，就能够较好地解决问题。

(1) 总线协议　该 CAN 总线的通信协议适用于包括仪表在内的所有上位机与控制器之间的通信。协议如下。

UART：波特率 9600bit/s，校验位为 0，启动位为 1，数据位为 8，停止位为 1，每帧数据间隔 1ms，每次请求数据间隔 400ms。控制器内部 CAN 总线接口如图 5-8 所示。

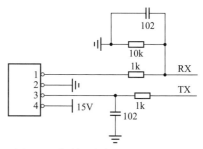

图 5-8　控制器内部 CAN 总线接口

该端口的 GND 是动力电池的负极，应与整车 12V 供电的负极隔离，应保证 RX 处高电平高于 4V。

(2) 报文格式　上位机读控制器读状态的指令（每帧数据间隔 6ms，每次指令间隔 500ms），见表 5-1。

表 5-1　报文格式（一）

0xeb
0x01
0xeb
0x01
0x55

接到指令后，控制器将上传 25 个字节状态数据，其格式见表 5-2。

表 5-2　报文格式（二）

0xeb
0x01
0xeb
0x01
数据编号
数据
校验码高 8 位(数据编号＋数据的和为校验码)
校验码低 8 位(数据编号＋数据的和为校验码)

(3) 实时状态参数（表 5-3）

表 5-3　实时状态参数

编号	参数名称	数据类型
1	故障码 ERR	unsigned char
2	故障码 ERR1	unsigned char

编号	参数名称	数据类型
3	状态字 ST	unsigned char
4	电枢电流 IA	unsigned char
5	励磁电流	unsigned char
6	加速器输入	unsigned char
7	电池电压 VB	unsigned char
8	控制器温度	unsigned char
9	电压占空比	unsigned char
10	转速 SPD-低 8bit	unsigned char
11	转速 SPD-高 8bit	unsigned char
12	圈数 cir-低 8bit	unsigned char
13	圈数 cir-高 8bit	unsigned char
14,15	其他	unsigned int
16,17	其他	unsigned int
18,19	其他	unsigned int
20,21	其他	unsigned int
22,23	其他	unsigned int
24,25	其他	unsigned int

圈数 cir＞10000 时归零（表 5-4）。

表 5-4　圈数 cir＞10000 时归零

	Bit0＝1	保留
	Bit1＝1	励磁过流或换向接触器过流
	Bit2＝1	电枢过流
	Bit3＝1	主接触器过流
ERR	Bit4＝1	加速器错误
	Bit5＝1	电池电压低
	Bit6＝1	控制器过热
	Bit7＝1	控制器温度过低
	Bit0＝1	励磁线圈开路
	Bit1＝1	主接触器粘连
	Bit2＝1	主接触器丢失
ERR1	Bit3＝1	电池电压过高
	Bit4＝1	电流检测故障
	Bit5＝1	方向开关故障
	Bit6＝1	控制器预充电故障
	Bit7＝1	电机温度过高

续表

	Bit0＝1	前进
	Bit1＝1	后退
ST	Bit2＝1	限功率输出
	Bit5＝1	高踏板禁止

 # 任务二　电动汽车维修中的安全

引言

　　现在使用的电动汽车，如一汽丰田的普锐斯混合电动汽车、比亚迪 F3DM 混合电动汽车、比亚迪 K9 纯电动大客车等，使用的电压均在数百伏，有的甚至高达 750V 以上。即便是旅游基地或港口码头内部使用的场地电动汽车，其工作电压一般也大于 80～100V。而传统燃油汽车使用的电压都较低，汽油车只有 12V，柴油车为 24V，均为安全电压。当维修技术人员接触这些低电压时很安全，不会发生电气安全事故。但维修电动汽车时则会有触电造成生命危险的可能，这是在电动汽车发展迅速的今天，广大汽车维修技术人员需要尽快适应，并且格外重视的大事。

学习目标

1. 了解维修电动汽车所需的安全知识。
2. 掌握维修电动汽车需要采取的安全措施。
3. 掌握维修电动汽车需要注意的安全事项。

2.1　维修电动汽车所需的安全知识

2.1.1　电流对人体危害程度的分析

　　按国际《电动车安全技术规范》的规定，定义高电压的标准是直流 60V、交流 25V 以上，人们在维修或接触电动汽车时应配备安全保护装置且必须按一定的操作规范进行作业，否则会危及生命。一般按车辆使用电压的高低，将车辆电压分为高、中、低电压三类：传统车辆应用低于 30V 的直流电压，轻混合电动汽车通常使用高于 30V 而低于 60V 的直流中等电压，双模混合动力或纯电动汽车应用 60V 以上的直流电压。从人体接触电流对人身造成危害程度的分析得知，数毫安的极小轻微电流就会造成肌肉抽搐和疼痛的感觉，若触及数百毫安以上的电流则会形成心脏麻痹、器官灼伤的死亡事故，图 5-9 用彩条表示人体触电时的危害严重程度。

2.1.2　电动汽车高压电配线的线皮标识颜色

　　按国际通行规定，电动汽车高压电配线的线皮标识颜色为橙色（图 5-10）。在电动汽车上对有高电压的器件，都应有颜色鲜艳的明显警戒标识，在进行维修操作时，对待高压部件应小心谨慎，严格按照安全规定进行，绝对不能随便触及。

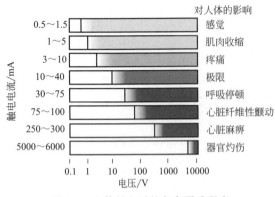

图 5-9　人体触电时的危害严重程度

图 5-10　电动汽车高压电配线的线皮标识颜色为橙色

2.1.3　检修电动汽车高压电源系统应遵循的规则

检修电动汽车高压电源系统时应严格遵循以下安全规则。

① 关闭点火开关，将智能钥匙移至控制的探测范围以外。

② 打开后备厢，先切断 12V 辅助铅酸蓄电池的负极搭铁线。

③ 维修人员应戴上绝缘手套，在此前应确认绝缘手套完好无损，适用于高电压作业，不漏气、不漏电。

④ 戴上绝缘手套后，按规定的方法拆除高压电池组上的红色维修塞，注意在拔下维修塞的同时，按压规定的按键。

⑤ 等待 10min 或更长时间后再进行下一步操作，以便让变频器总成内的高压电容器充分放完所储存的电荷。

⑥ 测量电动汽车上的变频器输入和输出线端子的电压，确认无电压后方可接触电路元器件。

⑦ 必须用绝缘胶带包裹被断开的高压线路及连接器。

2.2　维修电动汽车需要采取的安全措施

普通汽车上均利用车架作为一条搭铁线，而电动汽车的高压线与车架是完全绝缘的。传统汽油车或柴油车使用的电压均为安全电压，人体直接接触裸电也不会产生触电的感觉，所以普通汽车上均利用车架作为一条搭铁线，这可以大大简化电路并减少电线的消耗。但电动汽车的动力电路，无论是直流部分的正极或负极都绝对禁止接车架，以此降低维修技术人员发生触电危险的可能性。电动汽车的高压电路不同于传统汽车，也不同于工厂的交流供电电路，维修前应准备必要的安全装备及设施。

2.2.1　戴绝缘手套、摘除身上一切金属饰物

在维修电动汽车之前，应佩戴绝缘手套，注意摘除手表、戒指、钢笔和手机等（图 5-11），脚上穿胶底绝缘鞋，佩戴安全防护眼镜，建议穿非合成纤维的（如棉布）服装，

并注意遵循安全警示标签提示的内容。

· 适用于电工作业的绝缘橡胶手套
· 防止电解液飞溅的耐碱橡胶手套

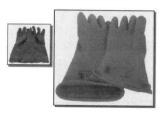

安全手套　　　　　　　　　摘除手套、戒指　　　　　　　摘除其他金属饰物

图 5-11　维修电动汽车时应戴绝缘手套并摘除身上的一切金属饰物

2.2.2　电动汽车的三相交流电部分不能采用"接零保护"系统

电动汽车的驱动电机和其他主要的电气装置，如电空调的驱动电机、电动助力转向电机等，广泛使用对称三相高电压的交流电，与普通工厂的对称三相电负载相似。按我国供电部门的安全规定，工厂的供电采取"接零保护"系统，可有效解决用电者的安全问题，其在一定程度上允许"带电"作业。这里简要介绍一下与维修作业相关的接地线常识，工厂在安全用电中对接地线是十分重视的，如图 5-12 所示，接地线包括以下几种。

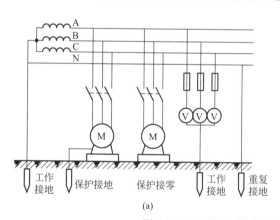
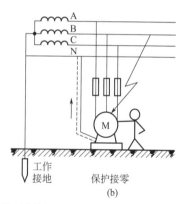

图 5-12　工厂用电安全接地线的种类及保护

① 工作接地是根据电力系统运行需要而进行的接地，如用电器具和电力变压器中性点的接地。

② 保护接地是在电气设备正常运行的情况下，使不带电的金属外壳通过接地装置与大地连接，用来防护触电的接地形式。

③ 保护接零则是在电气设备正常运行的情况下，使不带电的金属外壳与配电系统的零线直接连接，用来防护间接触电的保护措施。

④ 重复接地是在低压三相四线制采用保护接零的系统中，在零线的一处或多处通过接地装置与大地再次连接的装置。

电气设备发生碰壳漏电短路是一种危险故障，如果该设备采取保护接零，将三相交流电的中性线与外壳连接，如图 5-12（b）所示，会使维修人员没有触电危险，起到安全保护作用，这充分说明保护接零的重要性。

但在电动汽车上如果采取保护接零，让三相电机的中性点接车架，从以上分析得知，当维修人员在车上检修电路时，则会更容易形成电的回路，从而发生电击事故，那样会给维修人员带来极大的灾难，所以在电动汽车上绝对不允许采取接零的保护。

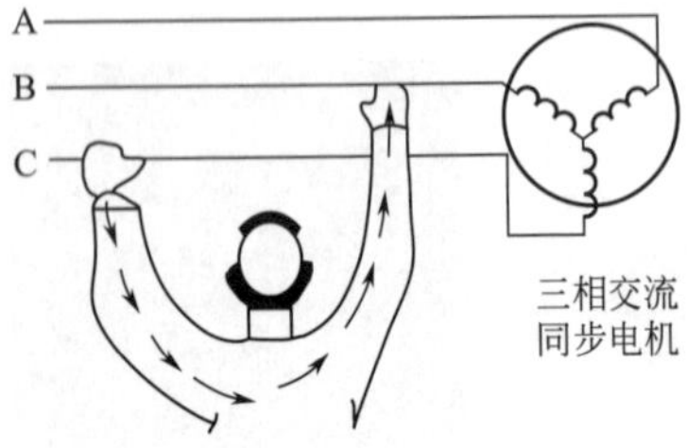

由于检修电动汽车的高压电路，如维修高压配电盒和三相交流电机等，是在相对极窄小的空间内进行的，一旦触及裸露的高压电器，就容易发生如图 5-13 所示的跨相触电事故，触电电流经两手，通过心脏，十分危险。所以电动汽车绝不允许"带电"作业，只有在没有带电的状况下才允许维修。

图 5-13 跨相触电事故十分危险

2.3 维修电动汽车需要注意的安全事项

2.3.1 警惕电源正负极继电器内部被烧毁

电动汽车高压系统的隔离，是指高压电源的正、负极两端都装有继电器与电路相接，但与车身本体是相互绝缘的。从图 5-14 中可以看到，高压电池的正极与负极端都装有继电器，与车架完全隔离，在电池的中部还有红色维修塞，将电池分为两半，这有利于降低输出电压，起到安全保护作用。电源的正极装有 SMRB 继电器，可切断与外部电路的连接，负极则装有 SMRG 与 SMRP 两个继电器，工作时 SMRP 继电器与正极 SMRB 继电器先接通，由于 SMRP 串联有电抗器，电阻的阻碍作用可使外部电器装置不受到大电流的冲击，待电路稳定后再换接 SMRG 继电器工作，以使外部负载得到全电压工作。

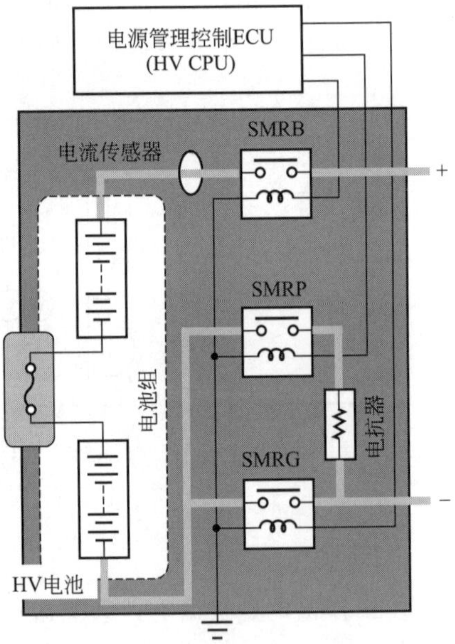

从当前实际运行的电动汽车的维修可见，电源的正、负极的 SMRs 继电器有时可能出现内部被烧毁变黑的现象，如图 5-15 所示，其主触点不能正常断开，在拔插维修塞时，会出现强烈电弧的危险事故，故维修时应强调戴上绝缘手套。

维修塞装于后备厢内，呈红色，以提示维修人员。操作人员应按操作规程戴上绝缘手套后，按规定的方法拔下维修塞（图 5-16），保证高压电池的断开。遇到这种继电器烧毁的情况，仪表盘上相应的指示灯还会点亮报警。

图 5-14 电动汽车高压 HV 电源的隔离电路

2.3.2 避免"剩余电荷触电"的电击事故

在维修时拔下电池维修塞后，还必须等待 10min 或更长的时间方可维修电路，其主要原因是高压电路变频器总成内的高压电容器储存有剩余电荷，必须充分放完储存的电荷，以避免造成"剩余电荷触电"的电击事故。一般汽车电气器具也具有储存电荷的性能，存在保留有一定量剩余电荷的现象，在高电压系统中应特别注意这种情形。

图 5-15 实拍的高压配电箱内继电器烧毁照片

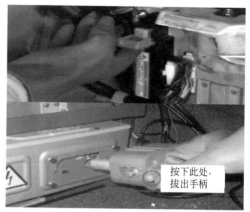

按下此处，拔出手柄

图 5-16 拔下普锐斯和比亚迪混合电动汽车维修塞

变频器内高压电容器的放电分为主动和被动两种方式（图 5-17），当断开点火开关，电源隔离继电器也断开时，电容器就会自动通过大电阻 R_1 进行放电，称为被动慢放电，这可能需要几分钟的时间。主动放电则是通过 HPCM 装置接通三极管方式的快速放电。不论采用何种放电方式，均应在正式检修电路前，检测高压电的线端，确认没有电压存在。

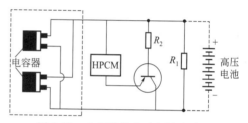

图 5-17 电容器的主动和被动放电

2.3.3 自动切断高压电路的互锁控制

这种"互锁控制"是指当电动汽车进行维修时，或者遇到交通事故等紧急情况时，一旦没按操作规程先拔掉维修塞切断高压电，电路上还配有多个互锁开关，会自动切断高压电源电路，避免发生触电事故。如在维修塞上、变频器外盖、变频器内高压线等处都装有互锁开关装置，同时当车辆发生严重碰撞气囊充气时，也会自动切断高压电源，其控制原理如图 5-18 所示。

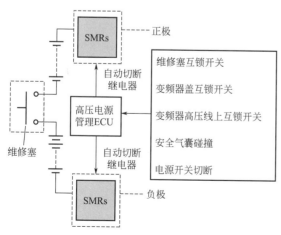

图 5-18 高压电路的自动切断互锁控制

当前电动汽车的发展和应用，又给用电安全带来新课题——必须有一个与之相适应的规范。目前，我国对电动汽车的安全规范还不完善，有些与用电安全密切相关的问题尚未列入标准中，在不同地区的行业中，有些标准或规范的提法不同，制度也不够健全，这些情况给电动汽车维修的实际工作带来很多困难。目前我国的现状是只能按电动汽车生产厂家的安全规定进行维修作业，但各厂家安全标准存在一定差异，为此呼吁尽早出台电动汽车的电气技术安全标准。

任务三　认识电动汽车电动助力转向

引言

　　电动助力转向系统是在传统机械转向系统的基础上发展起来的。它利用电机产生的动力来帮助驾驶员进行转向操作，系统主要由三大部分构成：信号传感装置（包括扭矩传感器、转角传感器和车速传感器）、转向助力机构（电机、离合器、减速传动机构）及电子控制装置。电机仅在需要助力时工作，驾驶员在操纵方向盘时，扭矩转角传感器根据输入扭矩和转向角的大小产生相应的电压信号，车速传感器检测到车速信号，控制单元根据电压和车速的信号，给出指令控制电机运转，从而产生所需要的转向助力。

学习目标

　　1. 了解电动助力转向系统的几种形式。
　　2. 掌握齿条电动转向驱动式 REPS 助力系统的结构。

3.1　电动助力转向系统的几种形式

　　电动助力转向系统有多种形式，主要分为齿条驱动式和转向柱驱动式两大类。以下重点介绍齿条电动转向驱动式助力系统。

3.1.1　齿条驱动式

　　齿条驱动式电动助力转向系统可分为单轴齿条电机助力式和平行轴助力式；还可按齿轮数量分为单齿式和双齿式，如奥迪 A3 与大众速腾等轿车上，就是装用双齿式电动助力系统。所谓"双齿式"电动助力系统是指有两个齿轮同时作用在齿条轴上，一个是由驾驶员操纵方向盘直接带动的转向小齿轮，另一个则是由助力电机驱动的齿轮，驱动电机在转向电脑的控制下工作，这种结构尤其是对转向的"自动回正"有极好的功效。

3.1.2　转向柱驱动式

　　转向柱驱动式电动助力转向装置应用范围较广，在经济型电动汽车和燃油汽车上，以及在高档豪华车辆上均有使用。

3.1.2.1　转向柱电动助力驱动式系统

　　转向柱电动助力驱动式系统在经济型电动汽车和普通轿车上使用较多。为节约成本，电动驱动多采用转向柱电动助力式，直接在方向盘下方的转向柱上加装一个电机给方向盘助力，这就是转向柱电动助力驱动系统。在转向柱上安装电机和减速装置，产生较大的转矩辅助驾驶员转向操作，此系统具有良好的燃油经济性，只在车辆转向时电机才提供助力。如图 5-19 所示是这种结构的解剖图，驱动电机一般为有炭刷的直流电机，定子为稀土强永磁材料。为提升电机的转矩和减少体积，驱动电机的工作电压比蓄电池的电压高得多，多为 20～36V 以上，为此必须装置有专用的 DC/DC 转换器。转换器内部电路较复杂，先将 DC 直流电转变为 AC 交流电，经变压器升压后，再整流为直流电供给电机使用。

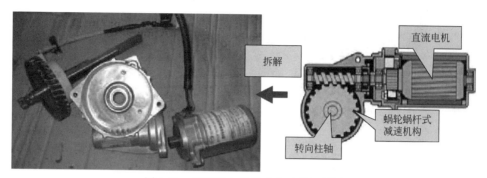

图 5-19　普通转向柱驱动电动的解剖图

3.1.2.2　固定传动比与可变传动比

转向柱电动助力驱动式系统可分为固定传动比与可变传动比的方式，如比亚迪 F3DM 电动汽车和普通轿车就装用固定传动比电机助力方式，而宝马轿车的所谓"主动式"助力转向，用的就是可变传动比的电机助力系统。普通轿车转向传动比一般在（16～18）：1 之间，即在车辆低速行驶时扳动方向盘约 16°时，转向轮可以偏转 1°；而在高速时方向盘需转动 18°才偏转 1°，低速与高速的相差不大。而可变传动比的转向系统，转向的传动比可在（10～20）：1 之间变化，这么大的传动比调节范围，使得车辆在倒车进库或低速行驶时，操纵方向盘更省力轻松，而在高速行驶时，需要转动方向盘更大的角度转向轮才能转向，这可极大地提高行驶的稳定性和安全性。

宝马的所谓"主动式"助力转向显然并不是会自动进行转向的操作，它只是一个辅助性的装置，转向还需按驾驶员的操作意图来实现。

3.1.2.3　转向的"波齿轮"减速结构

转向柱驱动式电动助力转向装置现也在高档豪华车辆上使用，如雷克萨斯 LS460 系列轿车的转向系统，就用了一种"波齿轮"可变应力减速方式，丰田车系称为"VGRS"，能实现转向的可变齿轮比，达到极佳的行驶稳定性和操控性。图 5-20 表示这种波齿轮减速结构，图中方向盘带动红色刚性的输入齿转动，与之并列的刚性绿色齿轮是输出轴，再接后面的转向器。中部蓝色圆柱体代表驱动电机，它驱动一个外表光滑的椭圆形波形轮，波形轮上活套一个较宽的黑色柔性齿轮，它同时分别与红色输入齿及绿色输出齿相啮合。由于波形轮呈椭圆形，故黑色柔性齿轮也呈椭圆状，形成椭圆的长轴齿和短轴齿，从图 5-20 中可见只有长轴齿才与红输入齿及绿输出齿啮合，而短轴齿则不被啮合。

输入红齿有 102 齿，输出绿齿有 100 齿，电机驱动的柔性齿也是 100 齿，这种不同齿数的特殊齿轮结构，可获得齿轮的传动比达 51：1，而且能实现传动比可变。在转向控制 ECU 的作用下，在低速行驶时转向能实现低减速比，减少驾驶员对方向盘的操控力；中速时可适度提高减速比，使车辆的转向响应较灵敏；高速时不需要过高的转向灵敏度，则大幅提高减速比，保证了高速行驶车辆的稳定性和安全性。

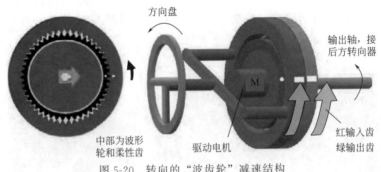

中部为波形
轮和柔性齿　　　驱动电机　　　　红输入齿
　　　　　　　　　　　　　　　　绿输出齿

图 5-20　转向的"波齿轮"减速结构

3.2　齿条电动转向驱动式 REPS 助力系统

如图 5-21 所示为齿条电动转向驱动式助力系统的结构，它由机械与电气两部分组成，机械部分主要有齿条轴、转向驱动小齿轮、循环滚珠式减速装置、左右两边的横拉杆及车轮转向节等；电气部分包括助力驱动电机、转矩传感器、转向传感器、ECU 电控模块、电源变频装置及车速传感器等几种部件，电机直接安装在齿条轴上提供助力，形成齿条电机助力式转向系统。

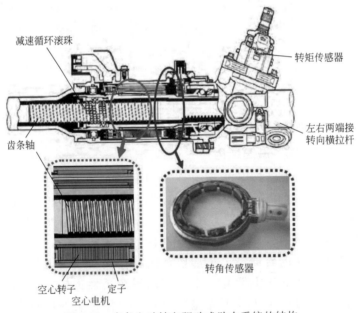

图 5-21　齿条电动转向驱动式助力系统的结构

电动汽车的转向系统随车型会有差别，主要是采用不同的转矩传感器、不同的驱动电机、不同的布置形式，或采取不同的减速传动装置。但电动汽车转向系统的基本工作原理是相同的，均是通过转矩及转向传感器，检测驾驶员操纵方向盘的转矩大小及转角方向，并转化成电信号，传输到转向控制单元（ECU）进行分析，输出一个与之相匹配的力矩信号，指令转向的驱动电机工作，而产生相应的转向助力作用。

转矩传感器反映了驾驶员操纵方向盘转动的力矩的大小，转矩传感器通常有解角式、磁阻式及检测环复合式等数种形式，其中解角式转矩传感器用得最普遍。图 5-21 中的转角传感器是检测转向角度及转动方向用的。

3.2.1　解角式转矩传感器的结构

　　解角式转矩传感器通常安装在方向盘转向柱的中部或下端，串接在方向盘的转向轴与转向齿条之间，转矩传感器的输出装置就是转向驱动小齿轮，它与齿条直接啮合使齿条做左右直线运动，通过左右横拉杆来驱动车轮的转向节左右摆动而转向。显然转矩传感器在电动转向系统中是极重要的一个部件，它检测驾驶员操纵方向盘转向力矩的大小，并将此力矩转换成电信号，向转向控制器 ECU 传输。

　　如图 5-22 所示是解角式转矩传感器的分解图，图中部为其转子总成外形图，图右部是其定子结构图，定子分上下两层，分别嵌有上定子线圈 1 和下定子线圈 2。转子总成安装在转向器外壳内，是固定不动的，其上有七根不同颜色的细线，向转向控制单元（ECU）输出转矩信号；定子的内部是转矩传感器的转子，转子的上端与方向盘轴用花键钢性连接，转子轴有上下的内外两层。两个定子线圈与两个转子线圈在位置上是分别对应的。转子线圈 1 装在转子空心轴上，与方向盘同步旋转。而转子线圈 2 则与转向小齿轮一起旋转，小齿轮的上部有较细的扭杆，插入空心轴内，细扭杆的上端与空心轴的上端用横销相连，有花键与方向盘的输出转轴连接，随着方向盘一起转动。扭杆下端是驱动小齿轮，直接与齿条相啮合，驱动两前轮左右摆动而转向。

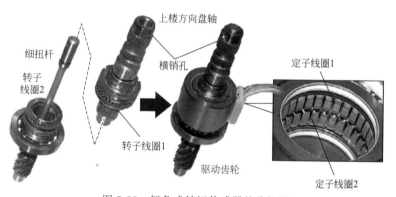

图 5-22　解角式转矩传感器的分解图

3.2.2　转矩传感器的输出电压

　　转矩传感器的输出电压反映了驾驶员操纵转向力矩。当驾驶员操纵方向盘转向时，方向盘轴带动转矩传感器的转子轴旋转，转子轴的空心轴与扭杆轴随之转动。空心轴的下端只有转子线圈 1，而没有其他的负载，所以空心轴完全与方向盘同步旋转；而灵敏的细扭杆轴下端是驱动小齿轮，它与齿条啮合以驱动左右前轮摆动。由于轮胎与路面有较大的摩擦力，反映扭杆轴上的驱动齿轮是有载荷阻力的。在这个阻力的作用下，会造成细扭杆产生一定的扭曲形变，扭曲形变量的大小直接反映转子线圈 2 与转子线圈 1 两者间产生的"相位差"。两个转子线圈的转角相位差可通过定子的上层和下层的线圈感应，则定子线圈输出转向的感应电压信号到转向 ECU 电控模块，反映了驾驶员操纵方向盘的力矩，故这个装置称为转向的转矩传感器。

3.2.3 转向助力电机与减速机构

转向齿条轴横置在驾驶室火墙的下方,其外壳内装有电机,向转向系统提供助力。电机有直接采取 DC 直流无刷电机式的,也有用三相永磁无刷电机式的,其共同特点是电机的体积小,可直接安装在转向器的齿条轴上,转子的转动惯量较小,转向操纵十分灵活,运转时的噪声较低,输出功率高。电机结构的特点如下。

① 为减少助力电机的体积和增大电机的输出功率,有的电机的工作电压提升到三相交流电 30V 左右,有的三相交流电压提升得更高,远高于蓄电池的电压,可有效地减小电机运转时的工作电流。由于电机工作电压提升的需要,为此必须增加一个电压提升的电路,以及必须的电源逆变电路来产生三相交流电,供三相驱动电机使用。

② 电机的转子采用永磁材料,为使转向齿条轴穿过电机的转子,所以转子内部是空心的,电机与齿条轴是同轴结构。如图 5-21 所示,电机永磁转子上还安装有转角传感器的永磁转子,与之相对应的还有转角传感器的定子及其线圈,其信号传给转向 ECU,反映了实际转向及角度的大小。

③ 电机的旋转运动是通过减速装置传给齿条轴的,为高效传递转矩,减轻摩擦阻力,并减少运动的噪声,这里采取了循环滚珠式的减速装置,如图 5-21 所示。齿条轴的延伸是滚珠丝杠,外套有滚珠螺母,丝杠与螺母间有循环流动的滚珠。转向电机转子的高速旋转通过外套的滚珠螺母,形成较大的减速比,并将滑动摩擦转换成滚动摩擦,摩擦阻力异常轻巧,轻便地传送给滚珠丝杠,使得齿条轴得以助力,整个转向系统变得轻便灵活,响应极迅速。

3.2.4 齿条平行轴式 REPS 电动助力转向系统

齿条驱动式电动助力转向装置有同轴式和平行轴式两种形式,同轴式 REPS 辅助系统是指电机的空心轴与转向器丝杠轴两者同为一根轴,电机转子直接驱动丝杠螺母,并将转矩传递给丝杠螺母,丝杠螺母副将旋转运动转变成齿条的直线运动。本书前面所述的电机辅助助力系统就是同轴式的。

平行轴式 REPS 是指转向器助力电机转子与转向器丝杠轴两者不同轴,而采用平行轴结构,利用皮带连接电机转轴和丝杠螺母,滚珠丝杠上的循环滚珠作为减速机构。平行轴式 REPS 主要由壳体、驱动电机、滚珠丝杆、输入齿轮轴总成、扭矩传感器、ECU 和轴承等构成。

现代欧洲和美国的电动车型中多用平行轴式电动助力转向,我国新投产的比亚迪"秦"牌混合电动汽车和大众车系的"迈腾"轿车均采用了这种电动转向结构,如图 5-23 所示,这种齿条平行轴式 REPS 系统的驱动部分,与齿条驱动式电动助力转向装置一样,它的转向丝杆也是采取十分省力、灵活的滚珠结构。

平行轴式电动助力转向系统的驱动电机,多用永磁三相交流电机,工作电压一般与动力电池的电压相同,但也需要通过变频器的转换,将动力电池的直流电压首先经

图 5-23 平行轴式 REPS 转向器

同步传动皮带

三相驱动电机

带减速滚珠的转向丝杠

变频器逆变为三相交流电后，再供给转向驱动电机旋转，使转向系统得以助力。

 任务四　电动汽车制冷系统故障分析

引言

　　传统燃油汽车由发动机作为动力源，而强混合电动汽车不以发动机作为主要动力源，与这两者不同，电动汽车没有发动机，所以电动汽车空调呈现一些新特点。电动汽车的空调制冷系统能否正常工作，是否处于最佳工作状态，如果发生故障该如何检查维修。

学习目标

　　1. 了解电动汽车空调制冷系统主要总成。
　　2. 掌握空调制冷系统常见故障解析方法。

4.1　电动汽车空调制冷系统主要总成

　　电动汽车空调制冷系统的制冷原理如图 5-24 所示。制冷剂的循环方向如图 5-24 中箭头所示，系统中没有设置视液镜。

　　（1）电动压缩机　压缩制冷剂，使制冷剂在系统中循环。一般可分为压缩机控制器和压缩机本体，可以做成一体式，也可以做成分体式。图 5-24 中车型的电动压缩机为一体式压缩机，其外形示意图如图 5-25 所示。

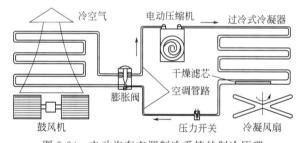

图 5-24　电动汽车空调制冷系统的制冷原理

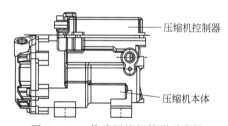

图 5-25　一体式压缩机外形示意图

　　（2）冷凝器　从压缩机排出的气态制冷剂在管道中进行降温散热，使其变成液态制冷剂。图 5-24 中车型采用过冷式冷凝器。

　　（3）冷凝风扇　为冷凝器强制通风，使空气吹过冷凝器带走热量。

　　（4）蒸发器　使制冷剂膨胀，并吸收空气中的热量，达到制冷的作用。

　　（5）膨胀阀　节流降压。图 5-24 中车型采用 H 形膨胀阀。

　　（6）鼓风机　将车内热空气吹向蒸发器，并从各出风口吹出凉风。

　　（7）压力开关　当系统的压力过高或过低时，使制冷系统停止工作，保护管路或使压缩机停止工作。

　　（8）空调管路　制冷剂的循环通道。

空调系统的电器原理如图 5-26 所示。

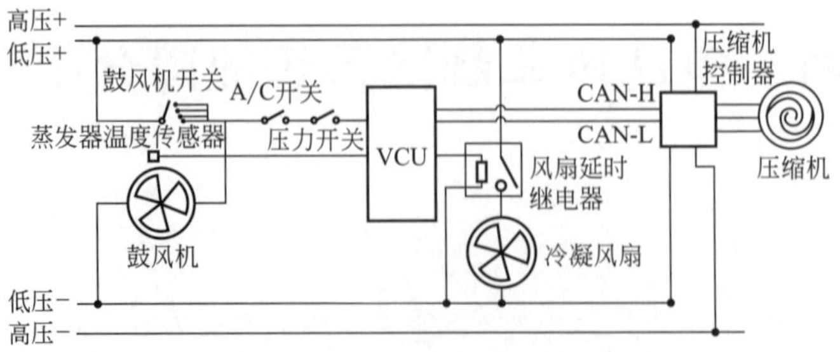

图 5-26　空调系统的电器原理

4.2　空调制冷系统常见故障解析

空调系统常见故障可以分为压缩机无法启动、系统制冷效果差、制冷时断时续、系统振动噪声大、压缩机绝缘失效等，下文对这些故障现象分别进行分析。

4.2.1　系统无法启动

主要现象为：车辆可以正常上电，开启鼓风机，按下 A/C 开关，出风口无风吹出，或者吹出的风与自然风温度相同，压缩机不启动。

① 出风口无风吹出。首先检查模式开关是否处于除霜或者吹脚模式，当模式风门处于除霜或者吹脚模式时，吹面风门是不会有风的。如果模式开关处于吹面模式依然无风吹出，则需要检查调速电阻是否正常，电源线正负极之间电压是否在 9～16V 之间。如果调速电阻与电源线都正常，则确定为鼓风机失效，需更换鼓风机。

② 出风口有风吹出，但温度与自然风相同。首先检查整车电量是否小于 20%，当 SOC 小于 20% 时，将限制空调制冷系统的开启，以增加续驶里程。

若电量大于 20%，则检查蒸发器温度传感插接件是否连接牢固，并用万用表测量温度传感器两端的电阻值是否处于 0.33～5.38kΩ 之间。如果范围超出，则判定为温度传感器失效，需更换温度传感器。

若温度传感器正常，则检查空调管路中的压力开关线路是否连接正常，并使用万用表检测压力开关的导通性。如果压力开关不导通，则进行冷媒压力的进一步检测。使用歧管压力表检测系统压力，读取压力表数值，此时高压侧与低压侧压力应该基本一致。若压力表读数小于 0.2MPa，则系统缺少冷媒，系统需要排查漏点并重新加注冷媒；若压力处于 0.2～0.8MPa 之间，则压力开关失效，需更换压力开关。

若压力开关正常，则使用万用表检查电动压缩机主电源电压是否处于 195～405V 之间，信号传输线束中 12V＋ 和 12V－ 电压是否在 9～16V 之间。如果上述电压不在范围之内，则分别检查高低压线路是否正常连接。

如果上步检测结果正常，则需对 CAN 信号进行检查，将诊断仪连接到车辆检测口，读取 VCU 发往压缩机的报文，查看 VCU 是否发出开启命令，压缩机是否执行 VCU 发出的命令。如果 VCU 未发出开启命令，则表明故障由 VCU 引起，需更换 VCU 或者刷新程序；如果压缩机没有执行 VCU 的开启命令，则故障由压缩机引起，需更换压缩机，或刷新压缩机控制程序。

4.2.2　系统制冷效果差

主要现象为压缩机可以启动，出风口的温度比自然风低，但高于9℃。这种情况下，电动压缩机将处于高转速运行状态，增加耗电量，降低续驶里程。

① 首先检查系统的冷媒压力。检测工况为：环境温度20～35℃，鼓风机调整为4挡，出风模式为全吹面，新风风门调整为外循环。使用歧管压力表，分别连接高压与低压接头（手阀关闭），读取压力表数值。低压正常值在0.15～0.3MPa之间，高压在0.9～1.5MPa之间。如图5-27所示为使用歧管压力表检测压力。

② 高、低压表指示比正常值低很多，系统高、低压管路温差几乎分辨不出。这种情况是由于系统中基本没有制冷剂，需要查找漏点。方法是：使用抽打一体机对系统进行打压，至1.5MPa左右，保压的同时，用洗洁精水（水：洗洁精≈5：1）在各管路接头、压缩机壳体处找漏点，重点关注有油污的地方。对于冷媒漏完的系统，一般都能找到漏点。对漏点进行修复后，经抽真空再加注足量冷媒（该车型为430g）。如图5-28所示为使用洗洁精水排查到漏点的照片。

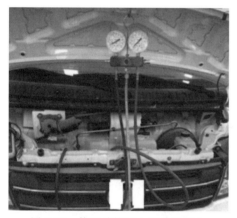

图5-27　使用歧管压力表检测压力

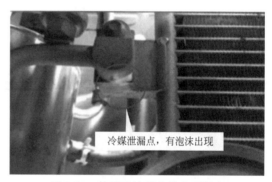

冷媒泄漏点，有泡沫出现

图5-28　使用洗洁精水排查到漏点

③ 高、低压表指示均比正常值偏低，并且系统高压管路温热，低压管路微凉，温差不大。这种情况是由于制冷剂不足导致的，需要查找漏点，并予以修复。重新加注足量制冷剂。

④ 低压表指示接近0，高压表指示比正常低，并且在膨胀阀附近的管路出现结霜或露滴现象。这是由于制冷剂中水分含量过高，造成膨胀阀堵塞引起的。解决方法为：关闭制冷系统，回收制冷剂，更换过冷式冷凝器中的干燥滤芯，并反复对系统抽真空，重新加注制冷剂。

⑤ 高压侧压力正常，但是低压侧压力高于0.3MPa，低压管路的温度偏低，有较多露滴出现。这种情况是由于膨胀阀的调节不当，使制冷剂气化过多造成的。解决方法是：调小膨胀阀开度。

⑥ 高压侧低于正常值，低压侧高于正常值，低压管路表面结霜。这是由于膨胀阀损坏，无法起到节流作用。需要更换膨胀阀。

⑦ 高压侧压力过高、低压侧压力偏高。这种情况是由于制冷系统中进入了空气，需要回收冷媒后，重复抽真空，再加注冷媒。

⑧ 若高压侧与低压侧压力基本一致，则表明压缩机内部损坏，不能产生足够的压力。需要更换压缩机。

4.2.3　制冷时断时续

主要表现为压缩机启动后，在1~2min内停机，经过1~2min后再次开启，反复如此。压缩机启动时，吹出凉风；压缩机停止时，出风温度逐渐上升。

① 首先检查压缩机是否触发高温保护状态。当压缩机控制器温度高于88℃时，触发高温保护，压缩机自行停机，等压缩机温度下降至85℃时，压缩机再次开启。检查方法为：将风量调整到最大，温度设定为最低，调整到外循环模式，记录压缩机的启、停间隔是否有改善。如果依旧频繁启停，则可以判断压缩机冷却功能失效，导致控制器温度过高，需更换控制器。注意更换控制器时，应在接触部位均匀涂抹导热硅脂0.5~1mm。涂抹区域如图5-29所示。

② 如果压缩机没有进入高温保护状态，则进一步检查蒸发器温度传感器的阻值是否正常（正常值在0.33~5.38kΩ之间），阻值是否随温度上升而下降。如果不满足以上条件，需要更换蒸发器温度传感器。

③ 如果温度传感器阻值正常，则使用3~5kΩ的电阻代替传感器，再次开启制冷系统，如果压缩机能够持续运行，则说明温度传感器脱离设定位置，需要重新装配。图如5-30所示为电阻代替温度传感器。

图5-29　涂抹区域

图5-30　电阻代替温度传感器

4.2.4　制冷系统噪声大

主要表现为压缩机振动噪声大、鼓风机噪声大、冷凝风扇振动噪声大。

（1）压缩机振动噪声大　压缩机通过橡胶减振垫安装在支架上，当橡胶减振垫失效或者螺栓松动时，会引起振动噪声偏大，这时需要重新更换减振垫或者紧固螺栓。压缩机安装无问题时，应该检查压缩机本体与控制器之间的三相线的插接件是否连接正常，是否造成缺相运行。当压缩机缺相运行时，会产生较大的噪声。三相线插接件位置如图5-31所示。

压缩机出现刺耳的摩擦噪声时，可以判断压缩机本体已经损坏，需要更换压缩机。

当压缩机出现明显敲击声时，并且低压管路表面出现严重结霜，可以判断压缩机出现液击，一般是由于蒸发器结霜或者制冷剂过量导致的。可以分别排查蒸发器温度传感器和制冷剂的充注量。如果制冷剂充注过量，需要回收部分冷媒。低压管路表面结霜如图5-32所示。

图 5-31　三相线插接件位置

图 5-32　低压管路表面结霜

（2）鼓风机噪声大　一般有鼓风电机磨损、叶轮动平衡失效两类原因，都需要更换鼓风机。

（3）冷凝风扇振动噪声大　首先判断冷凝风扇安装处的橡胶减振垫（有时与冷凝器集成在一起）是否失效，如果失效，需要更换。若更换后问题依然存在，则属于冷凝风扇电机磨损、叶轮动平衡失效导致的，需要更换冷凝风扇。

4.2.5　压缩机绝缘失效

主要表现为整车无法上电，报绝缘故障，拔下压缩机高压插接件，绝缘故障消失。

① 拔下高压插接件，使用绝缘测试仪检测压缩机高压电源频脚与外壳之间的阻值，检测时使用 500V 挡位，如果阻值小于 20MΩ，则表明该压缩机内部绝缘失效。

② 确认压缩机内部绝缘失效后，打开压缩机控制器，观察压缩机与控制器之间是否有水存在，并测量三相线接线柱与壳体之间的阻值。如果小于 20MΩ，可以确认为压缩机本体绝缘失效，需更换压缩机本体；否则为压缩机控制器绝缘失效，需更换压缩机控制器。

 任务五　认识高低电压 DC/DC 转换器

引言

高低压转换设备是电动汽车辅助电源系统的主要供电设备，相当于传统燃油汽车的发电机，向除驱动电机之外的所有用电设备供电，同时向辅助（小）蓄电池充电，其效率远高于发电机，且输出稳定，体积和重量轻。电动汽车电源转换可分为 DC/DC（直流/直流）和 DC/AC（直流/交流）两大类，在电动汽车中主要运用的是 DC/DC 转换器，有升压、降压和双向（升-降）三种形式，是实现电气系统高低电压变换的重要设备。其主要作用是，实现电动车辆动力高压电源电压和普通电气系统低压电源电压转换；给所有的低压电气设备供电；给低压蓄电池充电。

学习目标

1. 了解电动汽车对 DC/DC 转换器的技术要求。

2. 掌握电动汽车用隔离直流转换器的种类。

3. 掌握 DC/DC 转换器的结构与原理。

5.1 电动汽车对 DC/DC 转换器的技术要求

① 高低电压 DC/DC 转换器的转换效率要高，最低应在 85% 以上，且电压波动要小于 150mV。

② 高低电压 DC/DC 转换器要具备过温、过电压或欠电压保护功能。

③ 高低电压 DC/DC 转换器要具备过电流、低压端正极和负极反接及漏电保护等功能。

④ 能使转换器的输入电源与输出之间实现电气隔离，提高转换器运行的安全可靠性和电磁兼容性。

⑤ 高低电压 DC/DC 转换器要至少达到防水等级 IP55 标准，符合 GB/T 24347—2009 中电动汽车 DC/DC 转换器的相关技术要求。

5.2 电动汽车用隔离直流转换器的种类

5.2.1 反激式转换器

开关管导通时电源将电能转换为磁场能储存在电感中，当开关管阻断时将磁场能转变为电能输出。反激式转换器的电路原理如图 5-33 所示。反激式转换器在输出工作电流连续的状态下，其输出电压 U_0 为

$$U_0 = \frac{N_2}{N_1} \times \frac{D}{1-D} U_d$$

式中　U_0——输出电压；

　　　U_d——输入电压；

　　　N_1——初级线圈；

　　　N_2——次级线圈；

　　　D——占空比。

一般情况下，反激式转换器的工作电压占空比 D 要小于 0.5。

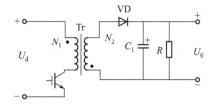

图 5-33　反激式转换器的电路原理

5.2.2 正激式转换器

开关管导通时电源将能量直接传送至输出负载，其电路原理和工作波形如图 5-34 和图 5-35 所示。

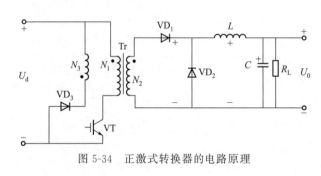

图 5-34　正激式转换器的电路原理

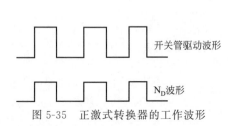

图 5-35　正激式转换器的工作波形

正激式转换器的输出电压为

$$U_0 = \frac{N_2}{N_1} D U_d$$

式中　U_0——输出电压；

　　　U_d——输入电压；

　　　N_1——初级线圈；

　　　N_2——次级线圈；

　　　D——占空比。

该电路占空比不能超过 0.5。

5.2.3　推挽式转换器

属于正激式转换器的一种形式，其电路原理如图 5-36 所示。

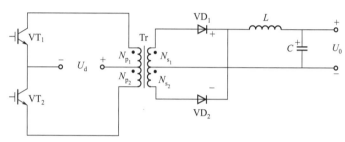

图 5-36　推挽式转换器的电路原理

5.3　DC/DC 转换器的结构与原理

5.3.1　基本组成

高低电压 DC/DC 转换器主要由滤波器、逆变电路、输出高频整流滤波、输出二级滤波、CPU 控制系统等组成。其原理框图如图 5-37 所示。其中输入滤波器对电磁兼容有很大的作用，可有效抑制传导的干扰。高频整流滤波和二级滤波共同起作用使电源的输出纹波大大降低。CPU 控制系统用于控制在各种负载变换情况下的稳定输出。

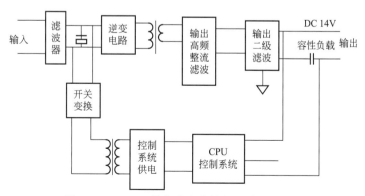

图 5-37　DC/DC 转换器变换控制电路原理框图

5.3.2 控制原理

当打开上电（点火）开关或低压电池管理系统检测到低压辅助电池的电压低于某一设定值时，向高低电压 DC/DC 转换器的 CPU 提供信号，使转换器开始工作。由动力电池组提供电能为车辆除驱动系统之外的所有用电设备供电，同时为辅助低压电池充电。其控制原理如图 5-38 所示。

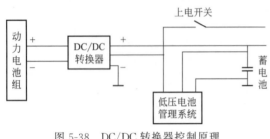

图 5-38　DC/DC 转换器控制原理

5.3.3 工作电压

以某款纯电动车为例，其设计动力电池（磷酸铁锂电池）标称电压为 320V，单体电池电压下限为 2.5V、上限为 3.65V，整个动力电池组电压下限为 250V、上限为 365V。由此可见高低电压 DC/DC 转换器的输入电压范围应至少在 250～365V 之间。

5.3.4 功率的选择

为使整车的用电系统达到平衡，选择高低电压 DC/DC 转换器时应根据该车所有电气设备功率计算负载电流 I_f，从而来确定额定输出电流。

（1）整车所有电气设备负载功率的计算　根据纯电动汽车整车用电设备不同的工作特性，将用电设备分为长期导通、连续导通、短期导通三种状况，分别赋予不同的权值进行功率计算（表 5-5～表 5-7），进而计算负载电流。

表 5-5　长期导通的电气部件功率

电气部件名称	实际功率值/W	权值	计算功率值/W
仪表信息显示	32	1.0	32
辅助电池充电	60	1.0	60
电动水泵	50	1.0	50
合计 P_{w_1}			142

表 5-6　连续导通的电气部件功率

电气部件名称	实际功率值/W	权值	计算功率值/W
前照灯	110	0.5	55
鼓风机	300	0.5	150
冷却风扇	270	0.3	81
刮水电机	120	0.5	60
车载影音系统	60	0.5	30
电动真空泵	30	0.5	15
电动转向器	180	0.3	54
合计 P_{w_2}			445

表 5-7　短期导通的电气部件功率

电气部件名称	实际功率值/W	权值	计算功率值/W
电喇叭	48	0.1	4.8
转向灯	94	1.0	9.4
制动灯	21×2	1.0	4.2
倒车灯	21	1.0	2.1
前雾灯	110	1.0	11
后雾灯	21	1.0	2.1
顶灯	15	1.0	1.5
玻璃升降器	75×4	1.0	30
中控门锁	180	1.0	18
制动 ABS	300	1.0	30
点烟器	120	1.0	12
后视镜调节电机	30	1.0	3
备用电源	120	1.0	12
合计 P_{w_3}			140.1

整车计算的功率值为

$$P_{总} = P_{w_1} + P_{w_2} + P_{w_3} = 142 + 445 + 140.1 = 727.1(W)$$

整车所有的负载电流为

$$I_f = \frac{P_{总}}{U} = 727.1/12 = 60.59(A)$$

（2）功率选择　为了保证该电动汽车的整车实际用电与蓄电池的充放电平衡，DC/DC 转换器的容量应大于整车电气设备功率计算的负荷，一般按 1.1～1.2 倍计算，在此按 1.2 倍计算，初步选定该款电动汽车用 DC/DC 转换器的规格为 14.4V/72.7A，功率为 1054W，最终确定高低电压 DC/DC 转换器的规格为 14.4V/1100W。

⑥ 项目六
电动汽车维护与故障处理

 任务一　电动汽车的维护与保养

引言

　　电动汽车时代逐渐进入了我们的生活，它的保养方式又不同于传统的燃油汽车，电动汽车的保养是非常重要的一件事情，不适时进行电动汽车保养的话，不仅出行时汽车容易出现故障，而且会为我们的生活带来很多烦扰。

学习目标

1. 了解整车维护与保养。
2. 掌握关键零部件的维护与保养。

1.1　整车维护与保养

　　如图 6-1 所示，电动汽车的保养首先要进行外观检查，包括车漆破损及车灯功能是否正常，以及雨刷等部件的老化程度。外观检查后，要检查车辆液面（图 6-2），但由于电动汽车结构的特殊性，只需检查制动液、玻璃水和防冻液。

图 6-1　电动汽车的外观检查

图 6-2　电动汽车的液面检查

　　电动汽车使用过程中，为保证汽车正常行驶，必须对汽车进行日常维护。日常维护是发挥汽车效率、减少行车事故、节约维修费用、降低能耗以及延长汽车使用寿命的重要环节，是每个驾驶人在开车前及行车中必须做到的，其主要内容如下。

① 检查转向、制动、悬架、传动等主要部件的紧固情况。

② 检查真空管道有无漏气现象。

③ 检查驱动桥主减速器、转向机构和真空泵等有无渗漏油现象。

④ 检查轮胎气压是否合乎标准，剔除嵌入轮胎花纹的渣石、铁钉等杂物。

⑤ 按润滑规范规定，按时按量对各润滑点进行润滑。

除日常维护外，车辆行驶一段距离后还应进行周期性的维护与保养，以保持车辆良好的运行状态。例如，每行驶 1000km 后，除完成每日保养内容外，还需检查蓄电池是否合格；电气系统各部件绝缘阻值是否符合规定要求。

每行驶 3000km 后，应紧固全车的各紧固件，特别注意检查并紧固好转向拉杆，前、后桥悬挂、驱动电机、传动轴、制动等系统的紧固件；轮胎换位；检查真空泵与助力转向系统。

每行驶 6000km 后，应清洗、润滑各车轮轮毂轴承，并调整松紧度；检查调整前束值；检查调整各制动蹄片的间隙。

每行驶 12000km 后，应查真空泵的工作情况；检查转向系统的工作情况；检查驱动电机等电器部分，同时检查电线的紧固情况和各部位的绝缘情况。

如果电动汽车长期停用，需要经常清洗尘土，检查电动汽车外部并进行防锈和除锈处理；停驶 1 个月以上时，应将电动汽车架起，解除前、后悬架和轮胎的负荷；每月对蓄电池进行 1 次补充充电；每月检查 1 次电气仪表、制动、转向等机构的动作情况，检查各个轮胎气压，发现不足时应充气。对机舱进行清理（图 6-3），因为电动汽车的特殊性，机舱是绝对不能够用水清理。

图 6-3 电动汽车机舱的清理

1.2 关键零部件的维护与保养

电动汽车的整体结构如图 6-4 所示，动力电池系统、驱动电机、其他高压系统、电气线束、动力转向系统以及制动系统的性能严重影响电动汽车的应用性能和安全性能。这些关键部件的维护和保养可有效延长电动汽车的使用寿命，提高使用性能。

1.2.1 动力电池系统

动力电池系统由动力电池、电池箱（图 6-5）和电池管理系统构成。作为整车的动力源，动力电池对整车性能具有重要的影响。动力电池组具有高电压、强电流的特点，对其进行保护与检查非常必要。

动力电池需要每 3 个月或每行驶 5000km 后进行 1 次电池单体电压检测。每次更换电池时，都需要检查连接插头是否有磨损、松动、烧蚀等故障；每运行 10000km，应对电池箱进行 1 次清理，并检查内外箱体及各个组成部件是否完好。

图 6-4　电动汽车的整体结构

图 6-5　电池箱内部结构

1.2.1.1　动力电池箱体的检查

① 外箱的检查、维护。在安装外箱之前检查以下两点。

a. 检查极柱座橡胶护套是否齐全。

b. 检查极柱是否氧化，氧化面应使用 1500 目砂纸轻轻打磨，或使用棉布用力擦，将氧化层去掉。

② 要定期（通常为 1 个月）清理外箱灰尘。

③ 极柱出现拉弧或打火烧蚀，要及时更换。

④ 若通信不可靠或 24V 供电电源不可靠，应检查 CAN 总线连接插头、24V 连接插头是否正常。

⑤ 内箱的检查。应检查极柱座是否连接可靠，高压有无打火烧蚀，要定期吸尘清洁。

1.2.1.2　动力电池外箱体高压正负极端子的检查

图 6-6　动力电池外箱

动力电池外箱如图 6-6 所示。

① 用兆欧表 500V 挡测量各端子之间的绝缘阻值。要求当空气相对湿度小于等于 90% 时，绝缘电阻应大于等于 20MΩ；当空气相对湿度大于 90% 时，绝缘电阻应大于等于 2MΩ。

② 用兆欧表 500V 挡测量各端子与电池外壳之间的绝缘阻值。当空气相对湿度小于等于 90% 时，绝缘电阻应大于等于 20MΩ；当空气相对湿度大于 90% 时，绝缘电阻应大于等于 2MΩ。

③ 目测高压极柱插头、极柱插孔是否有磨损、烧蚀等现象，并注意保护套等部件是否齐全。

注意：

① 所有箱体内必须保持清洁，避免有任何杂物和污染，以防意外漏电。

② 检查滤网、冷却风扇等是否齐全、牢固。

1.2.1.3 电池快换导轨的检查

① 检查快换箱体导轨轴承是否缺失。

② 检查各轴承滚动是否顺畅，若不顺畅需及时更换轴承。

③ 检查导轨有无变形。

1.2.1.4 机械锁的检查

机械锁采用手动解锁装置，由解锁把手、解锁杆、锁口组成。

① 检查解锁把手是否转动平顺。

② 将解锁把手按下去，检查锁是否能够卡到正确的位置。

③ 检查开锁、上锁是否平顺。

1.2.1.5 高压中控盒电气安全的检查

① 在推入动力电池箱之前，由具备资质的电工，将连接到中控箱的高压线束、动力电池输入电缆从中控箱接插件口拔下，将其他高压电缆从部件接插件口（如电动空调等部件接插件上）拔下，测量拔下线束的每一个高压端子和底盘之间的绝缘电阻，其阻值应大于 20MΩ。

② 保持步骤①的状态，并保持连接到中控盒的低压线束接通，将动力电池推入电池舱后，将车辆钥匙扭到"START"状态，此时测量所有高压线束端子处的电压，端子 A 和端子 B 之间应为 400V 左右或无电压，且端子 A 为高电势，端子 B 为低电势。

③ 保持步骤②的状态，将车辆的暖风加热系统打开，连接至 PTC 加热器的高压线束端子处的端子 A 和端子 B 之间应为 400V 直流电压，其中 A 为高电势。

④ 以上步骤确认无误后才能将车辆钥匙扭到"OFF"，然后将步骤①中拔下的插头依次插上，如果发现步骤①～④有异常现象，则应在排除异常后方可继续进行。

1.2.2 驱动电机

比亚迪 E6 电动汽车动力电机带绕组定子铁芯及转子组件如图 6-7 所示。

① 检查驱动电机及其控制器各固定点，检查螺栓是否松动，线束和插件是否存在松动、老化、破损、腐蚀等现象。

② 每 2 个月检查电机本体和控制器冷却水管道是否通畅，若冷却水管道有堵塞现象，则应及时清理堵塞物。

③ 每半年检查清理 1 次电机本体和控制器的表面灰尘。清理方法是断开动力电源，用高压气枪清理电机本体和控制器表面的灰尘。注意：禁止用高压气枪直接对准控制器外壳上的"呼吸器"吹气，应用软毛刷进行清理。

图 6-7　比亚迪 E6 动力电机带绕组定子铁芯及转子组件

④ 电机轴承在一个大修周期内，不需要加油脂。当轴承发生故障时，应解体电机，更换轴承。

⑤ 当电机很长时间未用时，最好测量电机的绝缘电阻。检查绝缘电阻时应使用 500V 兆欧表，其值不低于 5MΩ；否则需对绕组进行干燥处理，以去除潮气。去除潮气可采用以下

方法。

a. 用接近80℃的热空气干燥电机，将热空气吹过静止、不通电的电机。

b. 将转子堵住，在定子绕组上施加7~8V的50Hz交流电压。

允许逐步增加电流直到定子绕组温度达到90℃，不允许超过这一温度，不允许增加电压到足以使转子旋转。

在转子堵转下的加热过程中，要特别小心，以免损伤转子，维持温度为90℃直到绝缘电阻稳定不变。

特别注意：开始时缓慢加热很重要，这样使得水蒸气能自然地通过绝缘层而逸出。迅速加热很可能使局部的蒸汽压力快速增大，足以使水蒸气强行通过绝缘层而逸出，会使绝缘层遭到永久性破坏。通常需要花15~20h使温度上升到所需温度。经过2~3h后，再次测量绝缘电阻。考虑到温度对绝缘电阻的影响，如绝缘电阻已经达到5MΩ，电机的干燥过程即可结束并投入使用。

图 6-8　高压配电箱内部结构

1.2.3　其他高压系统

高压配电箱内部结构如图6-8所示，高压系统应每3个月或每行驶5000km后进行1次保养，即在对电池进行保养的同时，进行高压系统的保养。其他高压部件主要有车载充电机、DC/DC转换器、高压电气盒、空调用电动压缩机总成。

① 检查高压警告标记是否清晰且牢固。

② 检查表面是否发生腐蚀、损伤等。

③ 检查安装点支架有无变形、损伤，安装螺栓有无缺失，并检查螺栓有无松动。

④ 检查接插件是否连接可靠，有无松脱或者变形情况。

1.2.4　电气线束

1.2.4.1　低压线束的检查

检查低压线束（图6-9）是否整齐、捆扎成束，固定卡钉是否卡紧；检查接头连接是否牢固；检查低压线束插接器的外观有无破损、腐蚀等现象；穿越孔洞的线束如果装有绝缘防磨套管，应检查其是否固定可靠。

1.2.4.2　低压电气熔断器的检查

低压电气配电盒如图6-10所示，检查熔断器外观是否有开裂、损坏、腐蚀、老化等现象；检查熔断器外部接插件和车身线束接插件插接是否牢固可靠；检查熔断器盖锁扣是否有效锁紧；检查熔断器和车身固定点是否固定可靠。

图 6-9　低压线束

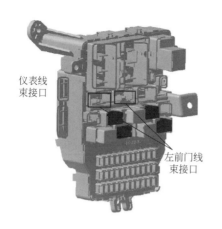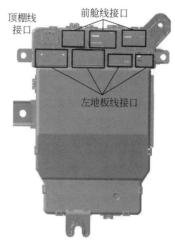

图 6-10　低压电气配电盒

1.2.4.3　高压线束（图 6-11）的检查

① 底盘线束离地面高度是否在安全范围内，或设有相应的走线槽来避免线束的剐蹭。

② 线束和保护波纹管外观是否存在破损、老化等现象，插接器是否有腐蚀现象。

图 6-11　高压电缆结构示意

③ 各插接件连接是否牢固，其护套是否完好且无损。

④ 高压插接器的锁止以及互锁机构是否完好。

⑤ 线束固定卡钉是否完好。

⑥ 高压线束和运动件之间是否存在剐蹭的现象。

1.2.5　动力转向系统

转向系统是汽车操纵的重要部件，需经常检查保养；否则一旦失灵，将会造成车毁人亡的事故。如图 6-12 所示为北汽电动汽车转向系统结构示意。动力转向系统维护和

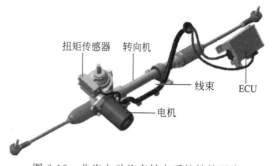

图 6-12　北汽电动汽车转向系统结构示意

保养的内容如下。

① 定期检查转向间隙：方向盘回转 30mm 时，车轮必须转动，否则必须进行调整。

② 定期更换转向器润滑油（转动液压油）。

③ 在换季保养以及行驶 10000km 时要检查转向油罐的油位和管路接头的密封。

④ 转向液压油的更换。

a. 顶起前桥至前轮离开地面。

b. 放油。旋出转向机的放油螺栓，取下油罐盖，启动电机并保持空转，使得系统中的油在泵的驱动下从转向机放油螺栓孔中排出，经过方向盘左、右两极限位置的多次转动，直到油液排净为止，然后重新装上放油螺栓并拧紧。

c. 注油。首先将注油罐注满油液，再启动电机，向系统内充油，同时向油罐中继续补充油液，直至油罐中无气泡上升，并且油面稳定在测试棒刻度以上 1～2cm，然后旋紧油罐盖。

⑤ 滤芯更换。打开油罐盖，取出旧滤芯，放入新滤芯，重新装好油罐盖。

注意：换滤芯时必须重新更换油液。

⑥ 转向机的转向压力在出厂时已经调好，调整螺钉严禁擅自改动。若发现转向时方向盘明显沉重，应送维修站调整。

1.2.6 制动系统

1.2.6.1 检查制动系统的密封性

对于采用气制动系统的电动汽车，气密性的检查十分重要，否则是很危险的。长时间没有使用的车辆，在开车之前必须进行检查。

（1）气路系统的密封性 启动压缩机，储气压力达到 0.81MPa。关闭压缩机，观察双针压力表，在 10min 内压力降低不得超过 0.01MPa；若超过，则说明密封性不好，应进行检查维护。

（2）制动系统的密封性 关闭电机，踩下制动踏板保持 3min，气压表的白针指示压力保持不变，表示密封性可靠。

1.2.6.2 保养

① 应定期检查制动管路的密封性，使其处于良好的状态，一旦发现弯折、擦破、压扁的地方，应及时更换。

② 排出储气筒中的冷凝水。用手拉动储气筒下面的排水阀的拉环，若排水阀被堵塞，则要把排水阀旋出，进行清理或更换。在旋出以前，要排出筒内的压缩空气，可利用多次踩动踏板的方法排出，否则会出现危险。

 任务二 电动汽车故障维修方法与技巧

 引言

电动汽车的故障维修与传统汽车的故障维修基本相似，但由于电动汽车构造的特殊性，在细节上与传统汽车存在着差异。

电动汽车维修基本方法是，首先找到故障产生的部位；之后用相应的仪器进行测试，分析、研究故障产生的原因，推理验证故障的产生情况；然后进行维修，确认故障已修复；最后进行试车，以检验故障修复的效果。

学习目标

1. 掌握电动汽车故障诊断方法。
2. 掌握电动汽车故障检测方法。
3. 掌握电动汽车故障维修技巧。

2.1 故障诊断方法

2.1.1 故障现象观察法

故障现象是故障的直接表现，在熟悉电路结构和特点的情况下，只要能熟练地运用故障现象观察法对主要电路故障进行检查，很多情况下可以很快确定故障部位，甚至可以直接找到故障点。例如，控制器附近电路烧坏、断路，这类故障可以通过观察故障现象很快找到故障部位。

2.1.2 测试关键点

判断出大致的故障范围之后，可以通过测试关键点的电压和电流，并与正常时的工作电压和电流进行对比来进一步缩小故障范围。这一点至关重要，也是维修的难点，要求维修者平时应多积累资料。

2.1.3 测电压法

测量电压是维修电动汽车常用的基本维修方法之一，在实践中经常用到。它主要是测量电路或元器件的工作电压，以此来对故障部位和元器件进行判定。即用万用表检查其电压有无或大小，然后再与正常状态下所测数值进行比较，以此来判断该电路的工作是否正常。

2.1.4 测电流法

测量电流也是维修电动汽车的常用方法之一。例如，测量电动车电机电流，如果电流值和正常值相比变化很大，则说明电机有问题，就可对症下药，对其进行重点检查。

2.1.5 测电阻法

测量电阻也是维修电动车的常用方法之一，它主要是测量电路和元器件的对地电阻值及元器件本身的电阻值，这样可以很容易地判定出故障所在。例如，用万用表蜂鸣器挡测量连接导线的通断就是十分方便快捷的办法。

2.1.6 敲击法

这也是维修电动汽车很有效的方法之一，特别是对于虚焊和接触不良引起的故障。其方法是用绝缘体（如木棍），在加电和不加电的情况下，对有可能出问题的部位进行敲打和按压，就可较容易地发现虚焊和接触不良等故障。

2.1.7 摸温法

摸温法就是直接用手触摸（应注意安全）被怀疑的元器件，感受其温度，根据其温度的异常变化等现象来发现问题，可很快地判断出问题所在。这种方法可快速对电动汽车关键部件的好坏做出判断。

2.1.8 替换法

替换法就是怀疑某个部件有故障而又不易测试其性能好坏时，用新的部件进行替换。替换法是电动汽车维修中经常使用而又行之有效的方法。

2.1.9 修改电路法

修改电路法是在某些电路设计不合理或因配件与原机的电路不相符时所采用的维修方法。

2.1.10 拆除法

拆除法是拆除在电路中起辅助性作用的元器件或配件的维修方法。例如，电动摩托车的闸把在检查故障时可暂时先去除，以此缩小故障范围，等故障排除后再接上闸把。

2.2　故障检测方法

2.2.1 直观检测法

直观检测法又称人工经验检测法，是指检测人员凭借丰富的实践经验和一定的理论知识，在汽车不解体或局部解体的情况下，依靠直观的感觉，借助简单工具，采用口问、眼观、鼻闻、手摸和耳听等手段对汽车进行检查、试验及分析，查明故障原因和故障部位。

（1）口问　向电动汽车操作人员了解故障发生前后的情况，如故障发生前是否过载、频繁启动和停止，故障发生时是否有异常声音，有没有冒烟、冒火等现象。

（2）眼观　仔细察看各电子元器件的外观变化情况，如触点是否烧坏、氧化，熔断器是否损坏，继电器是否吸合，导线和线束是否烧焦。

（3）鼻闻　故障出现后，断开电源，将鼻子靠近电机、控制器、继电器、绝缘导线等处，闻闻是否有焦味。如有焦味，则表明电子元器件绝缘层已被烧坏，主要原因为过载、短路或电流过大等。

（4）手摸　故障发生后，断开电源，用手触摸或轻轻推拉导线及电器的某些部位，以察觉异常变化，如摸电机、控制器表面温度，轻拉导线看连接是否松动，用手轻轻转动电机看转动是否灵活等。

（5）耳听　主要听有关电子元器件在故障发生前后声音是否有差异，如听电机启动时是否只"嗡嗡"响而不转。

2.2.2 现代仪器设备检测法

现代仪器设备检测法是在人工经验检测法的基础上发展起来的一种检测方法，是指在汽车不解体的情况下，利用测试仪器、检测设备或工具，检测整车、总成或机构的参数、曲线和波形，为分析、判断汽车故障原因提供定量依据。

发生故障时，根据电动汽车电气设备所处的状态进行分析，通常用万用表测量关键点的工作电压和电流，并与正常情况下的参数进行对照，由此判断故障原因。例如，电动汽车电机不转，首先要观察仪表上有无电压显示，判断是供电造成的故障还是有供电而电机不转导致的，从而查找出故障范围。实际上，上述两种方法往往会同时使用，称为综合检测法。

2.3　故障维修技巧

判断电动汽车故障，首先应当熟悉该型号电动汽车的构造和工作原理，然后结合所出现的症状进行分析、检查，才能迅速、准确地将故障查出。例如，只有了解电机的构造，当电机与散热器中出现机油时，才能联想到可能是电机有砂眼或裂纹所致；只有了解双回路制动系统的构造，当某桥制动器失灵时，才会联想到可能与哪一腔制动阀门有关；又如，只有了解供电系统的构造，当蓄电池无电时，才能很快分段查出电路损坏的部位。

2.3.1　要考虑设计制造的影响

电动汽车制造厂在某一时期，由于设计制造方面还有某些问题未能解决，造成电动汽车的某种先天缺陷，以致在某一时期某一部件损坏的数量较多。掌握了这一情况后，若遇到电机动力下降或其他一些原因，就可以对电机相关部位进行检查。

2.3.2　要考虑环境条件的影响

在判断故障时，要考虑环境条件所带来的影响。例如，电动、燃油两用货车在灰尘较大的环境下行驶，空气滤清器就容易堵塞；在雾天或高湿度的环境下行驶，纸质滤芯的气孔就容易堵塞，滤芯的使用周期会大大缩短。若电动、燃油两用货车在行驶中，电机出现动力下降，电力消耗量加大的现象，就要重点考虑滤清器可能已被堵塞，由于空气进入量减少，造成混合气过浓所致。

2.3.3　要掌握电动汽车的故障症状

电动汽车故障的判断是以故障症状的外部表现为依据的。此故障症状的外部表现主要有电机动力下降、耗电异常、润滑脂消耗量增加、容易熄火、不能启动或仪表指示异常等。出现上述问题时，再结合电动汽车的构造原理进行分析和推理，判断结果就会更加准确。

2.4　电路故障诊断与检修应注意事项

维修电动汽车电气系统的首要原则是不要随意更换电线或电器，因为这种操作有可能因短路、过载而引起火灾。同时还应注意以下事项。

① 拆卸蓄电池时，应先拆下负极电缆；装上蓄电池时，应最后连接负极电缆。拆下或装上蓄电池电缆时，应确保点火开关或其他开关都已断开，否则会导致元器件的损坏。操作时切勿颠倒蓄电池接线柱极性。

② 检测晶体管时，应使用万用表的二极管挡，而且注意要断电测量，使用 $R \times 100$ 挡，以免损坏万用表。更换晶体管时，应首先接入基极；拆卸时，则应最后拆卸基极。对于焊接金属氧化物的场效应晶体管（MOS管），则应当心静电击穿损坏。

③ 拆卸和安装元器件时，应切断电动汽车电源，并且焊接速度要快，以免电烙铁烫坏元器件。应使用恒温或功率小于75W的电烙铁。

④ 更换烧坏的熔丝时，应使用相同规格的熔丝。如果使用比规定容量大的熔丝会导致电气损坏或产生火灾。

⑤ 靠近振动部件（如电机）的线束部分应用专用线卡固定，将松弛部分拉紧，以免由于振动造成线束与其他部件接触。

⑥ 对待电气部件，要轻拿轻放，不能随意乱扔，以免使其承受过大冲击。

⑦ 对于容易磨碰的线束应用胶带缠起来，以免损坏。安装固定零件时，应确保线束不要被夹住或破坏，同时应确保插头插接牢固。

⑧ 进行电动汽车维修时，若温度超过80℃（如进行焊接时），应先拆下对温度敏感的零件（如ECU）。

 # 任务三　电动汽车常见故障处理

引言

电动汽车的故障处理同传统内燃机汽车故障处理的含义相似，而因为电动汽车构造的特殊性又在细节上与传统内燃机汽车存在着差异。基本流程是，首先应找到故障产生的部位；之后用相应的仪器进行测试，分析、研究故障产生的原因，推理验证故障的产生情况；然后进行维修，确认故障已经修复；最后驾驶人试车，以检验故障修复的效果。

学习目标

1. 了解电动汽车故障检测方法。
2. 掌握动力系统常见故障及处理方法。
3. 掌握汽车底盘常见故障及处理方法。
4. 掌握电气设备及空调系统常见故障及处理方法。

3.1　电动汽车故障检测方法

参见项目六、任务二中2.2小节。

3.2　动力系统常见故障及处理方法

3.2.1　动力电池系统

电动汽车中高压系统的功能是确保整车系统动力电能的传输，并随时检测整个高压系统的绝缘故障、断路故障、接地故障和高压故障等，是确保整车设备和人员安全的首要任务，也是电动汽车产业化的关键技术之一。

电动汽车的主要部件——动力电池系统属于高压部件，其设计的好坏直接影响着整车安全性及可靠性，其动力电池的安装位置如图 6-13 所示。在动力电池系统中，从故障发生的部位看，分为传感器故障、执行器故障（接触器故障）和部件故障（电芯故障）等，动力电池系统的故障诊断及处理十分必要。

动力电池系统故障按照故障发生的部位可以分为三类，即单体电池故障、电池管理系统故障、线路或连接件故障。

图 6-13　电动汽车的动力电池的安装位置

3.2.1.1　单体电池故障

单体电池的故障包括三种。

（1）第一种故障　电池性能正常，无需更换，对应故障有单体电池 SOC 偏低和单体电池 SOC 偏高。如果单体电池 SOC 偏低，则该电池在汽车行驶过程中，电压最先达到放电截止电压，使得电池组实际容量降低，应对该单体电池进行补充充电。如果单体电池 SOC 偏高，则该电池在充电末期最先达到充电截止电压，影响充电容量，需对该单体电池进行单独补充放电。

（2）第二种故障　电池性能衰退严重，应立即更换，对应故障有单体电池容量不足和单体电池内阻偏大。在电池组中，最小的单体电池容量也限制了整个电池组的容量，因此发生单体电池容量不足故障会影响车辆续驶里程。锂离子电池内阻如果过大，会严重影响电池的电化学性能，如充放电过程中的极化严重、活性物质利用率低、循环性能差等。

（3）第三种故障　电池影响行车安全，对应故障包括单体电池内部短路；单体电池外部短路；单体电池极性装反，在强振动下锂离子电池的极耳、极片上的活性物质、接线柱、外部连线和焊点可能会折断或脱落，造成单体电池内部短路或者外部短路故障。

通常情况下，造成单体电池前两种故障的原因可能包括两个：一是动力电池成组时单体电池一致性问题，单体电池的 SOC、容量、内阻本身就存在差异；二是单体电池在成组应用过程中因为应用环境差异（如温度、充放电电流）造成的一致性差异增加，加剧单体电池的不一致性。

3.2.1.2　电池管理系统故障

电池管理系统对于保障电池组的安全及使用寿命，最大限度发挥电池系统效能具有重要作用。电池管理系统通常对单体电压、总电压、总电流和温度等进行实时监控采样，并将实时参数反馈给整车控制器。电池管理系统除了对电池性能参数进行监控、实施电性能管理以外，还具有以热管理为主的应用环境管理，实施对电池的加热和冷却，确保电池的良好应用环境温度以及温度场的一致性。若电池管理系统发生故障，则失去了对电池的监控，不能估计电池的 SOC，容易造成电池的过充、过放、过载、过热以及不一致性问题的增加，影响电池的性能、使用寿命和行车安全。

电池管理系统故障包括 CAN 通信故障、总电压测量故障、单体电压测量故障、温度测量故障、电流测量故障、继电器故障、加热器故障和冷却系统故障等。

3.2.1.3　线路或连接件故障

线路或连接件故障的诊断对于确保行车安全和整车的可靠性同样重要。例如，因为车辆的振动，电池间的连接螺栓可能会出现松动，电池间接触电阻增大，发生电池间虚接故障，以致电池组内部能量损耗增加，造成车辆动力不足和续驶里程短，在极端情况下还能引起高温，产生电弧，熔化电池电极和连接片，甚至造成电池着火等极端电池安全事故。

在电动汽车运行过程中，单体电池之间可能发生相对跳动，造成两电池间的连接片折断。电池箱和电动汽车的电气连接也是故障的高发点，电插接器在经历长时间振动后容易产生虚接，出现易烧蚀、接触不良等故障。

动力电池系统常见故障及处理方法见表 6-1。

表 6-1　动力电池系统常见故障及处理方法

项目	故障现象	故障后果	处理方法
单体电池	单体电池 SOC 偏低	电池组容量降低，电动汽车续驶里程短	对单体电池单独充电
	单体电池 SOC 偏高		对单体电池单独放电
	单体电池容量不足	电池组充电不足、使用寿命减少，电动汽车续驶里程短	更换单体电池
	单体电池内阻偏大	电池组充电不足、使用寿命减少，电动汽车动力不足、续驶里程短	
	单体电池过充电	电池内部短路、电池热失控，严重时会起火、爆炸	检查电池管理系统
	单体电池过放电		
	单体电池内部短路	电池热失控，严重时会起火、爆炸	更换单体电池
	单体电池外部短路		排除短路故障、更换单体电池
	单体电池极性装反		更换单体电池
电池管理系统	CAN 通信故障	无法监控电动汽车	检查 CAN 网络
	总电压测量故障	无法监控总电压	检查总电压测量模块
	单体电压测量故障	无法监控单体电压	检查单体电压测量模块
	温度测量故障	无法监控电池温度	检查温度测量模块
	电流测量故障	无法监控电池电流	检查电流测量模块
	冷却系统故障	电池温度偏高	检查冷却风扇控制线路
线路或连接件	电池间虚接	电动汽车动力不足、续驶里程短	紧固电池连接
	电池间断路	电动汽车无法启动	检查电池连接
	快速熔断器断开		检查快速熔断器
	动力电插接器断开		检查动力电插接器
	动力电插接器虚接	插接器易烧蚀，电动汽车动力不足	
	信号电插接器故障	无法监控电动汽车	检查信号电插接器
	正极接触器故障	电动汽车无法启动	检查接触器
	负极接触器故障		
	电源线短路	电池热失控，严重时会起火、爆炸	检查电源线

3.2.2　电机驱动系统

电机驱动系统的故障主要分为电机故障与电机控制器故障。

如图 6-14 所示，驱动电机是电能和机械能转换，实现车辆驱动的关键部件，是典型的机电混合体。电机故障涉及因素较多，如电路系统、磁路系统、绝缘系统、机械系统以及通风散热系统等。任何一个系统工作不良或其相互之间配合不好均会导致电机出现故障，所以，电机故障要比其他设备的故障更复杂，电机故障诊断所涉及的技术范围更广。此外，电机的运行还与其负载情况、环境因素有关。电机在不同的状态下运行，表现出的故障状态各不相同，这进一步增加了电机故障诊断难度。通常而言，电机的故障可分为机械故障与电气故障。机械方面的主要故障有定子铁芯损坏、转子铁芯损坏、轴承损坏和转轴损坏，其故障原因为由振动、润滑

图 6-14　驱动电机

不充分、转速过快、静载过大、过热而引起的磨损、压痕、腐蚀、电蚀和开裂等；电气方面的故障则主要是定子绕组故障与转子绕组故障，故障原因包括电机绕组接地、短路、断路、接触不良和鼠笼断条等。

图 6-15　电动汽车的电机控制器

因为器件本身的结构和物理特性以及相互间的电磁兼容性问题，电机控制器故障也成为电机驱动系统发生故障的主要原因。电机控制器的故障主要包括以下几类：IGBT故障、输入电源线和接地线故障、整流二极管短路、直流母线接地错误、直流侧电容短路、晶闸管短路、温度超限报警、相电流过流、过电压以及欠电压等高压电气系统故障。电动汽车的电机控制器（图 6-15）是驱动电机的"大脑"，接收来自整车 VCU 的控制信号，同时完成动力电池输出直流电压到交流电压的逆变过程以及能量回收交流电压到直流电压的整流过程，主电机控制器常见故障及处理方法见表 6-2。电机常见故障及处理方法见表 6-3。

表 6-2　主电机控制器常见故障及处理方法

故障码	故障说明	排除方法
1	W 相 IGBT 饱和保护	重新启动系统,如不能消除或经常发生需专业维修
2	U 相 IGBT 饱和保护	重新启动系统,如不能消除或经常发生需专业维修
3	V 相 IGBT 饱和保护	重新启动系统,如不能消除或经常发生需专业维修
100	高压欠压(预充电状态)	表示系统高压未接通,如高压已接通,而长时间没有消除需专业维修
171	系统上电自检异常	需专业维修
190	高压过压	重新启动系统,如不能消除或经常发生需专业维修
191	旋变检测异常	检查旋变信号线,重新启动系统,如不能消除或经常发生需专业维修
192	瞬间超速保护	检查旋变信号线,重新启动系统,如不能消除或经常发生需专业维修
193	超速保护	检查旋变信号线,重新启动系统,如不能消除或经常发生需专业维修

故障码	故障说明	排除方法
194	过流保护	重新启动系统,如不能消除或经常发生需专业维修
196	24V瞬间断路	检查供电系统是否断路或接触不良
199	15V驱动电源工作异常	重新启动系统,如不能消除或经常发生需专业维修
203	15V驱动电源启动异常	重新启动系统,如不能消除或经常发生需专业维修

表 6-3　电机常见故障及处理方法

序号	故障现象	故障原因	处理方法
1	电机在空载时不能启动	①电源未接通 ②逆变器控制原因 ③定子绕组故障(断路、短路、接地和连接错误等) ④电源电压太低	①检查开关、接触器触点及电机引出线头,查出后修复 ②检查逆变器 ③检查定子绕组,找出故障并修复 ④检查电源电压和每个连接处
2	通电后,电机不启动,"嗡嗡"响	①定子、转子绕组断路 ②绕组引出线始末端接错或绕组内部接反 ③电机负载过大或被卡住 ④电源未能全部接通	①查明断路点进行修复 ②定子绕组中通入直流电,检查绕组极性(用指南针);判定绕组首末端是否正确 ③检查设备,排除故障 ④紧固接线柱松动的螺钉,用万用表检查电源线某相断线或假接故障,然后修复
3	定子过热	①输电线一相断线或定子绕组一相断路,造成走单相 ②过载 ③绕组匝数不对 ④通风不良	①按序号1中处理方法的①和③进行检查 ②减少负载或增加容量 ③检查绕组电阻 ④检查风机是否正常
4	绝缘电阻低	①绕组受潮或被水淋湿 ②绕组绝缘粘满粉尘、油垢 ③引出线绝缘老化破裂 ④绕组绝缘老化	①进行加热烘干处理 ②清洗绕组油垢,并经干燥、浸漆处理 ③重包引线绝缘 ④经鉴定可以继续使用时,可经清洗干净,重新涂漆处理;若绝缘老化,不能安全运行时,需更换绝缘
5	电机振动	①轴承磨损,间隙不合格 ②气隙不均匀 ③转子不平衡 ④笼型转子导条断条 ⑤定子绕组故障(短路、断路、接地和连接错误等) ⑥转轴弯曲 ⑦铁芯变形或松动	①检查轴承间隙,应符合设计要求 ②调整气隙 ③重新校对平衡 ④更换转子 ⑤查出绕组故障点并进行处理 ⑥校直转轴 ⑦校正铁芯,或重新叠装铁芯
6	电机空载运行时空载电流不平衡,且相差很大	①绕组首端接错 ②电源电压不平衡 ③绕组有故障(匝间短路、某线圈组接反等)	①查明首末端,改正后再启动电机试验 ②测量电源电压,找出原因并消除 ③拆开电机检查绕组极性和故障,并改正和消除故障
7	电机运行时有杂音,不正常	①轴承磨损,有故障 ②定子、转子铁芯松动 ③电压不平衡 ④绕组有故障(如短路、接错等) ⑤轴承缺少润滑脂 ⑥气隙不均匀,定子、转子相擦	①检修并更换轴承 ②检查振动原因,重新压装铁芯 ③测量电源电压,检查电压不平衡原因并处理 ④检查绕组故障并处理 ⑤清洗轴承,添加规定量的润滑脂 ⑥调整气隙,提高装配质量

序号	故障现象	故障原因	处理方法
8	轴承发热超过规定	①润滑脂过多或过少 ②脂质不好,含有杂质 ③轴承与轴配合过松或过紧 ④轴承与端盖配合过松或过紧 ⑤油封间隙配合太紧 ⑥轴承内盖偏心,与轴相擦 ⑦电机两侧端盖或轴承盖未装平 ⑧轴承有故障,磨损、有杂物等 ⑨轴承间隙过大或过小	①拆开轴承盖,检查油量,按规定增减润滑脂量 ②检查油脂内有无杂质,更换洁净的润滑脂 ③采取措施,使轴承与轴配合符合要求 ④采取措施,使轴承与端盖配合符合要求 ⑤更换或修理油封 ⑥修理轴承内盖,使其与轴的间隙合适 ⑦按正确工艺将端盖或轴承盖装入止口内,然后均匀紧固螺钉 ⑧更换损坏的轴承,对含有杂质的轴承要彻底清洗,换油 ⑨更换新轴承

3.3　汽车底盘常见故障及处理方法

电动汽车底盘（图 6-16）的检查包括底盘破损、变形、螺栓松动、油液渗漏等问题。

3.3.1　变速器

变速器（图 6-17）担负着变速、变转矩、实现倒车并利用空挡暂时切断动力等任务，使得汽车适应各种条件下的行驶，并能满足"不跳挡、不乱挡、不漏油、无异响、传动平稳、变换挡位自如"的技术要求。因为汽车在行驶过程中，变速器各运动部件经常处于高转速、大负荷的工作条件下，当行驶道路复杂时，挡位变换频繁，在换挡过程中，变速器内部齿轮之间、齿轮和轴之间因相对运动的变化而发生冲击，使各部件产生磨损，

图 6-16　电动汽车底盘

特别是装配调整不当或驾驶人操作不当，则会加剧磨损，甚至造成机件损坏，从而使变速器发生故障。如图 6-18 所示，齿轮油（变速箱油）是电动汽车需要比较频繁更换的油液，但各厂商的更换周期不同。

图 6-17　电动汽车的变速器

图 6-18　齿轮油的更换

变速器常见故障及处理方法见表 6-4。

表 6-4　变速器常见故障及处理方法

故障现象	故障原因	处理方法
挂挡困难	拨叉变形或损坏	检查校正或更换
	换挡控制单元(TCU)故障	更换 TCU
掉挡	接合齿或齿套倒锥失效	检查、更换
	操纵机构安装不当或损坏	检查、调整
变速器漏油	油封老化、磨损	检查、及时更换
	通气阀堵塞	疏通或更换
	齿轮油加注过多	检查
噪声或异响	润滑油黏度过低或使用不符合质量要求的劣质润滑油	更换适合等级的润滑油
	润滑油量不足	加注指定的润滑油
	轴承损坏或有裂纹	更换轴承

3.3.2　转向系统

转向装置主要由转向器与传动机构两部分组成，转向装置技术状况的好坏，直接影响到汽车行驶的平顺性、操纵稳定性、安全可靠性以及轮胎的磨损等。随着汽车行驶里程的增加，转向装置中的某些机件将由于磨损而失去正确的几何形状，配合间隙也不断增大，转向装置的技术状况不断变差，最终产生种种故障。

3.3.2.1　方向盘自由行程过大

（1）故障现象　汽车实施转向或接收路面感觉不灵敏，方向盘游动间隙大于规定标准，方向盘虽然转动了很多，但转向轮没有发生偏转，或方向盘不动而转向轮却自动偏转。

（2）故障原因　方向盘和转向轴固定螺母松动；转向器主、从动部分啮合间隙过大；摇臂轴与衬套间松旷；转向器内主、从动轴承松旷；横、直拉杆球节调节不当或磨损松旷；转向节主销与衬套磨损严重等。

（3）处理方法　两人配合，一人在车上转动方向盘，另一人在车下观察摇臂和转向轮。如果方向盘已转动很多而摇臂并不摆动，说明故障在转向器部分；如果摇臂已转动很多而前轮不偏转，则故障在传动机构。

3.3.2.2　转向沉重

（1）故障现象　汽车在运行中，驾驶人向左或右转动方向盘时，感觉沉重吃力而且无回正感。当汽车以低速转弯行驶时，转动方向盘非常吃力，甚至转不动方向盘。

（2）故障原因　转向轴弯曲变形；转向器内主动部分的轴承预紧力过大；转向器内缺油；摇臂轴和衬套装配过紧；主销内倾、后倾角度变大或前束不符合要求；前钢板弹簧挠度尺寸不满足要求；轮胎气压不足。

（3）处理方法　支起前桥，如果转向轻便，则故障在前轴、轮胎等部位；如果转向沉重，则故障在转向器或传动机构。

3.3.2.3　前轮摇摆

（1）故障现象　汽车在一定速度下行驶时，两前轮各自绕主销产生角振动，一般为前轮摆动。前轮左右摆动严重时，方向盘抖振强烈，手感发麻，甚至在驾驶室内都可以看到车头晃动，此时，前轮沿着一条弯曲的波形轨迹向前滚动。

（2）故障原因　前轮定位失常；转向机构松旷；前轮重量不平衡；转向系统刚度低，U形螺栓或钢板销和衬套松旷，前悬架运动干涉，道路不平等。

（3）处理方法　检查并调整前轮定位参数、转向机构、前轮的动平衡等。

3.3.2.4　行驶跑偏

（1）故障现象　汽车在平直路面上行驶时，无法保持直线行驶，总是自动偏向道路某一边，必须用力把住方向盘，才能直线行驶。

（2）故障原因　前桥或车架变形，前轮轮毂轴承与主销松旷，定位参数改变；前轮轮胎新旧程度不同或气压不一致；减振器失效等。

（3）处理方法　在平坦地段检查轮胎磨损与气压；检查前桥、车架有无变形及钢板弹簧的片数；路试检查制动鼓上轮毂的温度。

3.3.3　制动系统

制动系统是汽车最重要的安全部位之一，一旦发生故障，后果将不堪设想。汽车制动系统常见故障及其处理方法如下。

3.3.3.1　制动不良或失灵

① 制动管（如接头处）渗漏或阻塞，制动液不足，制动油压下降而失灵。需定期检查制动管路，排除渗漏、添加制动液、疏通管路。

② 制动管内进入空气使制动迟缓，制动管路受热，管内残余压力太小，导致制动液气化，管路内出现气泡。因为气体可压缩，所以在制动时导致制动力矩下降。维护时，可将制动轮缸及管内空气排净并加足制动液。

③ 制动间隙不当。制动摩擦片工作面和制动鼓内壁工作面的间隙过大，制动时轮缸活塞行程过大，导致制动迟缓、制动力矩下降。维修时，按照规范全面调校制动间隙，即用平头螺钉旋具从检查孔拨动棘轮，将制动蹄完全张开，使间隙消除，再将棘轮退回3～6齿，以得到所要求的间隙。

④ 制动鼓与摩擦衬片接触不良，以致摩擦衬片与制动鼓接触不良，制动摩擦力矩下降。如果发现此现象，必须镗削或校正修复。需要的话，可以更换新件。

⑤ 制动摩擦片被油垢污染或浸水受潮，摩擦系数快速降低，引起制动失灵。维护时，拆下摩擦片用汽油清洗，并用喷灯加热烘烤，使得渗入制动摩擦片中的油渗出来，渗油严重时必须更换新片。对于浸水的制动摩擦片，可用连续制动来产生热能使水蒸发，恢复其摩擦系数即可。

⑥ 制动主缸、轮缸皮碗（或其他件）损坏，制动管路无法产生必要的内压，油液渗漏，致使制动不良。应及时拆检制动主缸、轮缸皮碗，更换磨蚀损坏部件。

3.3.3.2　制动单边

① 同轴左右两边制动器制动时间不一致，通常是两边制动器制动间隙不均或接触面积差异所引起的。制动时，一边儿摩擦片先接触制动鼓进行制动，而另一边儿由于间隙大、摩擦片与制动鼓接触滞后，制动不同步。遇此现象，可重新校对左右轮制动间隙。

② 同轴两边制动器的制动力矩不同，使得车轮转速不同，直线行驶的距离就不相等，从而造成制动单边。这一般是因为某边制动轮缸漏油、制动摩擦片油污严重、摩擦系数出现差异或左右轮胎气压不等所造成的。可用汽油清洗摩擦片、检查轮胎气压、修复渗漏处，分

别进行排除。

③ 不踩制动踏板汽车就自动滑行到一侧。这通常为一侧前悬架变形、前悬架车身底板变形、前悬架螺旋弹簧弹力严重下降以及车架等相关部位在汽车制动时相互干涉或不协调所致。遇上述情况，查明原因后加以修复。

④ 制动时车轮自动向一边儿转弯而跑偏。这主要是两边制动鼓和摩擦片工作表面粗糙度不同，或一侧制动管路接头堵塞等引起的。应分别查找根源，加以修复。

⑤ 左右轮胎气压不均造成跑偏。左右轮胎充气气压必须一致，否则因两边车轮的实际转动半径不同、行驶的直线距离不等而出现侧滑。必须给各轮胎按规定充气。

⑥ 除上述原因以外，还有车轮定位失准及左右轮胎磨损不同，由此路面对左右车轮的阻力差也会引起跑偏侧滑。遇此情况，找准原因之后分别进行调校或更换部件。

3.3.3.3 制动噪声

① 制动鼓失圆，其圆度误差较大，制动鼓工作面变形，制动时摩擦片和制动鼓贴合瞬间发生碰撞，同时发出尖锐的撞击响声。维修时，拆下制动鼓进行撞削，并需进行平衡性能校验。

② 制动摩擦片表面太光滑、摩擦系数小而制动压力大时，光滑的表面滑磨就会产生摩擦噪声，或在摩擦副之间塞进了异物挤压摩擦表面，由此也会发出摩擦噪声。维修时可拆下制动鼓，清除异物并用粗砂纸打磨摩擦片，并使其配合摩擦副接触面积达到70%以上即可。

③ 制动摩擦片严重磨损，表面出现沟槽和不规则形状，制动时无法完全有效地和制动鼓贴合，或制动支撑板变形，破坏了鼓和片的同轴度，局部摩擦、碰撞而出现噪声。维修时，应更换摩擦片，校正制动支撑板。

④ 前轮轴承损坏、滚道和滚珠表面出现麻坑、沟槽甚至碎裂，行驶中制动就会发出异响。更换前轴头轴承，即可消除此噪声。

3.3.3.4 制动鼓发热

① 当放松制动踏板时，制动力未完全解除，使得摩擦副长时间处于摩擦状态，引起起步困难、行驶无力，用手触摸轮毂表面感到烫手。遇此情况，需重新调节制动间隙。

② 驻车制动手柄没完全放开，其原因是操作上的疏忽，导致摩擦副长时间处于摩擦状态而发热，必要时按规范进行调整手柄。

③ 制动产生的热量使回位弹簧受热变形、弹力下降或消失，不能确保制动摩擦片总成及时回位，便无法及时彻底解除制动而使制动鼓发热。应及时检修或更换回位弹簧，即可消除故障。

3.3.3.5 驻车制动失灵

常见故障包括拉索或外套锈蚀，牵引弹簧折断、脱落等，导致驻车制动操纵拉索或制动拉索在其外套内拉动不灵活，由此造成驻车制动松不开而工作失效。需检查制动操纵拉索和制动系统部件表面有无损伤，手柄操纵动作是否灵活，有无卡滞现象，拉索连接头及固定部位是否松动、损坏。检修时，对拉索加注润滑脂进行润滑，或更换损坏件，重新调整制动手柄转动量。

3.3.4 行驶系统

汽车行驶系统技术状况的好坏直接影响到汽车行驶的平顺性和操作稳定性，所以，对行驶装置的常见故障应及时处理。

3.3.4.1　悬架发生刚性碰撞或异响

（1）故障现象　汽车行驶中悬架发生撞击，发出异响，振动强烈。

（2）故障原因　钢板弹簧销或螺旋弹簧产生塑性变形；减振垫、限位块损坏；润滑不良；减振器失效等。

（3）处理方法　检查悬架是否变形、松动，减振垫的润滑情况，必要时添加润滑脂；检查减振器是否损坏。

3.3.4.2　轮胎异常磨损

（1）故障现象　轮胎出现两肩磨损、胎冠中部磨损、内（外）侧磨损、锯齿形磨损或波浪形磨损。

（2）故障原因　前车轮外倾角和前束不符合要求；车轮轮毂轴承磨损、松旷；轮胎不平衡量过大，轮胎气压不正常；减振器失效，轮毂变形。

（3）处理方法　检查减振器是否失效，轮毂是否变形，必要时更换；检查车轮轮毂轴承是否磨损、松旷，轮胎气压是否正常，必要时调整、补气、做轮胎动平衡。

3.4　电气设备常见故障及处理方法

3.4.1　灯光设备

汽车灯光设备的常见故障包括灯不亮、灯光暗淡、忽明忽暗及熔断器发响等。造成上述故障的原因通常是灯丝烧断、导线松脱、接地不良、断路或短路；充电电压调整过高以及各种开关失效等。一般采用试灯法、试火法和电源短接法检测。

灯光设备常见故障及处理方法见表6-5。

表6-5　灯光设备常见故障及处理方法

故障原因	处理方法	故障原因	处理方法
线路断路或插头松动	检修线路或接好插头	熔丝烧断	更换
接触不良	检查、调整	继电器工作不良或损坏	检修或更换
灯泡不良	更换	闪光器工作不良或损坏	检修或更换
开关触点烧蚀	清除烧蚀物或更换	变光器工作不良或损坏	检修或更换

3.4.2　组合仪表

汽车电子组合仪表的故障诊断，除了可以由车载微机自诊断系统进行处理之外，还可以使用专门的检测设备对其进行检测及诊断。检测时，应首先将传感器电路断开或拆下，用检测设备对它们逐个进行检查。汽车电子仪表显示系统的故障通常都出现在传感器、针状插接器和导线、个别仪表及显示器上。

① 里程表不工作。可能原因包括组合仪表故障、里程表传感器损坏及相关线路故障。首先检查仪表本身，再对里程表传感器进行检测，判断出传感器损坏，更换新传感器，排除故障。

② 仪表板上电源指示灯不亮而电机运转正常。

a. 仪表板正负极引线间无电压。接插件接触不良或引线断路，重新插接或换线。

b. 发光管损坏。更换或修复发光管。

c.仪表板线路板有断路。更换或修复仪表板线路板。

③ 主控制器功能一切正常（包括灯光夜间照明功能与仪表的通信功能等），但其他所有控制器工作均不正常。检查 CAN 通信线是否存在短路或断路故障，系统断电后直接用万用表测量 CAN 线是否短路或断路。

3.5 空调系统常见故障及处理方法

空调系统出现故障时，需先检查冷却系统、压缩机与发动机风扇传动带、风扇离合器、冷凝器散热片、冷凝器、空调真空管以及真空电机等的工作情况。冷却系统的工作状况，可使用歧管压力表测量其高、低压侧的压力进行检测。

空调系统常见故障及处理方法见表 6-6。

表 6-6 空调系统常见故障及处理方法

故障内容	故障原因		故障分析方法	处理方法
不制冷	压缩机不转	电机断线、烧损	测定线圈电阻	更换压缩机
		高压压力开关故障	检查冷凝风机是否正常	修理
		低压压力开关故障	检查制冷剂是否泄漏	更换制冷剂
		温度开关故障	查看接通情况	修理
		接线端子固定螺钉松动	检查	拧紧
	电气控制元件不良	过、欠电压继电器故障	电源电压过高或过低	电源电压过高或过低
		接触器、中间继电器线圈烧毁或触点故障	检查元件	检查元件
		压缩机故障	检查压缩机	检查压缩机
		冷凝风机电机的热继电器故障	检查电机电流	检查电机电流
	压缩机运转故障	制冷剂泄漏	①室内吸入和排出空气温度相同②蒸发器回气管温度过高③压缩机电流小	修理制冷系统
		涡旋压缩机反转	压缩机声音异常	调换相序
制冷量不足	蒸发器、冷凝器积满脏物		检查	清扫
	蒸发器结冰		检查(目视)	送风化冰
	设定温度过高或温度传感器接线接触不良		检查	调整或修理
	少量制冷剂泄漏		测定运转电流，进行判定	修理制冷系统
	制冷剂充注过多		电流过大	少量排出制冷剂
	风量不足		见"风量小"项	见"风量小"项
	单循环运行不良		测定运转电流	修理不良循环
不出风	离心风机的配线	插接器处断线	查看电路接通情况	修理
		配线螺钉松动	查看电路接通情况	拧紧
	电机烧损或断路		测量线圈电阻是否平衡及是否断线	更换电机
	控制线路及电器故障		检查电路及电器元件	修理或更换

续表

故障内容	故障原因		故障分析方法	处理方法
风量小	风机电机反转		检查风机转向	调换相线
	蒸发器结霜或结冰		检查（目视）	送风运转化冰、霜
	蒸发器翅片脏堵		检查（目视）	清洗
	风道处泄漏		检查	修理
	空气过滤网堵塞		检查过滤网	清除网眼堵塞物
振动噪声大	通风机电机球轴承异常		检查风机的平衡性	修理风机
	通风机不平衡		检查风机的平衡性	修理风机
	紧固部位松弛		检查各紧固部位	拧紧
	涡旋压缩机反转		检查压缩机	调换相序
低压压力过低	制冷剂泄漏		压缩机电流小	修理制冷系统
	吸入空气温度太低		蒸发器结霜	充入制冷剂
	风量不足		见"风量小"项	见"风量小"项
	低压管路堵塞		检查	排除
	蒸发器翅片积满灰尘		检查	清扫
高压压力过高	冷凝器脏		检查冷凝器	清扫
	制冷剂充注过多		电流过大	少量排放制冷剂
	冷凝风机反转		检查	调整相序
	排气管段堵塞		检查	排除
	冷凝风机不转	电机烧损	检查	更换电机
		电机的球轴承损伤	测定线圈电阻	更换电机球轴承
	空气或不凝性气体混入系统中		检查	排除
漏水	回风口漏水	排水口堵塞	检查	清扫
		安装不良导致风口密封垫处渗水	检查	正确安装
		机组顶部密封胶条破损或保温材料破损	检查	更换易损件
	出风口漏水		滴水盘脏堵	清洗蒸发器及滴水盘水道，排清积水
	风道内凝露形成水珠，从出风口吹出		检查	清扫

任务四　电动汽车故障维修典型案例

引言

　　电动汽车的故障多种多样，和传统汽车的故障部位因结构的不同有相对较大的差别，诊断电动汽车的故障可以在传统汽车的基础上，在掌握电动汽车相应结构的情况下进行相应的诊断与检测，以期达到快速排除故障的目的。

学习目标

1. 了解电动汽车常见的故障现象。
2. 掌握电动汽车故障诊断的思路及排除方法。
3. 掌握电动汽车故障诊断与排除方法的独特性。

4.1 普锐斯电动汽车电动空调系统工作不正常

故障现象 一辆 2008 年款普锐斯电动汽车，行驶里程为 2 万千米，接通空调开关后制冷系统工作正常，有冷风从出风口吹出，但工作一会儿后，冷风的温度较设置的要低；将空调开关断开，停一会儿再接通，制冷系统又可正常工作一段时间，接着又重复上述故障现象。

故障诊断 打开发动机室盖，通过观察发现低压管路上有一层霜，断开空调开关并停一会儿后，霜会消失。该故障现象主要是由制冷量过大引起的，其原因可能是电动变频压缩机、蒸发器表面温度传感器、室内温度传感器、室外温度传感器或空气混合风门等故障。用故障检测仪读取故障码，故障码为 B1413——蒸发器表面温度传感器电路故障。检查蒸发器表面温度传感器电路，没有问题；检测蒸发器表面温度传感器电阻，电阻偏小，说明该传感器已损坏。

故障排除 更换蒸发器表面温度传感器后，故障排除。

故障总结 全电动空调系统与传统的空调系统相比较，更加高效和节能，但在控制与维修方面变得更加复杂，需要全面深入地了解和掌握全电动空调系统的控制原理与故障诊断方法，充分利用全电动空调系统的故障自诊断功能，才能排除故障。

4.2 江淮电动汽车挂倒挡仪表盘上不显示，车不行驶

故障现象 一辆江淮 2012 年产第二代纯电动汽车，搭载永磁直流无刷电机，额定功率为 11kW，行驶里程为 130km。采用磷酸铁锂动力电池，额定电压为 320V，总容量为 50A·h，总能量为 15.2kW·h。该车挂倒挡后仪表盘上面的"R"不显示，且踩下油门踏板时车也不动。

故障诊断 江淮纯电动汽车的控制原理如图 6-19 所示。首先对故障现象进行测试：汽车在挂 D 挡的时候，汽车的仪表盘上面能够正常显示"D"，并且踩下加速踏板的时候汽车也能够正常行驶。当挂 R 挡时，汽车仪表盘上面没有显示"R"，踩下加速踏板时也不会行驶。

正常情况下，当汽车的点火钥匙接通时，汽车仪表盘会依次显示车辆所行驶的累积里程、电量值、小计里程、电压、电流、电机状态以及故障信息等。根据现象表现，初步判断故障可能是电机位置或倒挡位置的传感器损坏；驱动电机、驱动电机控制器损坏；加速踏板位置传感器、仪表控制单元损坏，最后则有可能是相应的线路故障。

一般通过显示屏上面显示的 6 位数字能够读取车辆的相关部件工作状况以及故障信息，但车主并未携带车辆的故障信息对照表。正常情况下，汽车的电机运转，需要电机控制器正

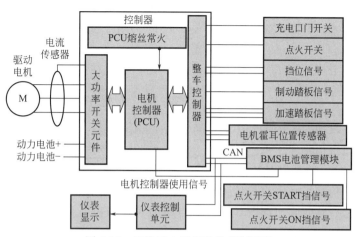

图 6-19　江淮纯电动汽车的控制原理

常工作并控制电机运转，必须在电机位置传感器、加速踏板位置传感器、挡位位置传感器以及仪表显示信息控制单元全都正常的情况下，电机控制器才能够正常工作，该车在挂 D 挡时能正常行驶，说明电机位置传感器、加速踏板位置传感器、挡位位置传感器以及仪表显示信息控制单元这四个部位都没有问题，可以排除。

检测传感器与电机控制器之间的线路导通性是否正常，经检测发现导通性没有问题，接着检查倒挡位置传感器。检查过程中，先将车辆启动，再将挡位分别调到 D 挡与 R 挡，然后采用示波器对电机控制器进行检查，观察示波器在调到 D 挡时的波形以及调到 R 挡时的波形，对比两个波形发现并没有差别，从而可以确定倒挡位置传感器到电机控制器之间是没有故障的。

接下来开始对传感器到仪表控制单元之间位置进行检查，观察倒挡位置传感器是否能够将相应的信号传递到控制单元，通过检测发现，倒挡位置传感器到仪表控制单元之间的电压非常低，正常情况下电压应该是 0.1V，而此时则只有 0.049V。因此可以先确定故障出现在倒挡位置传感器上，

故障排除　更换倒挡传感器后，故障排除，倒挡时仪表盘正常显示"R"，且能够正常行驶。

故障总结　该车倒挡位置传感器属于线控传感技术，通过线控技术能够将挡位与电机之间的信息传递转换成数字信息传递，进而提升了控制性能。当挡位传感器传出的信号电压过低时，仪表控制单元会将其当作低电平处理，仪表控制单元传递给电机控制器的信号为空挡，这样电机控制器也就不会控制电机运转，进而造成故障出现。

4.3　轮毂驱动式纯电动汽车动力不足

故障现象　有一辆科研用轮毂驱动式纯电动汽车，在行驶中突然动力下降，无法提供足够动力来满足急加速、爬坡等大负荷工况需要。

故障诊断　重新装配电机后，装车测试发现右后轮电机仍然不转，但是用手可以轻松地转动右后轮，说明现在故障已经不在电机定子线圈本身。

由于电机控制器受电机霍尔传感器信号控制来给电机定子线圈分配电压，如果霍尔传感器失效，则控制器无法工作，于是接下来检测右后轮电机的霍尔传感器。将启动

开关转到"ON"位置，举升车辆，用手转动车轮，再用示波器测量 3 个霍尔传感器的信号端输出波形，发现均未输出控制信号，所以判断右后轮电机的 3 个霍尔传感器全部损坏。

故障分析　该电机用的 3 个霍尔传感器均为 41F 双极性霍尔传感器，电源电压范围为 4.5～24V，工作温度范围为 -40～150℃，有 3 个针脚，分别是 5V 供电、搭铁和信号端。3 个霍尔传感器组成的霍尔传感器组有 5 根线，红色为 5V 供电线，黑色为搭铁线，黄色、绿色和蓝色为 3 根信号线。由于霍尔传感器的 5 根线和电机的 3 根供电线是包在一起的，根据前面线束检查结果可以推断，由于霍尔传感器组的供电线绝缘层熔化，致使 5V 供电线碰到电机的 120V 供电线，导致霍尔传感器组上的 3 个霍尔传感器损坏。

故障排除　在更换了 3 个霍尔传感器后，重新组装电机并安装到位，用示波器测量该电机霍尔传感器信号，均正常，如图 6-20 所示。踩下加速踏板后右后电机能够正常工作。

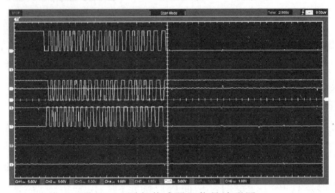

图 6-20　霍尔传感器组信号波形图

4.4　电动客车在某充电架下充电困难

故障现象　金华青年汽车制造有限公司生产的 JNP6123BEV 型纯电动客车，车辆在某充电架下充电困难，需要移动多次位置才能正常充电，而在其他充电架下可以顺利充电。乍一看应该是充电架的问题，但奇怪的是，其他车辆可以在该充电架下顺利充电。

图 6-21　充电架下方铺有铁板

故障诊断　到充电架现场检查，发现由于充电架下方的路面不平整，该车队将 5cm 厚的铁板铺在了充电架下方（图 6-21）。检查充电架，发现充电架内侧的充电条上有很多碰电引起的电渣（图 6-22）；检查该车受电弓支架，发现内侧高压炭滑板支架的活动球节松动（图 6-23）。由于充电架内侧停放位置偏低，加之内侧高压炭滑板支架的活动球节松动，使内侧高压炭滑板与充电架接触不良，BMS 无法检测充电信号，以致车辆无法充电。

故障排除　清理充电架充电条上的电渣，更换内侧高压炭滑板支架的活动球节，并将内侧高压炭滑板支架适当调高后试车，车辆顺利充电，故障排除。

图 6-22　充电架内侧的充电条上有很多电渣

图 6-23　内侧高压炭滑板支架的活动球节松动

4.5　江淮同悦纯电动车无法启动

故障现象　一辆江淮同悦 IEV3 车，行驶里程为 2.5 万千米，因车辆无法启动而请求求援。

故障诊断　维修人员赶赴现场后试车，发现车辆确实无法启动，仪表盘上电池报警灯点亮。

根据上述故障现象，怀疑高压部分存在故障，电池管理系统（BMS）切断了高压，驱动电机无法供电，导致车辆无法行驶。分析可知，造成电池报警灯点亮的原因有很多，如电池单体自放电压差大、电池管理系统故障、绝缘故障和高压互锁故障等。

用监测程序进入 BMS 查看，发现总电压对应的 SOC（动力电池荷电状态）存在差异。按下后备厢电池组的维修开关，断开高压主线束与动力电池的连接，故障现象依然存在，说明问题出现在电池组内部。

故障排除　根据先电池单体、后电池整体的原则进行检查，发现该车电池组单体存在欠压故障，更换电池组总成后试车，故障排除。

故障小结　对于电池报警灯点亮的故障，排查时应用监测程序进入 BMS，查看总电压对应的 SOC（动力电池荷电状态）是否存在差异，如果有差异，说明故障确实存在，可以通过切断高压主线束与动力电池的连接的方法判断具体故障部位。如果切断高压主线束与动力电池的连接后故障消失，说明问题出在高压电池组外部，可根据从后往前查的原则（用兆欧表从动力电池组总正端与总负端向前舱方向排查高压系统的绝缘情况）进行排查；若切断高压主线束与动力电池的连接后故障依然存在，则说明问题出现在电池内部，则根据先电池单体，后电池整体的原则进一步检查，且只能通过更换电池组单体模块或电池组总成来解决。

4.6　2013 年荣威 E50 纯电动汽车馈电故障

故障现象　一辆型号为 CSA7000BEV 荣威 E50 纯电动汽车，功率为 28kW，VIN 为 LSJE12837DS××××××，行驶里程为 10052km。客户报修车辆无电，利用备用电源进行紧急处理，车辆能够正常上电，"ready" 灯亮。

故障诊断　接车后确认现象与客户反映情况一致。施救到站后，了解到此车出现过多次同样的现象。调取以往的维修记录查询，曾经更换过蓄电池及左前门锁块。

　　由于此车漏电，蓄电池馈电非常严重，所以重新找了同型号（55B24L，12V、45Ah）、电压充足的蓄电池，用万用表电流20A挡进行测试。步骤如下：关闭起止开关→断开蓄电池负极端→串联万用表→确保所有车门关闭及上锁→打开万用表，测得结果如下。

　　第一挡的休眠电流从880mA→630mA（相隔5s左右），如图6-24所示。

图6-24　休眠电流880mA→630mA

　　第二挡的休眠电流从630mA→310mA（相隔10s左右），如图6-25所示。

图6-25　休眠电流630mA→310mA

　　第三挡的休眠电流从310mA→120mA（相隔10s左右），如图6-26所示。

图6-26　休眠电流310mA→120mA

第四挡的休眠电流从 120mA→60mA（相隔 5s 左右），如图 6-27 所示。

图 6-27　休眠电流 120mA→60mA

第五挡是彻底休眠时，最终数值为万用表显示 10mA 平均值，如图 6-28 所示。

在进入彻底休眠后，大概过 40min 左右，从 10mA→60mA 间隔 4 次来回跳动，过 5min 左右上升到 120mA，10min 过后下降至 10mA，同样过了这些时间后又重复一次相同的过程出现。

这种情况是由于 T-BOX 的终端服务器在不停地采集此车的相关信息和数据，所以会导致电流有规律变化，属于正常现象。

如果按上述情况，此车的休眠电流应该是不存在任何问题的。但事实上确实存在着漏电现象，把车停了一天用蓄电池测试仪测得电压数据为 7.4V，测试前为 12.5V。原因或许只有一个，在测试时故障恰好没有显现，所以无法测到故障发生时的真实数据。

图 6-28　休眠电流 10mA

细想一下，在车间维修工位上接万用表测试，当时没发现任何漏电现象，哪怕停上几天也还是有电，能正常地启动。然而将车放在停车场一天就会没电，这之间有什么区别和关键问题被疏忽呢？车间和停车场之间的唯一区别是：在车间测试是静态的，而从车间到停车场

图 6-29　故障电流

的一段路是动态的，难道问题出在由静态转变为动态的过程中而产生的故障？先前测试的都是车辆静态时的数据，而动态休眠电流测试从严格意义来讲只是一个正常的启动→行驶→熄火→拔钥匙的工作循环，但是在这个工作循环的中间是没有断电因素存在的。而一般情况下技师在万用表测试休眠电流时，按操作规程都会断电后串联电流表。两者看似无多大的差别，但在以模块化信息数据交换的车辆中有一定的区别。

就上述想法调整测试步骤：串接万用表→接蓄电池负极→启动车辆→行驶→关闭起止开关→锁门→拔开负极桩（此时车辆为不断电）。在此情况下测得的数据如图 6-29 所

示：锁住车门后始终保持在 880mA 的休眠电流，故障彻底显现。

故障排除 既然此故障能始终保持在 880mA 的休眠电流，因此采取插拔电源熔丝的方法快速检查故障部位。当拔到 EF9（15A）时发现电流急剧下降，但最终定格在 210mA，也没有达到标准的休眠电流不大于 60mA。但相比 880mA 来说下降了 2/3，说明对此故障必定与此有关联但并不是最终的故障点。然后继续检测过程，在拔掉乘客侧熔丝 IF5（15A）T-BOX 时，电流马上下降至 10mA 或更低。

此时故障部位基本可以确认，是由于 T-BOX 而导致漏电。插上熔丝，拔掉 T-BOX 插头。T-BOX 插头 BY188 有九根线：一根电源 30 常电源线、一根 15 电源线（均为 12V，正常）；四根 CAN 线［两根 CAN、两根 CAN1（均为 1.4V 和 2.4V，正常）］；两根搭铁线；一根到安全气囊线碰撞信号线（远程终端接受碰撞信号）。

拔掉 T-BOX 插头几分钟，然后再重新插上，此时的电流表显示休眠电流正常 10mA；但再一次重新上电和下电时故障重现。此现象表明可能是 T-BOX 内部的通信数据模块出现问题，当内部的记忆电源彻底断电后重启，故障就恢复正常。

故障总结 在检修车辆漏电时，避免传统的串接电流表的测试方法，尽量使用电流钳去测量休眠电流，则能够在没有断电的情况下更合理和准确地呈现故障现象而少走弯路，避免走入误区。

4.7 江淮同悦 IEV 电动汽车无法充电

故障现象 一辆江淮同悦 IEV 第 2 代电动汽车，行驶里程为 4964km，客户节假日出行回来后发现停放的电动汽车存在无法充电现象，不能满足第二天上班行驶要求。

故障诊断 检查车辆随车充电线，正常；连接充电桩，车辆仪表中的充电指示灯不亮，钥匙打到"READY"位置，仪表指示均不亮，确实存在无法充电现象。进一步检查发现该车 12V 蓄电池亏电严重，检测电压仅为 5.6V，而同悦 IEV 电动汽车需要随车的 12V 蓄电池来唤醒充电器工作，如果蓄电池无电就无法唤醒充电器工作，电池组就不能正常充电，进而影响车辆使用，其充电控制策略如图 6-30 所示。

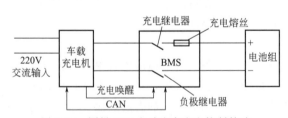

图 6-30 同悦 IEV 电动汽车充电控制策略

故障排除 现场首先对 12V 蓄电池进行快充，然后再对电池组充电，1h 后车辆仪表充电指示灯开始点亮，"乌龟灯"也点亮，表示车辆已进入正常充电状态。继续进行电池组充电后，可以点亮"READY"灯，车辆使用功能恢复正常。

故障总结 该车由于长时间放置停用，引起 12V 铅酸蓄电池亏电。同悦纯电动汽车具有两种电池：一种是磷酸铁锂动力电池，用于向驱动电机供电，电机驱动车辆行驶；另一种是 12V 铅酸蓄电池（即传统燃油汽车的铅酸蓄电池），布置在前舱，用于车上的前照灯、音响、喇叭等低压电气系统供电。在车辆运行过程中，12V 铅酸蓄电池的电量通过 DC/DC 转换器从动力电池组给铅酸蓄电池充电，保障低压用电设备工作。所以，长时间停用的纯电动汽车需要定期充电或干脆拆卸掉 12V 铅酸蓄电池的负极桩头。

为何原车 12V 铅酸蓄电池会影响高压电池组充电呢？同悦 IEV 车载充电系统的工作过程是在停车状态下 BMS 才允许充电，充电机连接 220V 电源后开始工作。充电机工作后会往广播地址发报文，仪表检测到充电机的报文后会把充电连接指示灯点亮，给出一个充电唤醒信号，BMS 收到唤醒信号后开始进入充电模式；充电回路接通后充电机开始给电池充电，电流不断增大；同时充电机会不断地往广播地址报告输出电流，仪表收到报文后，当电流大于 1A 时仪表点亮充电标志信号灯。

4.8　江淮同悦纯电动汽车无法充电

故障现象　一辆江淮同悦 IEV 第 2 代电动汽车，行驶里程约为 5000km，因车辆无法充电而报修。

故障诊断　接车后试车验证故障现象，确认充电线路连接可靠后，观察仪表盘上的指示灯，发现充电线连接指示灯和电池组充电指示灯均不亮。

查阅相关资料可知，电池管理系统（BMS）在停车状态下才允许充电系统工作。待车辆停稳，并连接充电电源后，车载充电器准备开始工作，此时会通过 CAN 通信模块经 CAN 网络发送工作请求，仪表控制模块在得到车载充电器的请求后会控制充电连接指示灯点亮，同时给出一个充电唤醒信号，BMS 在收到唤醒信号后即开始进入充电模式，充电回路接通，车载充电器开始给高压电池组充电，电流不断增大，充电器不断地向 CAN 网络发送信号汇报充电电流数据，当仪表控制模块收到充电电流大于 1A 的信号后，控制电池组充电指示灯点亮。

根据上述资料并结合故障现象进行分析，怀疑车载充电器存在故障。用万用表测量车载充电器后部的四端子连接器上 CAN-H 和 CAN-L 间的电压为 0，判断车载充电器的 CAN 通信模块存在故障。

故障排除　尝试更换车载充电器（图 6-31）后，再次给车辆进行充电操作，故障排除。

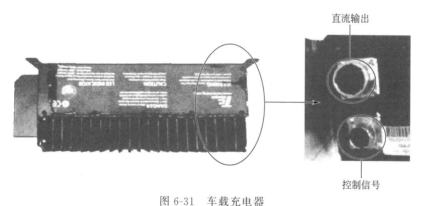

直流输出

控制信号

图 6-31　车载充电器

故障小结　在对车辆无法充电的故障现象进行诊断时，应首先观察仪表盘上的充电线连接指示灯和电池组充电指示灯。如果充电线连接指示灯和电池组充电指示灯均不亮，且排除充电线路存在故障的可能后，用万用表测量车载充电器后部 4 端子导线连接器 CAN-H 和 CAN-L 之间的电压，正常值应为 0.3～0.5V，否则可判定为车载充电器 CAN 通信模块故障，需更换车载充电器。

如果充电线连接指示灯点亮，电池组充电指示灯却不亮，则应重点对高压接线盒内部的熔丝和继电器进行检查。在排除高压接线盒内部存在问题的可能后，则需更换车载充电器。

值得一提的是，江淮同悦纯电动车需要车载 12V 铅酸蓄电池来唤醒充电系统工作，如果蓄电池亏电，充电系统将无法被唤醒，高压电池组就不能正常充电。因此，车辆如需长时间停放，则应断开 12V 铅酸蓄电池的负极电缆，从而避免亏电。

4.9 比亚迪 E6 纯电动汽车无法充电

故障现象 一辆 2012 年产比亚迪 E6 纯电动汽车，累计行驶里程约为 5.2 万千米。车主反映该车使用便携式 220V 交流充电器正常连接成功后，仪表的充电指示灯点亮，但充电一段时间后剩余电量没变化，无法充电，未见其他明显故障。

故障诊断 根据车主的描述，确认预约充电功能处于关闭状态，分别对车辆进行快、慢充充电，以判断故障是在电控线路还是机械设备故障。

进行直流快充充电，确认充电枪与直流充电口连接完好，仪表的充电连接指示灯亮，仪表有相应的充电时间、电流和电量等信息显示，表明快充系统完好，没有故障存在。进行慢充充电，确认交流充电枪与交流充电口连接完好，仪表的充电连接指示灯点亮，但仪表没有任何信息显示，且未听到车载充电器正常工作的响声（正常充电工作时伴有风扇旋转散热的响声），更换便携式 220V 交流充电器后，故障依旧，据此可判断慢充系统发生故障。

查阅比亚迪 E6 纯电动汽车的维修手册，慢充电系统的结构如图 6-32 所示。比亚迪 E6 纯电动汽车慢充电流程为：正确连接充电枪→提供充电感应信号（CC）→车载提供 DC 12V 电压→BMS 和车载报文交互→BMS 吸合车载充电接触器→充电成功。根据以上的慢充充电流程，可以排除车载充电器存在故障的可能，认为故障点发生在交流充电口至动力电池组之间。

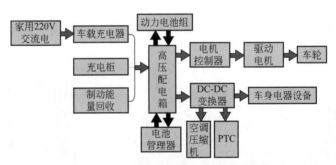

图 6-32 比亚迪 E6 车慢充电系统的结构

使用比亚迪汽车专用 ED400 故障检测仪读取故障码和车载充电器的数据流，无故障码存储，相关数据流也正常，由此可得出车载充电器未发生故障。检测配电箱内部的慢充继电器（电阻为 49.2Ω，正常值为 48.0～52.0Ω，符合技术要求）及相关熔丝，外加 12V 电压后能闭合导通，未见异常。据此可得出故障点是发生在电控线路系统中。查阅比亚迪 E6 纯电动汽车维修手册关于车载慢充系统的控制电路（图 6-33），在比亚迪 E6 纯电动汽车的车载交流充电系统中，电控部分主要由车载充电感应信号（CC）、充电控制确认信号（CP）及 CAN 网络构成。因充电感应信号（CC）是电池管理器（BMS）和车载充电器信息交互的控制线，而充电控制确认信号（CP）串联了车载充电器（相关控制线路如图 6-34 所示），故需对其进行分别检测。

首先在未充电的情况下，断开高压维修开关，等待 5min 后对交流充电口的充电控制确认信号（CP）进行检测，测量 CP-PE 间的电阻为 0.58MΩ（正常值为 0.5～0.6MΩ），与理

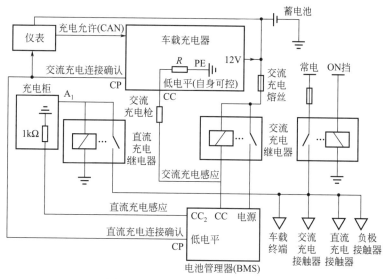

图 6-33　车载慢充系统的控制电路

论值较接近，符合技术要求，说明车载充电器内部连接 CP 信号端的二极管并未损坏，不存在故障；根据图 6-34 测量端子 K50-4 与车身搭铁间的电压，为 11.66V，正常；测量端子 M33-4 与车身搭铁间的电压，为 11.69V，正常；测量端子 K50-4 与端子 M33-4 之间的电阻，为 0.3Ω，正常；结合充电指示灯点亮，认为充电控制确认信号线（CP）无故障。

接通至 ON 位，对充电感应信号（CC）控制线进行检测。使用万用表的欧姆挡测量端子

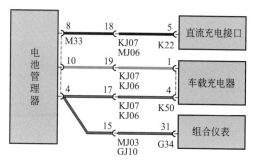

图 6-34　电池管理器控制线路

K50-1 与端子 M33-10 间的电阻，为 0.6Ω，正常；使用万用表的电压挡测量端子 M33-10 与车身搭铁间的电压，为 0.2V，而正常值约为 12V；测量端子 K50-1 与车身搭铁间的电压，为 0.32V，正常，由此可判断端子 K50-1 与端子 M33-10 之间的线路存在故障。为了进一步确定故障点，缩小故障范围，笔者通过对车载充电器进行充电测试，车载充电器与电池管理器间的电压、电阻关系如表 6-7 所列。在确认交流充电口连接成功且仪表充电指示灯点亮后（此时车载充电器还处于不工作状态），用万用表的电压挡测量端子 M33-10 与车身搭铁间的电压，为 0.77V；测量端子 M33-10 与端子 KJ07-19 之间的电压，也为 0.77V。由此可判断充电感应信号（CC）控制线发生搭铁故障。

表 6-7　车载充电器与电池管理器间的电压、电阻关系

连接端子	端子描述	线色	条件	正常值
端子 M33-10 与车身搭铁	充电感应信号	Y	充电	小于 1V
端子 M33-10 与车身搭铁	充电感应信号	Y	点火开关置于 ON 位	约 12V
端子 M33-4 与车身搭铁	充电控制确认信号	R/Y	充电	小于 1V
端子 M33-4 与车身搭铁	充电控制确认信号	R/Y	点火开关置于 ON 位	约 12V
端子 K50-1 与端子 M33-10	充电感应信号线	R、R/Y	始终	小于 1Ω

连接端子	端子描述	线色	条件	正常值
端子 K50-4 与端子 M33-4	充电控制确认信号线	R、R/Y	始终	小于 1Ω
端子 K50-4 与车身搭铁	充电控制确认信号	R	充电	小于 1V
端子 K50-4 与车身搭铁	充电控制确认信号	R	点火开关置于 ON 位	约 12V

拆开后备厢保护侧盖，检查连接车载充电器和电池管理器（BMS）的线束连接器 KJ07（MJ06），发现离连接器 KJ07 不足 7cm 的线束被改装音响箱体挤压（已压扁），线束保护层已裂开。拆下音响箱体，拨开线束，裸露的充电感应信号（CC）控制线已搭在车架上，造成搭铁现象。当进行慢充充电时，由电池管理器（BMS）发送的充电感应信号无法传递给车载充电器，从而造成车载充电器无法输出高压电，即无法充电。

故障排除 用绝缘胶布把充电感应信号控制线破损搭铁处包扎好，使其恢复传递信号功能，接着对该车进行慢充充电，仪表有相应的充电时间、电流和电量等信息显示，无法充电故障彻底排除。

Project 7 项目七
典型电动汽车车型构造检修

 任务一 大众 e-up 电动汽车

引言

e-up 车型是大众推出的首款纯电动汽车，它基于大众小型汽车 up 打造。除了采用完全不同的动力系统外，e-up 车型在车身结构、空调系统、制动及转向系统等方面，均与普通 up 车型有或多或少的不同。

学习目标

1. 掌握 e-up 车型高压系统的结构。
2. 掌握 e-up 车型变速器、冷却系统及电气系统的结构。
3. 掌握 e-up 车型车身与底盘、制动系统及空调系统的结构。

1.1 高压系统

e-up 车型的高压系统包括一个三相交流驱动电机 VX54、1 挡变速器 0CZ、功率控制装置 JX1、高压蓄电池 AX2 及充电插座等，这些组件的安装位置如图 7-1 所示。

图 7-1

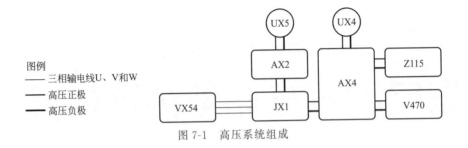

图 7-1　高压系统组成

1.1.1　三相驱动电机总成 VX54

驱动电机总成包括牵引电机 V141、电机温度传感器 G712、电机转子位置传感器 G713。铝合金壳体上设置有冷却液接口和三相电源接口（图 7-2）。牵引电机 V141 的最大功率为 60kW，最大扭矩为 210N·m，最大转速为 $1.2 \times 10^4 r/min$（图 7-3）。电机定子的每个相位包括 5 个线圈，转子包括 5 个磁极对，由此产生出色的响应特性和高效率。该电机在不提供牵引力时，还具有发电机的功能。

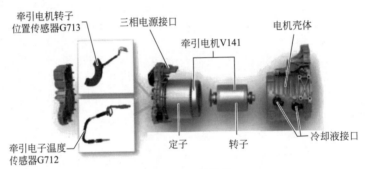

图 7-2　电机的结构

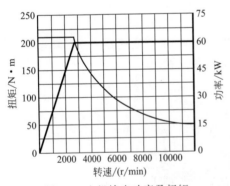

图 7-3　电机输出功率及扭矩

电机温度传感器 G712 是一个负温度系数传感器，用来监测定子内的线圈温度，并与功率控制装置 JX1 直接连接。当核心温度超出 150℃时，系统将限制功率输出，直至完全关闭牵引电机 V141。电机转子位置传感器 G713 位于三相驱动电机总成 VX54 的右上方，同样与功率控制装置 JX1 直接连接。如果这 2 个传感器失灵，车辆将无法行驶。

1.1.2　高压蓄电池 AX2

高压蓄电池为车辆行驶提供电能，它由 204 个锂离子电池组组成，额定电压为 374V，容量为 50A·h，标称能量为 18.7kW·h，总质量为 230kg。高压蓄电池安装在车辆底板上（图 7-4），可以获得更低的重心和出色的重量分配，其工作温度为 −30～50℃，超出这一温度范围会造成功率下降甚至完全切断。高压蓄电池为防水型设计，外部采用密封结构，打开保养盖才可以接触到蓄电池电量管理控制单元 J840。高压蓄电池的壳体分为上、下两部分，上部壳体为塑料材质，为了保证电磁兼容性而包有一层铝，其中还包含有稳压元件。下部壳体为金属材质，其中包括电池组固定导轨和碰撞横梁。两部分壳体采用螺栓连接和粘接的方式连接到一起，应进行密封性检查，以确保不会出现水或气体泄漏的情况。通过与车辆相连的 2 条接地连接，实现壳体对车辆的电位均衡。

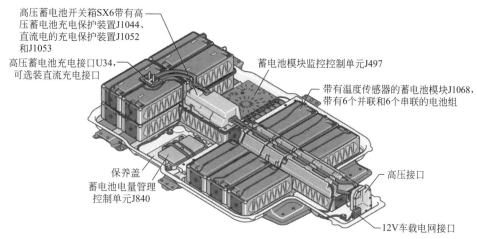

高压蓄电池开关箱SX6带有高压蓄电池充电保护装置J1044、直流电的充电保护装置J1052和J1053

高压蓄电池充电接口U34，可选装直流充电接口

蓄电池模块监控控制单元J497

带有温度传感器的蓄电池模块J1068，带有6个并联和6个串联的电池组

保养盖

蓄电池电量管理控制单元J840

高压接口

12V车载电网接口

图 7-4　高压蓄电池及安装位置

蓄电池模块监控控制单元 J497 负责监控各个电池组的电压、温度和充电状态，并将所有信息都发送到蓄电池电量管理控制单元 J840。对充电状态的控制尤其重要，当所有电池组都具有相同的充电状态时，高压蓄电池才能达到最大容量。J497 会将已充满电的电池组的电量释放到内部电阻上，以使所有电池组都具有相同的电压水平。

1.1.3　功率控制装置 JX1

功率控制装置用于控制高压蓄电池 AX2 到三相驱动电机总成 VX54 间的能量流，同时也可以为 12V 车载电网蓄电池供电。该装置安装在发动机舱内的右前方。

1.2　变速器

e-up 车型配备了一个 2 挡变速器 0CZ，如图 7-5 所示，挡位的传动比分为 1.577（主动齿轮 26 齿，从动齿轮 41 齿）和 5.176（主动齿轮 17 齿，从动齿轮 88 齿）两个阶段。该变速器的最大输入扭矩为 210N·m，最大输入转速为 1.2×10^4 r/min，在整个转速范围内都能够保持低的噪声。变速器的润滑油容量为 0.7L，含油在内的变速器总重约 16.3kg。变速器和三相驱动电机 VX54 构成了一个整体，其总质量约为 76kg。

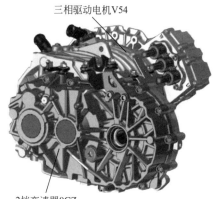

三相驱动电机V54

2挡变速器0CZ

图 7-5　2 挡变速器

1.2.1　变速器机械装置

如图 7-6 所示，驱动轴通过花键与三相电流驱动装置的转子轴 VX54 相连接，通过转动的转子轴对驱动轴进行驱动。通过齿轮 Z_1 和 Z_2 将动力传递到传动轴上。通过齿轮 Z_3 和 Z_4 将动力从传动轴传递到主减速器，并从主减速器继续传递至车轮。

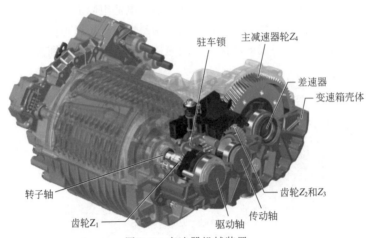

图 7-6　变速器机械装置

1.2.2　驻车锁

驻车锁与驱动轴固定连接如图 7-7 所示。驻车锁机械装置固定在变速箱壳体内。在高速行驶时，棘爪可避免发生卡止的情况。当车速低于 5km/h 时，棘爪会持续卡入驻车锁齿轮中。发动机壳体内的止挡缓冲块起到挡块和消音器的作用。

1.2.3　变速器和发动机壳体内的润滑油循环回路

通过变速器和发动机壳体侧带有三个孔的专用油盘和壳体内的两个通道，实现对驱动轴、传动轴和主减速器三个轴承的润滑工作，如图 7-8 所示。

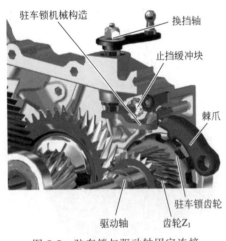

图 7-7　驻车锁与驱动轴固定连接

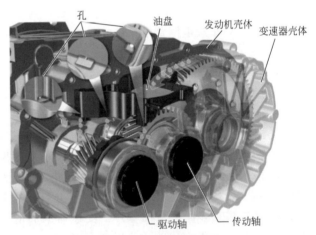

图 7-8　变速器润滑油路

转动的主减速器如同水磨叶轮，将润滑油输送到油盘中。润滑油从那里通过一个孔，有针对性地滴落到驱动轴和传动轴的两个轴承上。润滑油直接通过一条铸造成形的通道对变速箱盖内的主减速器轴承进行润滑。

1.2.4　选挡杆 E313

1 挡变速箱 0CZ 和选挡杆 E313（图 7-9）通过一条拉索彼此连接。这个机械连接只用于驻车锁操纵装置，可以像平常那样进行调整。针对左置和右置方向盘的车辆，提供两种不同长度的选挡杆拉索。

注：D1、D2 和 D3 表示在滑行状态下挂入能量回收挡后，可增加制动扭矩。B 表示制动能量回收，是进行能量回收的最高挡位，也称为"Brake"。通过向左、向右（D_1、D_2、D_3）或后方（B）轻按切换到各个能量回收挡位。如果在任意的能量回收挡位上将选挡杆 E313 向右并保持超过 1s 的时间，将重新切换到行驶 D 挡。

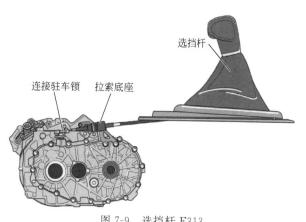

图 7-9　选挡杆 E313

1.2.4.1　结构

在选挡杆 E313 的壳体内安装有选挡杆的机械和电子组件，如图 7-10 所示，选挡杆锁的磁铁 N110 能够在锁销凹槽 P/N 中锁止选挡杆 E313。如果选挡杆 E313 位于位置 P，则磁铁锁住选挡杆，不通电。如果位于位置 N，则磁铁将选挡杆锁止在通电状态下。

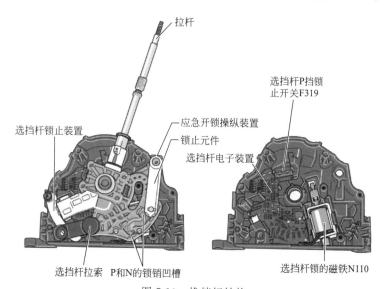

图 7-10　换挡杆结构

1.2.4.2　功能

如果选挡杆向前、向后或向右、向左移动，则永磁铁在霍尔传感器上方经过，传感器记录选挡杆的位置并将此信息传输给发动机控制单元 J623。黄色区域内的霍尔传感器记录选挡杆 E313 的纵向运动。红色区域内的霍尔传感器记录选挡杆 E313 的横向运动。选挡杆 E313 的横向移动，是通过一个转向机械装置以选挡杆电子装置永磁铁的前后移动来实现的，如图 7-11 所示。

1.2.4.3　从位置 P 紧急解锁

如果选挡杆锁 N110 的磁铁失灵，则无法从位置 P 中松开，为了在这种情况下松开驻车锁，需要执行下述操作。在拆开部分选挡杆盖板后，可以看到用于紧急解锁的机械装置，如

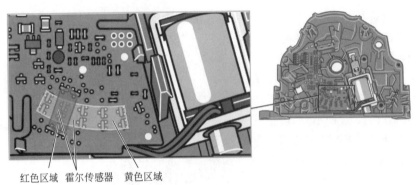

红色区域　霍尔传感器　黄色区域

图 7-11　选挡杆内部结构

图 7-12 所示。用一个通用的螺丝刀对紧急解锁的机械装置实施操作。将螺丝刀沿行驶方向向后翻转，同时必须按下选挡杆上的按钮，将选挡杆 E313 挂入位置 N。

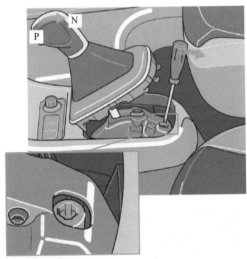

图 7-12　紧急解锁的机械装置

1.2.4.4　行驶准备就绪

为了将选挡杆从位置 P 移出，必须满足如图 7-13 和图 7-14 所示的条件。

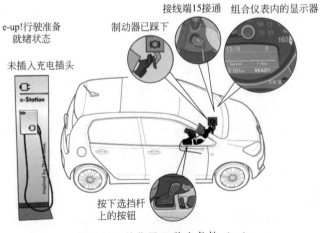

图 7-13　从位置 P 移出条件（一）

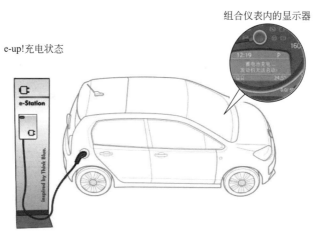

组合仪表内的显示器

e-up!充电状态

图 7-14　从位置 P 移出条件（二）

1.3　冷却系统

冷却系统如图 7-15 所示，由发动机控制单元 J623 进行监控和调节，用来对三相驱动电机总成 VX54、高压蓄电池充电器 AX4 及功率控制装置 JX1 进行冷却，防止过高的温度使敏感部件受损。冷却液的最高温度为 65℃。

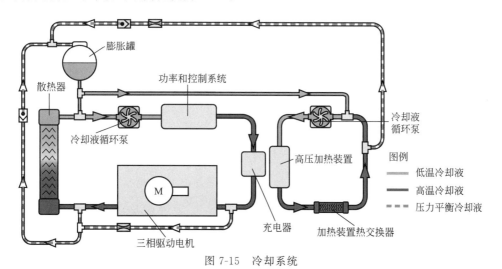

膨胀罐

散热器

功率和控制系统

冷却液循环泵

冷却液循环泵

高压加热装置

图例

低温冷却液
高温冷却液
压力平衡冷却液

M

充电器

加热装置热交换器

三相驱动电机

图 7-15　冷却系统

1.4　电气系统

1.4.1　车载网络

e-up 车型车载网络拓扑图如图 7-16 所示。由于驱动系统控制单元的数量有所增加，因此e-up 车型在驱动系统 CAN 数据总线之外，额外采用了混合动力系统 CAN 数据总线。但混合动力系统 CAN 数据总线并没有连接网关，属于子总线，仅用于各个高压组件之间的通信。

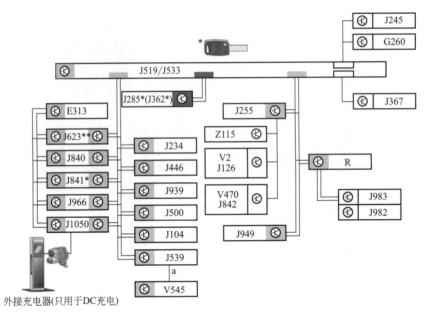

图 7-16　e-up 车型车载网络拓扑图

外接充电器(只用于DC充电)

此外，e-up 车型的组合仪表与普通的 up 车型不同，它通过自己的组合仪表 CAN 数据总线与车辆网络相连。为增加 e-up 车型的防盗功能，已经将所有的防盗锁止系统元件从第 4 代升级到第 5 代。防盗锁止系统控制单元 J362 集成在组合仪表控制单元 J285 中，形成主单元，可以控制防盗锁止系统的副单元。

1.4.2　组合仪表

e-up 车型的组合仪表基于甲壳虫车型的 High Line 型组合仪表（图 7-17），但是对显示仪表和多功能显示屏 MFA 进行了专门改动。除了中间的模拟式车速显示器之外，蓄电池充电状态和百分比功率显示（电力表）也采用模拟式。多功能显示屏中的"READY"表示行驶准备就绪状态，此外还可显示以下信息：行驶里程、瞬间耗电量、平均耗电量、充电过程信息、驾驶模式选择及目前可用的功率。

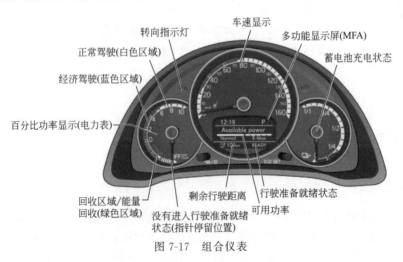

图 7-17　组合仪表

1.4.3 充电方式

e-up 车型配备了 2 种充电接口，因此可使用 2 种方式充电，即交流电（AC）充电和直流电（DC）充电。但实际上，充电时为高压蓄电池加载的都是直流电。如果使用交流电充电，系统会使用发动机舱内的高压蓄电池充电器 AX4 将交流电转换为直流电，并且它会将充电功率限制在 3.6kW 以下。如果使用直流电充电，则是通过高压蓄电池充电装置接口 U34 直接充电，最高功率可达 50kW。

1.5 车身与底盘

1.5.1 车身结构

e-up 车型的车身主要尺寸参数如图 7-18 所示。从 up 到 e-up 的发展也对车身结构产生了影响，为了安装高压蓄电池，对车辆底板中部以及内板进行了重新开发，以便为高压蓄电创造空间。由于对碰撞安全的极高要求，因此车身增加了热变形部件的使用比例，并且几何形状和材料质量（图 7-19）也有所变化。例如，由于特殊的碰撞要求，B 柱内部独立部件的几何形状和材料均进行了改进，以获得更高强度。为避免受到腐蚀和碰撞损坏，e-up 车型还装配了一个底板护板，该护板安装在高压蓄电池下半部壳体和纵梁上。

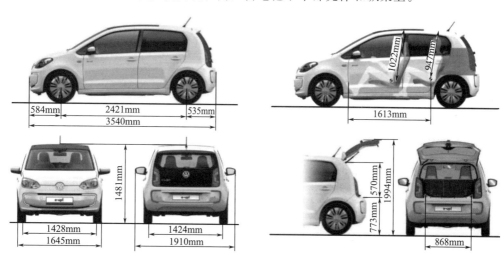

图 7-18 e-up 车型的车身主要尺寸参数

钢板强度
软钢板＜350MPa
高强度钢板＜590MPa
高级高强度钢板＜980MPa
超高强度钢板＜1150MPa
超高强度(热成形)钢板＞400MPa

图 7-19 车身材料

1.5.2 悬架、转向及制动系统

e-up 车型的前悬架为麦弗逊结构，后悬架为扭力梁结构；前轮采用盘式制动器，后轮采用鼓式制动器，这些均与普通版 up 车型相同。所不同的是，由于 e-up 车型没有传统的内燃机，无法提供真空助力，因此采用了电子机械式制动助力器，并配备了制动系统蓄压器。出于同样的原因，转向系统也采用了电控机械式助力转位系统。

1.5.3 声学措施

为提升车内人员的乘坐舒适性并降低变速器和周围环境的噪声传入，工程师对车辆的声学系统使用了一些额外的措施。这些措施在很大程度上是通过粘接隔音无纺布实现的，它们主要分布在两大区域，即车尾噪声区和前部车身。与普通 up 车型相比，e-up 车型还增加了后轮罩内板，并在前后轮罩内板内侧粘接有消声减振块。

1.6 空调系统

纯电动汽车的空调系统结构与传统内燃机的空调系统有很大不同，以 e-up 车型为例，其空调系统的主要部件包括电动空调压缩机 V470、高压加热装置 Z115 和可加热的挡风玻璃 Z2。空调系统网络图如图 7-20 所示。

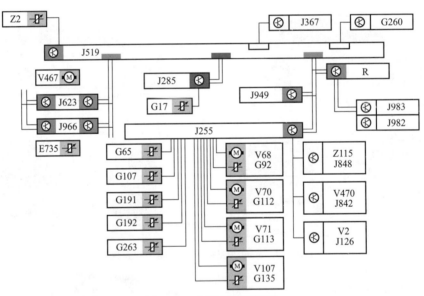

图 7-20　空调系统网络图

1.6.1 电动空调压缩机 V470

由于没有燃油发动机为压缩机提供动力，所以 e-up 车型采用了电动空调压缩机，如图 7-21 所示。它安装在电驱动装置的右前方，额定电压为 374V，转速为 800～8600r/min，功率消耗为 3.6kW，工作温度为－10～120℃，质量为 6kg，使用 LIN 总线与空调控制单元 J255 通信。该压缩机采用了涡旋式结构设计，压缩机由相互啮合的一条固定螺旋线和一条旋转螺旋线构成。旋转的螺旋线通过电机的偏心轮驱动并以圆形轨迹转动。通过这种偏心运

动，螺旋线形成多个逐渐变小的腔室，制冷剂 R134a 在这些腔室中被压缩。

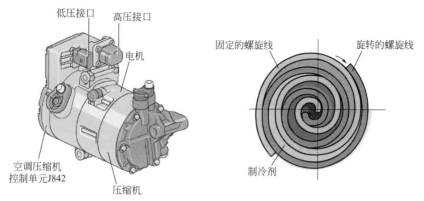

图 7-21　电动空调压缩机

1.6.2　高压加热装置 Z115

同样因为没有燃油发动机提供废热的缘故，所以 e-up 车型的暖风系统使用高压加热装置（图 7-22）来加热回路中的冷却液。该装置的功率为 5.5kW，输入电压为 180～374V，最大输入电流为 30A，通过一条高压线与高压电源相连，12V 接口则用来与空调控制单元 J255 进行通信。

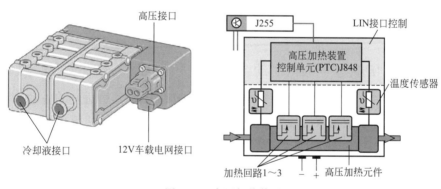

图 7-22　高压加热装置

空调控制单元 J255 通过 LIN 总线对高压加热装置进行控制，可在 0～100％ 的范围内提供所需热功率。冷却液的输入和输出口各有一个温度传感器进行测量。高压加热装置 Z115 具有 3 个加热回路，加热回路 1 和 2 通过脉宽调制信号 PWM 控制，加热回路 3 根据设置的挡位完全打开或关闭。

1.6.3　可加热的挡风玻璃 Z2

e-up 车型装配有可加热的挡风玻璃（图 7-23）。加热丝的矩形分布可保证整个玻璃表面不会出现雾化。有两种方式可以启动挡风玻璃的加热装置：通过加热开关 E180 手动启动，或者通过空调控制单元

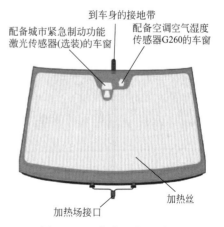

图 7-23　可加热的挡风玻璃

J255 自动控制。挡风玻璃四周没有密封条，而是粘接到框架上。如果带有滑动天窗，则框架的上部区域为唇形结构。搭铁带通过螺栓安装在车内照明灯下方的车身搭铁点上。

1.7 制动系统

如图 7-24 所示，e-up 车型的制动系统包括串联式制动主缸、车轮制动器、电子机械式制动助力器、ESC/ABS 系统、制动系统蓄压器和三相电流驱动装置。通过电子机械式制动助力器增强驾驶员施加的制动踏板力。

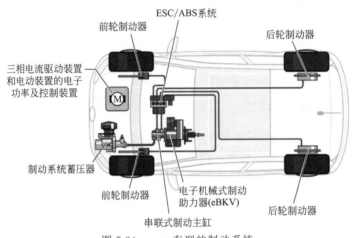

图 7-24　e-up 车型的制动系统

1.7.1 可实现制动能量回收的制动系统

可实现制动能量回收的制动系统是专为配备三相电流驱动装置的车辆而开发的。在发电机运行模式下，三相电流驱动装置会根据转速、高压蓄电池的温度及电量产生制动效果。这种相互关系会导致不稳定的电子制动，因此必要时需要通过液压进行补偿。e-up 车型最多可延迟 $3.5 \mathrm{m/s}^2$，由此回收的能量将提供给高压蓄电池电驱动装置的电子功率和控制系统。在驾驶员制动期间，制动系统利用三相电流驱动装置的制动潜力，增加电动车辆的行驶距离。

可实现制动能量回收的制动系统（图 7-25）包括电子机械式制动助力器（eBKV）、串联式制动主缸、制动系统蓄压器 VX70、三相电流驱动装置 VX54 和

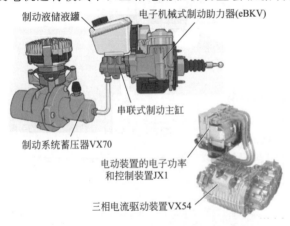

图 7-25　可实现制动能量回收的制动系统

电动装置的电子功率和控制装置 JX1。

1.7.2 电子机械式制动助力器（eBKV）

制动助力通过电子机械式制动助力器（eBKV）产生。e-up 车型中的 eBKV 的优点包括

不依赖低压的制动助力器、联合制动功能、改进的压力升高动态特性、较高的压力点精度和均匀的制动踏板特性/踏板力。

1.7.2.1　结构

　　电子机械式制动助力器安装在发动机舱中，它与制动系统蓄压器 VX70 和 ESC/ABS 相连接。电子机械式制动助力器包括制动助力器控制单元 J539、发动机/变速箱单元、eBKV 推杆和串联式制动主缸，其外观如图 7-26 所示。

1.7.2.2　功能

　　驾驶员踩下制动踏板，通过推杆对踏板力进行控制，并通过活塞杆传递到串联式制动主缸。为此将推杆以特定值向左移动，该数值通过制动踏板位置传感器

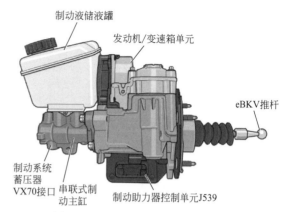

图 7-26　电子机械式制动助力器外观

G100 传输到制动助力器控制单元 J539。同时 eBKV 识别发动机位置。这一信息由安装在发动机/变速箱单元中的制动助力器的发动机位置传感器 G840 提供。通过驾驶员制动要求信息和发动机位置，eBKV 的制动助力器控制单元 J539 计算出所需的制动助力。制动力通过 e-up 车型中的 eBKV 提高了 6 倍。制动助力器内部结构如图 7-27 所示。

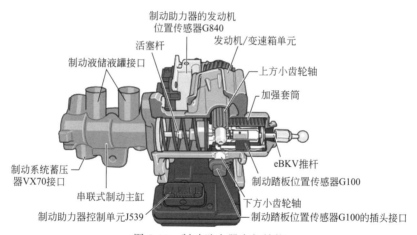

图 7-27　制动助力器内部结构

1.7.3　制动系统蓄压器 VX70

　　制动系统蓄压器 VX70 储存根据需求供应的制动液，并使其流回到制动系统中，目的是降低制动压力。

1.7.3.1　结构

　　制动系统蓄压器 VX70 与串联式制动主缸直接连接，如图 7-28 所示。如果车辆通过三相电流驱动装置 VX54（发电机运行模式）制动，则未使用的制动液将储存在制动系统蓄压器 VX70 中。

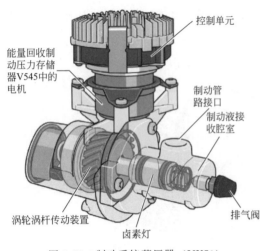

控制单元

能量回收制动压力存储器V545中的电机

制动管路接口

制动液接收腔室

涡轮涡杆传动装置

卤素灯

排气阀

图 7-28　制动系统蓄压器（VX70）

1.7.3.2　功能

通过系统元件实现联合制动（Brake Blending）功能。如果制动助力器控制单元 J539 识别到发电机制动力不充分，则制动液在压力下从制动系统蓄压器 VX70 被输送到制动系统中。信号由制动助力器控制单元 J539 发送到制动系统蓄压器 VX70 控制单元。

如果有足够的发电机制动力，则卸载车轮制动器上的制动压力。这是通过接收制动系统蓄压器 VX70 中的制动液实现的。为此应将活塞通过发动机拉回到能量回收制动压力存储器 V545 中。

1.7.4　联合制动（Brake Blending）

根据法律规定，应对三相电流驱动装置不稳定的电子制动进行自动补偿。制动期间电子和液压制动之间的切换被称为联合制动（Brake Blending），目的是无论通过电子（通过三相电流驱动装置）或是液压（通过车轮制动器）的制动方式，制动踏板上的力和行程始终相同。

如图 7-29 所示，三相电流驱动装置能够在发电机运行模式下在车辆的驱动车桥上产生一个制动扭矩。这一扭矩取决于车速、蓄电池电量和高压蓄电池温度以及三相电流驱动装置的转速和扭矩。这种依赖关系会导致不稳定的电子制动，因此必须进行液压补偿，这种补偿与驾驶员的意愿无关。通过 eBKV 的制动助力器控制单元 J539 可实现电子制动和车轮制动器制动之间的自动调节。

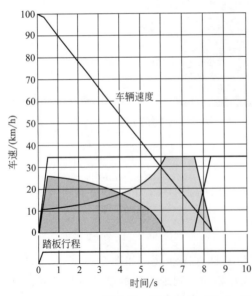

图例

来自踏板操作的制动要求

摩擦制动：液压制动扭矩

能量回收制动：发电机制动扭矩，来自三相电流驱动装置

踏板行程：踏板力和行程保持恒定

图 7-29　联合制动（Brake Blending）示例

1.7.4.1　制动要求

如图 7-30 所示，驾驶员踩下制动踏板，对车辆进行制动，并在必要时完全停止运行。根据制动踏板的位置，制动助力器控制单元 J539 确定驾驶员的意愿。

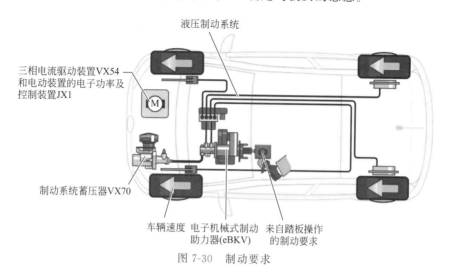

图 7-30　制动要求

1.7.4.2　摩擦制动

如图 7-31 所示，根据驾驶员的制动意愿，在液压制动系统中形成压力，以降低车辆的速度。

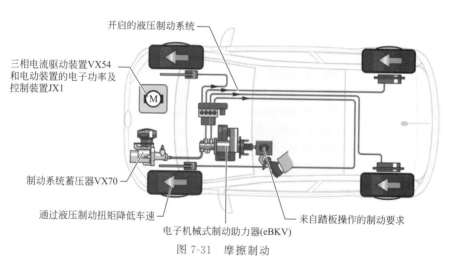

图 7-31　摩擦制动

1.7.4.3　通过能量回收制动提供支持

eBKV 的制动助力器控制单元 J539 从电动装置的电子功率和控制装置 JX1 中获取信息，三相电流驱动装置 VX54 能够对液压制动系统提供支持。当车速较快时，根据提供的发电机制动扭矩，不是产生制动压力就是卸载制动压力。如果车速降低，则发电机制动扭矩提高。根据产生的发电机制动扭矩卸载车轮上的制动压力，为此制动系统蓄压器 VX70 将接收制动液并卸载液压制动系统中的压力，这样可以在已知的时间内仅通过发电机扭矩进行制动，如图 7-32 所示。

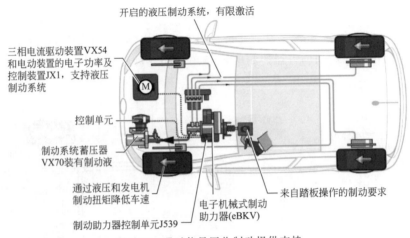

图 7-32　通过能量回收制动提供支持

1.7.4.4　三相电流驱动装置的支持不足

如图 7-33 所示，如果在制动期间发电机扭矩下降，则制动助力器控制单元 J539 向制动系统蓄压器控制单元 VX70 发送一个信号。蓄压器因此将存储的制动液输送到制动系统中，液压制动系统中的压力随之增加。在车辆制动直到静止时会出现这种情况。当车速低于 10km/h 时将减小产生的扭矩，车辆只能通过液压制动。

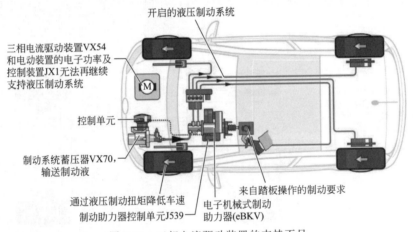

图 7-33　三相电流驱动装置的支持不足

图 7-34　全新 ESC/ABS 系统

1.7.5　ESC/ABS 系统

如图 7-34 所示，TRW（Thompson Rano Wooldridge，EBC 460）公司的全新 ESC/ABS 系统能够快速建立并长时间保持制动压力。

（1）E-MSR　电子发动机阻力矩控制系统（E-MSR）识别到驱动轮因发动机的制动作用而打滑。能量回收限制系统是对电子发动机阻力矩控制系统（E-MSR）的扩展。它防止过高的能量回收功率使行驶性能变得不稳定并因此造成车轮抱死。如有必要，可提高发动机的拖曳扭矩。

（2）E-HBV　当电子机械式制动助力器（eBKV）无法提供足够的压力时，例如当 eBKV 失灵时，电子液压制动助力器（E-HBV）可以通过 ESC 控制单元增加制动力。

 任务二　宝马 i3 电动汽车

引言

宝马 i3 纯电动汽车使用了多个高电压元件，包括高电压蓄电池、电机、电机电控装置、增程式电机、增程式电机电控装置、便利充电电控装置、电加热器、空调电动压缩机（EKK），高电压元件如图 7-35 所示。

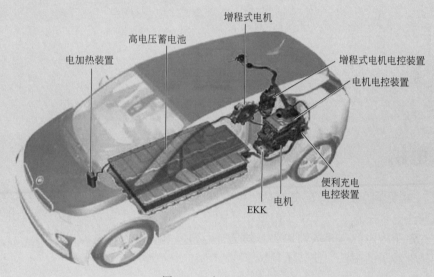

图 7-35　高电压元件

每个高电压元件的壳体上都带有一个标记，如图 7-36 所示，维修人员或任何其他车主均可通过标记直观看出高电压可能带来的危险。高电压导线的橙色标记如图 7-37 所示。由于导线可能有几米长，因此在一处或两处通过警告提示牌标记意义不大，维修人员可能会忽视这些标牌，因此用橙色警告色标记出所有高电压导线。高电压导线的插头以及高电压安全插头也采用橙色设计。

图 7-36　高电压元件警告提示牌

图 7-37　高电压导线的橙色标记

学习目标

1. 掌握宝马 i3 电机和高压蓄电池的结构。
2. 掌握宝马 i3 充电电控装置和电机控制装置的结构。
3. 掌握宝马 i3 空调压缩机和电加热器的结构。

2.1　电机

如图 7-38 所示，宝马 i3 的电机是同步电机。它的总体结构和工作原理与带内部转子的永久励磁同步电机一致。转子位于内侧，并配有永磁体。定子呈环状，围绕转子外侧布置。它由安装在定子槽中的三相线圈构成。如果将三相交流电压加载到定子线圈上时，产生旋转磁场就会拉动转子的磁铁，使转子旋转。

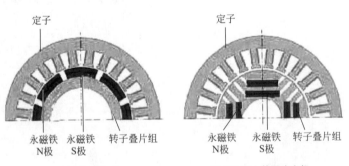

(a) 普通同步电机　　　　　　(b) 宝马 i3 上的同步电机

图 7-38　同步电机的工作原理

2.1.1　技术规范

要完善结构中的技术数据，首先要对转子进行改进和优化。转子的永磁铁进行了新布置，叠片组对磁力线的特性产生积极的影响。一方面改善了扭矩；另一方面定子线圈流过较小的电流，与传统的同步电机相比，增加了效率。性能数据汇总表如表 7-1 所示。

表 7-1　性能数据汇总表

额定电压	360V	
额定电流	400A	实际值
最大峰值输出	125kW	最长持续时间 30s
最大连续输出	约 75kW	连续
最大扭矩	250N·m	转速范围 0～5000r/min
最高转速	约 11400r/min	
质量	约 45kg	

125kW 的最大功率只能有最长 30s 的持续时间，否则，传动系统的部件将过热而损坏，这不仅会影响电机，也会影响高电压蓄电池和电机电子装置。

电机运转的最大功率，理论上也可以用于制动能量再生时发电机的运转。然而，在实践中，最大功率只有一小部分用于发电机的运转。结果后桥制动扭矩被限制，从而不影响制动能量再生的行驶稳定性。

2.1.2　电机的构造

电机的构造如图 7-39 所示，图示为不带线圈的定子的一部分。转子由一个重量优化的内支撑、叠片组和永磁铁组成，两层布置。因此，电机产生的扭矩增大。转子安装在驱动轴上。

六对电极在结构上设计合理，每次旋转都有一个恒定的扭矩曲线。电机并不用加润滑油，它只有两个深沟球轴承，充填润滑脂润滑。电机用冷却液进行冷却，冷却液从电机电控装置输送到电机。在电机内部，冷却液流过一个螺旋形的冷却液导槽，冷却液导槽安装在电机外侧。两个 O 形环在外壳端部密封冷却液导槽，因此电机内部为完全干式。电机冷却如图 7-40 所示。

图 7-39　电机的构造

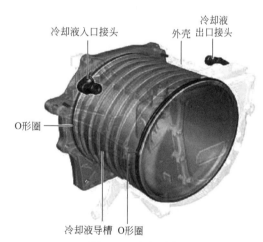

图 7-40　电机冷却

电机的设计温度范围较大，入口的冷却液温度可达 70℃。尽管在能量转换过程中，电机比发动机的能量损失小，但其壳体温度可达 100℃。

2.1.3 传感器

为了避免高温损坏元件，宝马 i3 的电机上安装了两个温度传感器。两个温度传感器位于定子线圈上。不直接测量转子的温度，但可以根据定子温度传感器的测量值判断。两个温度传感器是随温度变化的电阻型负温度系数传感器。通过电机电控装置读出并评估传感器信号。

电机电控装置根据振幅和相位层产生并正确计算出定子线圈电压，必须已知转子精确的角度设定，这就是为什么在驱动轴端部有一个转子位置传感器。电机传感器如图 7-41 所示。

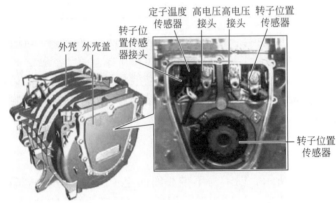

图 7-41　电机传感器

2.1.4 电气接口

电机装有与电机电控装置连接的电气接口，如图 7-42 所示。

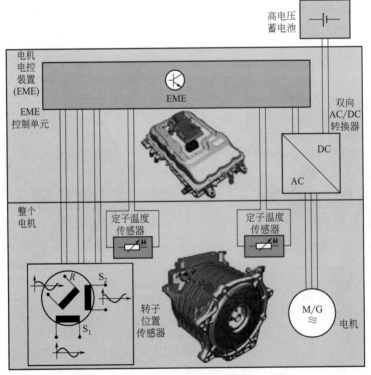

图 7-42　电机电气接口

电机有一个高电压接口和一个低电压接口。高电压接口为三相交流电输入接口。电机电控装置中的双向 DC/AC 转换器产生三相交流电压，并输送到电机的定子线圈。这样可以控制电机，实现电机作为发动机或发电机工作的操作模式。

2.2 高电压蓄电池

宝马 i3 的高电压蓄电池使用锂离子电池单元。锂离子电池的阳极材料通常是锂金属氧化物。通过选择阳极材料，优化了电动汽车上高电压蓄电池的性能。通常用石墨作阴极，放电期间锂离子沉积在阴极上。蓄电池单元的额定电压是 3.75V。

2.2.1 技术规范

(1) 电压　额定电压为 360V，电压范围为 259～396V。

(2) 蓄电池单元　96 个蓄电池单元串联，每个单元电压为 3.75V，60A·h。

(3) 储存的能量　总值为 21.8kW·h，实际使用净值为 18.8kW·h。

(4) 放电最大功率　短期 147kW，连续至少 40kW。

(5) 充电最大功率　快充电到 80%SOC 为 20kW，8h 全充电到 100%SOC 约 3.6kW。

(6) 总质量　233kg。

(7) 冷却系统　用 R134a 冷却。

(8) 加热　电加热，最大功率 1000W（选择配置）。

2.2.2 安全事项

由于高电压蓄电池单元的电压超过 60V，因此维修高电压系统时，必须遵守电气安全操作规程，一定要切断高电压系统电源，提供安全保障，防止高电压系统意外通电。另外，使高电压系统与电源隔离。

2.2.3 冷却和加热

宝马 i3 的高电压蓄电池单元通过制冷剂直接冷却，因此空调系统的制冷剂回路分成两个并联的支路，一个支路用于冷却乘客舱；另一个支路用于冷却高电压蓄电池单元。每个支路各有一个组合的膨胀和截止阀，以便能够彼此独立控制冷却功能。高电压蓄电池的冷却如图 7-43 所示。

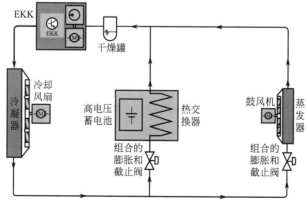

图 7-43　高电压蓄电池的冷却

通过接通电源，蓄电池管理电控装置可以激活并打开组合的膨胀和截止阀。这样制冷剂就流向高电压蓄电池，完成膨胀、蒸发和冷却过程。

在冷却过程中，蓄电池单元向制冷剂传递热量。蓄电池单元冷却后，制冷剂被加热。压缩机（EKK）再次压缩制冷剂，在冷凝器内制冷剂又变成液态，结果制冷剂再次吸收热量。这种方式可产生约 1000W 的最大冷却功率，只有在很高的环境温度和驱动力时，才需要最大冷却功率。

反之，室外温度低于 0℃ 时，如果一辆宝马 i3 长期停在室外，开始行驶之前，就需要加热蓄电池单元，使之达到最佳温度水平，输出全部功率。车主可以选择使用充电电缆连接电网，或者选择车内空气温度控制。预热高电压蓄电池时，给高电压系统通电，电流流过网络加热丝。网络加热丝沿着冷却液导管布置，冷却液导管和高电压蓄电池单元接触时，加热丝产生的热量就传递到高电压蓄电池单元上。

2.3 电机电控装置

在宝马 i3 上，电机电控装置（EME）主要作为电机的控制装置，把高电压蓄电池约 400V 的直流电压转换成约 360V 的三相交流电压，给电机供电；反之，当电机作为交流发电机运转时，电机电控装置把电机的三相交流电压转换成直流电压，给高电压蓄电池充电，制动能量再生时会发生这种情况。对于这两种操作模式，需要一个双向 DC/AC 转换器，这个转换器作为逆变器和整流器使用。

DC/DC 转换器集成在电机电控装置内，确保 12V 汽车电气系统的电源电压。整个电机电控装置安装在一个铝质外壳内。高电压蓄电池充电时，双向 AC/DC 转换器的控制单元把交流电压转换成直流电压，也可以把高电压蓄电池的直流电压转换成三相交流电压。12V 汽车电气系统电源的 DC/DC 转换器也位于这个壳体内。

2.3.1 电气元件位置图

电机电控装置安装在汽车后部的后备厢内，如图 7-44 所示。

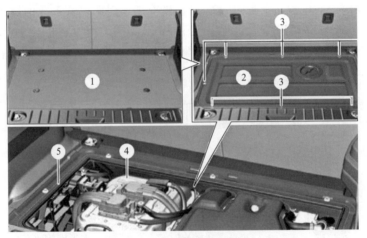

图 7-44　电机电控装置位置图
1—后备厢装饰板；2—盖板；3—固定螺栓；4—电机电控装置；5—衬垫

2.3.2 系统和功能

电机电控装置包括双向 DC/AC 转换器、DC/DC 转换器以及 EME 控制单元等子元件。连接电容器也是动力电控装置的一个开关元件，使电压平稳，并给高频元件滤波。电机电控装置与其他高电压元件的连接如图 7-45 所示。

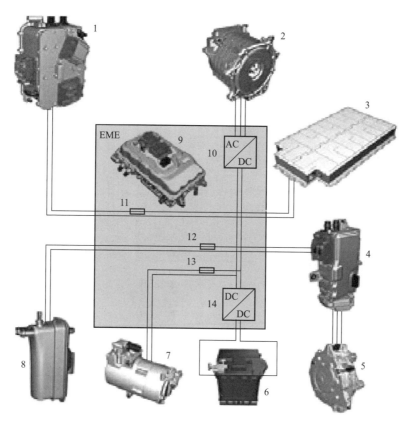

图 7-45 电机电控装置与其他高电压元件的连接

1—便利充电电控装置（KLE）；2—电机；3—高电压蓄电池；4—增程式电机电控装置（REME）；5—增程式电机；
6—12V 蓄电池；7—压缩机（EKK）；8—电加热器；9—电机电控装置（EME）；10—双向 DC/AC 转换器；
11—便利充电电控装置供电线路过载电流熔丝；12—电加热器供电线路过载电流熔丝；
13—EKK 供电线路过载电流熔丝；14—DC/DC 转换器

电机电控装置低电压接头连接的线路包括 EME 控制单元电源线，低电压蓄电池端子30C PT-CAN2 总线，唤醒线，便利充电电控装置控制线，高电压互锁环输入输出线，机电驻车锁，电动真空泵电源，制动真空传感器等，如图 7-46 所示。

电机电控装置的功能如下：EME 控制单元控制内部的子元件；通过 DC/DC 转换器给12V 电气系统供电；使用 DC/AC 转换器控制电机转速和扭矩；高电压电力管理；连接高电压蓄电池；车辆静止时给高电压蓄电池充电；连接便利充电电控装置；连接 EKK；连接电加热器；连接增程式电机电控装置；与数字式发动机电气电控装置（EDME）等控制单元通信；电机电控装置的冷却；评估机电驻车锁的各个传感器；激活机电驻车锁；激活电动真空泵；为了使电压低于 60V，连接电容器的主动和被动放电；主动评估高电压互锁环的信号；自诊断功能。

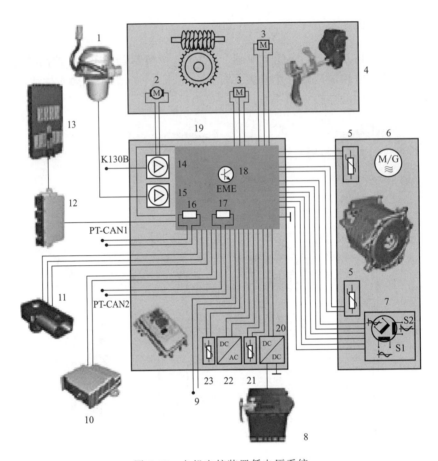

图 7-46 电机电控装置低电压系统

1—电动真空泵；2—驻车锁电机；3—霍尔效应位置传感器；4—驻车锁模块；5—两个温度传感器；6—电机；7—转子
位置传感器；8—12V 蓄电池；9—高压互锁环信号线；10—碰撞安全模块；11—制动真空压力传感器；12—充电接口模块
（LIM）；13—车身域名控制器；14—激活驻车锁模块的输出级；15—激活电动真空泵的输出级；16—PT-CAN 终端电阻；
17—PT-CAN2 终端电阻；18—EME 控制单元；19—电机电控装置；20—DC/DC 转换器；21—DC/DC 转换器的温度传感器；
22—双向 DC/AC 转换器；23—DC/AC 转换器的温度传感器

2.4 便利充电电控装置

便利充电电控装置（KLE）安装在汽车后部，与后备厢隔开，如图 7-47 所示。

便利充电电控装置（KLE）的主要任务是把交流电压转换成直流电压。便利充电电控装置（KLE）的输出端最大设计功率是 3.7kW，这部分功率再由电机电控装置（EME）整流、升压使充电功率能达到 7.4kW，这样在最佳临界状态（此时发动机未工作，而高压电池放电至极限时）下，仅需 3～6h 就能充满高压蓄电池，这么短的充

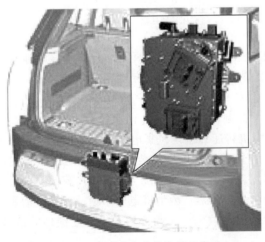

图 7-47 便利充电电控装置的位置

电时间意味着增强了宝马 i3 的舒适性。

通过单相供电，交流电压输送到车辆或便利充电电控装置。输入电压（范围为 $100 \sim 240V$，$50 \sim 60Hz$）可以通过便利充电电控装置处理。输出电流与输入电流不同，便利充电电控装置提供可调直流电压或可调直流电流。数值的计算和调整由便利充电电控装置完成，使高电压蓄电池达到最佳充电状态，也给宝马 i3 的其他用电设备提供充足的电能。

便利充电电控装置的工作效率在 90% 以上，效率很高，但仍有小于 10% 的热量产生，所以它需要主动冷却，因此它集成在电机的冷却回路中。

除了电压转换和能量供给外，便利充电电控装置还承担安全功能，保证车主和维修工的安全。切记便利充电电控装置是高电压元件，便利充电电控装置接头如图 7-48 所示。

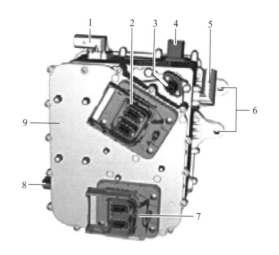

图 7-48　便利充电电控装置接头
1—来自充电插座的高电压电缆（AC）；
2—至电机电控装置的高电压电缆（DC）；
3—冷却液管（入口）；4—低电压电缆；
5—从 KLE 至 EME 的高电压电缆（AC）；
6—KLE 支座（电位补偿接点）；7—来自
REME 的高电压电缆（DC）；8—冷却
液管（出口）；9—KLE 便利充电电控装置

2.5　增程式电机

宝马 i3 纯电动汽车的最大行驶里程是 150km，增程式宝马 i3 纯电动汽车的最大行驶里程可达 300km。在这种车型上，使用高电压蓄电池电能的电机作为首要的驱动，只有高电压蓄电池充电时，才激活增程器系统。

增程器系统包括 W20 发动机、增程式电机、增程式电机电控装置（REME）、增程式数字式发动机电控装置。

W20 发动机是两缸汽油发动机，用一根齿轮轴与增程式电机连接。高电压蓄电池电压不足时，增程式电机启动 W20 发动机，此时增程式电机相当于起动机而工作。启动发动机的电能来自高电压蓄电池，发动机启动之后，增程式电机从起动机模式变成发电机模式，产生的电能用于主电机驱动车辆。

W20 发动机没有与飞轮机械连接，它产生的机械能只能通过增程式电机转换成电能。主电机（驱动电机）把这些电能转化成机械能，驱动后轮。

宝马 i3 的增程式电机是一个同步电机，额定电压 250V，转速为 4300r/min，电压为 330V DC 时的连续电功率约为 23.3kW，其构造和工作原理与永磁式电机相同，转子在内部，带有永磁铁。环形定子位于转子的外部，三相线圈绕在铁芯上。如果三相交流电压加到定子线圈上，就会产生旋转的磁场，拉动转子内的磁铁旋转。

2.5.1　冷却

增程式电机的设计温度范围很大，冷却液流量为 6L/min，电机冷却液入口管的温度为 70℃。由于时滞，电机入口冷却液温度可能达到 85℃。能量转换时，尽管电机的能量损失小于发动机，但电机壳体温度也可能达到100℃。冷却液管如图7-49所示。

增程式电机的壳体密闭防水，为了防止湿空气因温度变化产生的冷凝水聚集在增程式电机内部，需要有一根通风管。

2.5.2　温度传感器

为了防止高温损坏元件，增程式电机内有一个温度传感器，温度传感器是一个温控电阻，位于定子线圈内。不直接测量转子温度，但可以根据定子温度测量值进行判断。增程式电机电控装置读出并近似评估信号。传感器位置如图7-50所示。

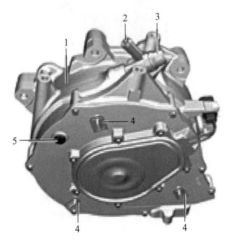
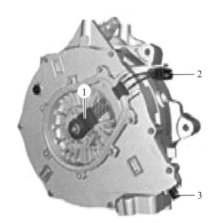

图7-49　冷却液管
1—增程式电机；2—冷却液入口管接头；
3—冷却液出口管接头；4—涂装的定位
弹簧；5—通风口

图7-50　传感器位置
1—转子位置传感器；
2—转子位置传感器接头；
3—温度传感器接头

2.5.3　转子位置传感器

注意维修时不能拆卸转子位置传感器及其罩盖。根据振幅和相位，增程式电机电控装置可以产生并正确计算定子线圈的电压。必须已知精确设定的转子角度，这也是增程式电机安装一个转子位置传感器的原因。

转子位置传感器固定在增程式电机定子上，按照倾斜传感器的原理工作。在转子位置传感器上有三个线圈。一个给定的交流电压加载到一个线圈上，其他两个线圈各移动90°。这些线圈的感应电压提供有关转子角度的设定信息。转子位置传感器由增程式电机制造商安装并相应对准，所以它已正确调整。

2.5.4　机械连接

发动机曲轴和增程式电机通过齿轮轴连接，如图7-51所示。

2.5.5　电气接口

增程式电机有两个传感器接口和一个高电压接口，温度传感器和转子位置传感器接口已经在前面介绍。高电压接口如图7-52所示。

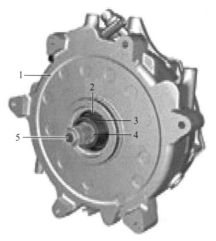

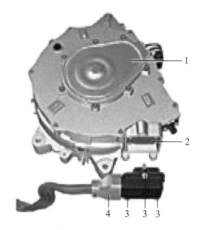

图 7-51 增程式电机机械连接

1—增程式电机；2—O 形密封圈；
3—深沟球轴承；4—密封环；5—齿轮轴

图 7-52 高电压接口

1—增程式电机；2—高电压接口；3—固定
螺栓；4—至 REME 的高电压电缆和接头

2.6 增程式电机电控装置

增程式电机电控装置用于控制增程式电机，把高电压蓄电池的直流电压转换成三相交流电压，交流电压可达 420V，电流可达 200A，给增程式电机通电，电机带动发动机工作，并

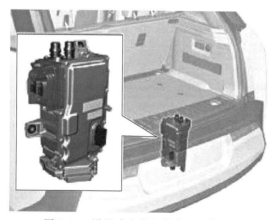

图 7-53 增程式电机电控装置的位置

完成启动。启动完成后，增程式电机作为发电机工作，增程式电机电控装置把该电机发出的三相交流电压转化成直流电压，给主电机（驱动电机）供电。持续的相电流是 130A。在这两种运转模式下，双向 DC/AC 转换器作为逆变器和整流器工作。增程式电机电控装置的位置如图 7-53 所示。

增程式电机的连接包括高电压连接，低电压连接，电位补偿线连接，冷却液管连接，如图 7-54 所示。

增程式电机电控装置有两根高电压电缆，三相高电压电缆连接增程式电机，两相高电压电缆连接便利充电电控装置，如图 7-55 所示。

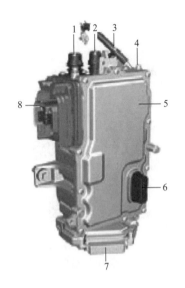

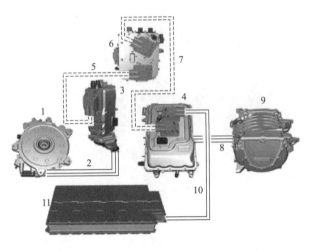

图 7-54　增程式电机电控装置连接

1—冷却液接头（入口）；2—冷却液接头（出口）；3—电位补偿线；4—补偿线与 REME 的连接螺栓；5—增程式电机电控装置；6—信号连接接头；7—来自增程式电机的三相高电压电缆接头；8—来自 EME 或 KLE 的高电压电缆接头

图 7-55　增程式电机电控装置高电压连接

1—增程式电机；2—增程式电机和 REME 之间的三相高电压电缆；3—REME（增程式电机电控装置）；4—EME；5—REME 与 KLE 之间的两相高电压电缆；6—KLE（便利充电电控装置）；7—KLE 与 EME 之间的两相高电压电缆；8—EME 和电机之间的三相高电压电缆；9—电机；10—EME 和高电压蓄电池之间的两相高电压电缆；11—高电压蓄电池

2.7　空调电动压缩机

宝马 i3 的暖风和空调系统主要满足两方面的需求。首先要满足乘客舱内舒适的温度，其次为了延长高电压蓄电池的使用生命周期，高电压蓄电池温度高时，需要进行冷却。

空调电动压缩机（EKK）由三相同步电机、EKK 控制单元、AC 逆变器、空调压缩机等元件组成，如图 7-56 所示。

三相同步电机用于驱动 EKK，电能来自高电压蓄电池，所需的三相交流电由 EKK 内 DC/AC 转换器的 AC 逆变器转换而成。三相电机的运转转速在 860～8600r/min 之间无级变化。电功率可达 4.5kW，在环境温度高、高电压蓄电池温度高以及空气流动慢时，需要最大电机功率。

根据自动空调控制模块（IHKA）的请求，EKK 控制单元控制 EKK 内三相电机的转速，并把运转状况反馈给 IHKA。通过

图 7-56　EKK

1—螺栓；2—EKK（压缩机）；3—电机

LIN 总线，EKK 控制单元与 IHKA 通信，IHKA 是 EKK 的主控制单元。

　　DC/AC 转换器把直流电压转换成三相同步电机需要的三相交流电压。EKK 控制单元和 DC/AC 转换器集成在 EKK 的铝壳体内，气态制冷剂流动时进行冷却。如果 DC/AC 转换器的温度超过 125℃，EKK 控制单元则断开高电压电源。通过加快初始冷却速度等措施，温度不会太高。电动空调压缩机控制单元监测温度，如果温度低于 112℃，则 EKK 继续运转。

　　EKK 电源电压在 200～410V 之间，高于或低于电压范围时，动力受到限制，关闭 EKK。要压缩制冷剂，则使用螺旋式压缩机，如图 7-57 所示。

　　带螺旋轮廓的内盘由三相同步电机用一根轴驱动，低温低压的气态制冷剂从固定的带轮廓外盘的两个开口注入，通过两个盘的移动压缩并加热。

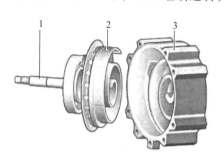

　　经过三次旋转之后，已经压缩并加热的制冷剂从外盘中间的出口排出，经过一个油液分离器后，高温高压的制冷剂进入冷凝器。EKK 的最高转速是 8600r/min，制冷剂最高出口压力是 30bar（1bar＝10^5Pa）。制冷剂压缩原理如图 7-58 所示。

图 7-57　螺旋式压缩机
1—轴；2—带螺旋轮廓的内盘；
3—带螺旋轮廓的外盘

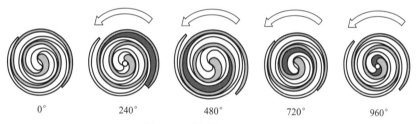

图 7-58　制冷剂压缩原理

　　EKK 的电容小于 100μF，电容通过 EKK 中的被动电阻放电。EKK 断开后，5s 之内，电压低于 60V。EKK 电路图如图 7-59 所示。

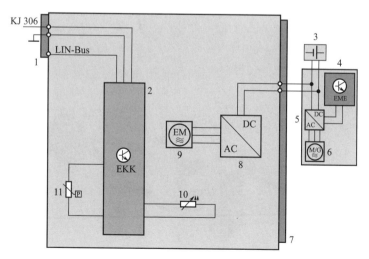

图 7-59　EKK 电路图

1—低电压接头；2—EKK 控制单元；3—高电压蓄电池；4—电机电控装置；5—EME 中的双向 AC/DC 转换器；6—电机；7—EKK 的高电压接头；8—EKK 中的单向逆变器 DC/AC 转换器；9—三相交流同步电机；10—温度传感器；11—压力传感器

2.8 电加热器

图 7-60 电加热器的位置
1—电加热器；2—冷却液储液罐

由于效率非常高，从电机传递的热量低于从发动机传递的热量，这些热量不能用于加热。为了能够控制车内温度，宝马 i3 使用电加热器，其位置如图 7-60 所示。

电加热器的最大电功率是 5.5kW（280V×20A），电加热器由三个加热线圈组成，通过电加热器内的电子开关接通或断开这三个加热线圈，电加热器如图 7-61 所示。

电加热器加热冷却液，冷却液经电动冷却液泵加压后循环，加热的冷却液流过乘客舱内的热交换器，放出热量。鼓风机把加热的空气吹入乘客舱，冷却液散热后流回储液罐，如图 7-62 所示。

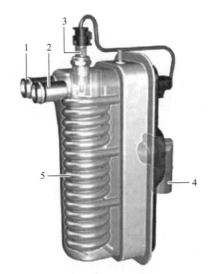

图 7-61 电加热器
1—冷却液入口接头；2—冷却液出口接头；3—出口冷却液温度传感器；4—高电压接头；5—三个加热线圈

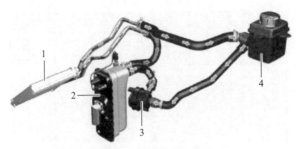

图 7-62 乘客舱加热
1—热交换器；2—电加热器；3—电动冷却液泵；4—冷却液储液罐

任务三　特斯拉（Tesla）电动汽车

引言

　　特斯拉汽车公司（Tesla Motors）成立于 2003 年，总部设在美国加州的硅谷地带，该公司生产的 2014 年款 Model S60 Tesla Roadster 动力性能优异，整备质量为 1235kg，电池容量达 53kW·h，0～100km/h 加速时间为 3.9s，最高时速可以达到 200km/h，最大输出功率为 215kW，最大扭矩为 400N·m，最大续驶里程可达到 390km，甚至创造过单次充电续驶 501km 的纪录。Tesla Roadster 出色的动力性能不仅得益于车身碳纤维材料的完美应用，更离不开所搭载的高性能动力电池系统（图 7-63）。

图 7-63　动力电池系统的布置示意

学习目标

　　1. 了解特斯拉电动汽车的电池结构。
　　2. 掌握电动汽车电池系统的安全措施。
　　3. 了解 Tesla Model S 充电方式。

3.1　三元锂离子电池结构

　　三元锂离子电池是指使用镍、钴、锰三元正极材料的锂离子电池。三元复合正极材料前驱体产品，是以镍盐、钴盐、锰盐为原料，其在容量与安全性方面比较均衡，循环性能好于正常的钴酸锂电池。前期由于技术原因其标称电压只有 $3.5～3.6V$，在使用范围方面有所限制。但到目前，随着配方的不断改进和结构完善，电池的标称电压已达到 $3.7V$，在容量上已经达到或超过钴酸锂电池的水平。

　　Tesla Roadster 的动力电池由 6831 节 18650 电芯组成，其外观与安装位置如图 7-64 和图 7-65 所示。

图 7-64　动力电池外观

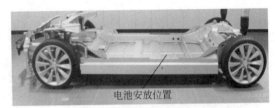

电池安放位置

图 7-65　动力电池安装位置

　　69 节 18650 电芯（图 7-66）构成一个"Brick"，每个"Brick"中的电芯全部并联在一起（图 7-67）。9 个"Brick"串联构成一个"Sheet"，如图 7-68 所示。11 个"Sheet"串联之后构成整个动力电池（图 7-69），在电池系统中，"Sheet"是最小的可更换单元（图 7-70）。

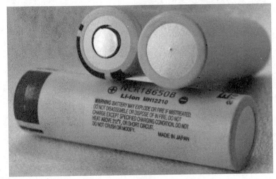

图 7-66　电芯

图 7-67　Brick

图 7-68　Sheet

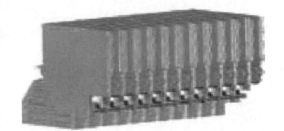

图 7-69　电池系统

　　特斯拉之所以在其首款量产电动汽车上布置由 18650 电芯组成的电池系统，是由于过去几年里 18650 电芯在电子消费类产品中应用广泛，全球每年要生产数十亿个 18650 电芯，其安全级别也在不断提高。正是由于消费类电子产品对 18650 电芯的大量需求，帮助特斯拉蓄电池在降低成本的同时提高电芯的能量密度。另外，由于电芯的尺寸较小，其能量也可被控制在较小的范围内，与使用大尺寸电芯的蓄电池相比，即使蓄电池的某个电芯损坏，它对整个蓄电池性能的影响也很微弱。

　　从散热角度分析，18650 电芯的"表面积/体积"是方形电芯（假设其容量为 18650 电芯的 20 倍）的 7 倍，这将大大增加 18650 电芯在散热方面的优势。

　　如图 7-71 所示，电池管理系统主要功能包括数据采集、电池状态计算、能量管理、热管理、安全管理、均衡控制和通信功能等。电池管理系统为特斯拉自行研发，拥有高度知识产权的核心技术。该系统能自行处理充放电以及发热问题。

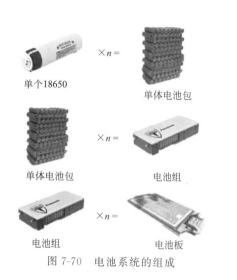

单个18650

单体电池包

单体电池包　　　电池组

电池组　　　电池板

图 7-70　电池系统的组成

正面

背面

图 7-71　电池管理系统内部结构

3.2　电池系统安全措施

为了确保电池系统安全性，特斯拉从电芯到电池系统采取了多种安全措施。

3.2.1　电芯安全措施

① 电芯正极附近装有 PTC（Positive Temperature Coefficient）装置，当电芯内部温度增高时，其电阻会随之增高，可起到限流作用。

② 电芯内部均装有 CID（Current Interrupt Device），当电芯内部电流超过安全限值时会自动断开，从而切断内部电路。

③ 电芯材料的燃点非常高，即使在热失控的情况下也不易自燃。

3.2.2　电池结构设计安全措施

① 电池外壳体采用铝材，结构强度较高，并且电池箱体后部设有通气孔，以防止箱体内部气压过高，如图 7-72 所示。

② 每个电芯的正、负极均设有熔丝（图 7-73），如果某个电芯发生短路，此安全设计可

图 7-72　电池箱体后部通气孔

以把故障电芯与系统之间的连接电路快速切断。

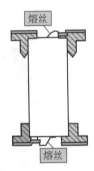

图 7-73　电芯两极均设有熔丝

"Sheet"上框架通过绝缘垫片和圆柱形橡胶帽对电芯正负极端面进行限位，"Sheet"中有些电芯的端面与模架间是通过橡胶固定的，如图 7-74 所示。

图 7-74　电芯的固定方式

"Brick"的极板与电池模架之间通过环氧树脂胶固定，电压采样点通过铆接方式与极板相连接（图 7-75）。

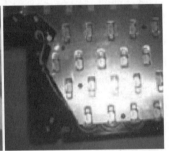

图 7-75　电池极板及采样点连接方式

图 7-76　"Sheet"之间的保险装置

③ 部分"Sheet"之间也设有保险装置，如图 7-76 所示，"U"表示无保险，"F"表示有保险。一旦"Sheet"电流超过极限值，熔丝立刻熔断，可保证系统安全。

"Sheet"之间通过由金属编织铜排串联，外部有塑料外壳（橙色）提供绝缘保护，其中的红色垫片功能类似铆接螺母，如图 7-77 所示。

图 7-77　Sheet 与 Sheet 之间的连接

④ 每个 "Sheet" 均设置有电池监控板——BMB（Battery Monitor Board），用以监控 "Sheet" 内每个 "Brick" 的电压、温度以及整个 "Sheet" 的输出电压情况。BMB 安装位置如图 7-78 所示。

⑤ 电池系统内设置有电池系统监控板——BSM（Battery System Monitor），其通过相应传感器监控整个电池系统的工作环境，其中包括电流、电压、温度、湿度、烟雾以及惯性加速度（用于监测车辆是否发生碰撞）、姿态（用于监测车辆是否发生翻滚）等，并且可以与车辆系统监控板 VSM（Vehicle System Monitor）通过标准 CAN 总线实现通信。BSM 的安装位置如图 7-79 所示。

图 7-78　BMB 安装位置　　　　　　　　图 7-79　BSM 安装位置

⑥ 电池系统内部设置有冷却装置，冷却液为水和乙二醇的混合物（比例为 1∶1）。冷却装置的管路接口如图 7-80 所示，"Sheet" 内部冷却管路的布置如图 7-81 所示。

图 7-80　电池系统外部冷却管路和接口

电池系统中共有 6831 个 18650 电芯，整个电池的表面积达到 $27m^2$，并且每个 18650 电芯附近均布置有冷却管路，冷却管路与电芯之间有绝缘导热介质材料相隔，如图 7-82 中下部分绝缘体部分，绝缘体将电芯固化后非常坚硬，在这些因素的作用下，电芯可以将热量快速传递到外部环境中。

图 7-81　Sheet 内部冷却管路布置和接口

图 7-82　绝缘导热材料

冷却液的进、出管路设计为交叉布置方式，共分为 4 个接口，如图 7-83 所示。这种设计方式可以有效避免因为管道过长而使得管道始、末端冷却液温度差异过大，进而造成电芯温度差异过大。另外，每条进、出管道又分为 2 个子管道，目的是使冷却液与管道接触面积加大，以提高热传递效率。

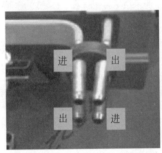

图 7-83　冷却液的进、出管路交叉布置

⑦ 高压电气系统设计特点。电池箱体内 11 个 Sheet 串联，两边空隙处安装有各电器元件，其中包括 DC/DC、Relay（2 个 EV200）、预充电阻、FUSE、BSM 等，如图 7-84～图 7-87 所示。

图 7-84　继电器 EV200　　　　　　　　图 7-85　快速熔断器

图 7-86　Sheet 熔断器

图 7-87　预充电阻

3.3　Tesla Model S 充电方式

　　Tesla Model S 电动汽车配备了功率为 10kW 的车载充电器，输入兼容 65～85V 的电压、45～65Hz 的频率、1～40A 的电流（可选功率 20kW 双充电器，输入兼容电流增至 80A），峰值充电效率达 92%。美国版的 Tesla Model S 电动汽车的充电接口符合 SAE J1772 标准，它和宝马 Active E 的充电接口相同，如图 7-88 所示。

　　Tesla Model S 电动汽车总共有三种充电方式：移动充电包、高能充电桩和超级充电桩。

图 7-88　充电接口

3.3.1　移动充电包

　　所谓的移动充电包，就像手机数据线一样，只要你带着这根线，任何有普通电源插口的地方都可以充电，非常方便，但这种充电方式的速度最慢。

　　移动充电包在特斯拉上属于选配设备，美国官网售价 650 美元，包含一根充电线、一个家用电源转换接头、一个公共充电桩转换接头，如图 7-89 所示。

　　美国本土居民用电电压是 110V（我国是 220V），充电 1h 可使特斯拉续驶约 16km，按一晚上按 8h 计算的话，至少能充可续驶 80mile（约 128km）的能量。

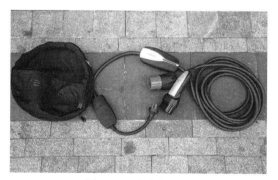

图 7-89　移动充电包

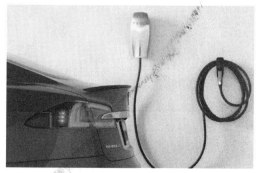

图 7-90　高能充电桩

3.3.2　高能充电桩

如果用户有固定车位，可以选择安装特斯拉的高能充电桩（图 7-90），充电电压可达 240V，电流可达 40A，充电速度比普通家用接口速度快，充电 1h 可使特斯拉续驶 29mile（约 46km）。

在双充电模式下可以输出 240V 的充电电压、80A 的充电电流，充电 1h 可使特斯拉续驶 58mile（约 93km）。所谓双充电器模式就是用户的车内拥有两个充电单元，其中一个是原车出厂自带的，而另外一个是需要用户付费选装的，官网上标价 3600 美元。它的原理其实很简单，就是给用户的车增加了一个充电通道，充电速度提升为原来的 2 倍。

图 7-91　超级充电桩

3.3.3　超级充电桩

它是用户最受欢迎的充电方式（图 7-91），因为充电效率最高，使电池 SOC 从 0 到 100% 时，只用 75min 即可以，一般情况下车辆只需充半个小时左右，就能够满足用户在市区一天的需求。

超级充电桩的输出电压为 380V，电流接近 200A，每小时可以充电 220mile（约 350km）。当然，超级充电站的充电速度也不是恒定不变的，每个充电站的输出电流都是额定的，当只有一辆车充电的时候，它可以享受充电站 70% 的电流额度，而当充电车辆增加时，电流就会平均分配到每辆车上。充电速度也可能会下降到了每小时 60mile（约 96km）左右，不过这仍然是最高效的充电方式。

3.3.4　快速充电

特斯拉承诺，将为在美国的 Model S 用户提供永久的免费充电服务，特斯拉充电技术在不断提高，充电速度变得更快，充电时间相对之前减少了 30%，将电池充满 50% 的电量只需 20min，一辆 60kW·h 电池组版本的 Tesla Model S 充满电可以续驶 368km。

每个特斯拉充电桩（图 7-92）的造价在 10 万～17.5 万美元之间，其中多半的资金用在地基的重塑上。这些充电站会建在餐馆、商场等可能的（高档）公共停车场内，只要场所的业主同意充电桩的建造，所有建造、维护和电力费用都由特斯公拉承担（这种情况是指在美国）。

3.3.5　太阳能充电站

电动汽车制造商特斯拉公司启用了一批太阳能充电站网络（图 7-93），为该公司的电动汽车免费提供独家充电服务（指美国）。这些充电站使用快速增压器直流充电技术，使电动汽车电池仅需要 30min 就能充满，可以使车辆以每小时 60mile（约 96km）的速度行驶 3h。

特斯拉已经在加利福尼亚州的几个高速公路休息区推出了太阳能汽车充电站。特斯拉公司计划迅速扩大太阳能充电站的基础设施建设，在未来，该公司将会在欧洲和亚洲建设更多的超级充电站。

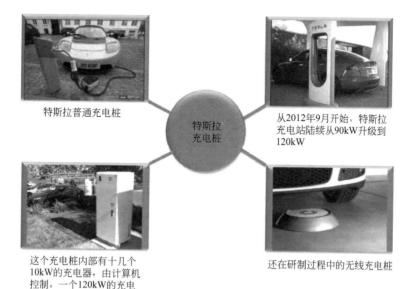

特斯拉普通充电桩

特斯拉充电桩

从2012年9月开始,特斯拉充电站陆续从90kW升级到120kW

这个充电桩内部有十几个10kW的充电器,由计算机控制。一个120kW的充电桩可以同时为两辆车充电

还在研制过程中的无线充电桩

图 7-92　特斯拉充电桩

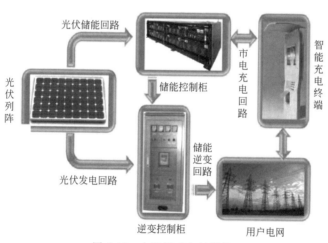

光伏储能回路

市电充电回路

智能充电终端

光伏列阵

储能控制柜

储能逆变回路

光伏发电回路

逆变控制柜

用户电网

图 7-93　太阳能充电站设施

 任务四　比亚迪 E6 动力系统

引言

　　比亚迪 E6 纯电动汽车使用磷酸锂钴铁电池,200A·h 的超大电池容量使车辆在综合工况下续驶里程超过 300km,每 100km 的能耗在 21kW·h 以内,每 100km 的加速时间为 10s,最高车速可达 160km/h 以上。车辆充电比较方便,快充可以使用充电站的 380V 充电桩充电,慢充可需 220V 民用交流电源,慢充 6～8h 可充满电池。

学习目标

1. 掌握比亚迪 E6 电动汽车动力系统的结构。
2. 掌握比亚迪 E6 电动汽车动力系统的检修。

4.1 动力系统的结构

4.1.1 动力系统总体结构

比亚迪 E6 纯电动汽车动力系统结构及原理如图 7-94 所示，其主要由三大模块组成。

① 电动汽车的控制模块可分为电机控制器、DC/DC 转换器、动力配电箱、主控 ECU、挡位控制器、加速踏板、电池管理单元。

② 电动汽车的动力模块包括电机总成、电池包体总成。

③ 电动汽车高压辅助模块包括车载慢充、漏电保护器、车载充电口、应急开关。

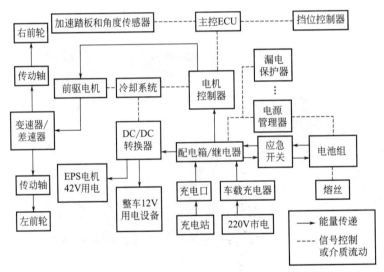

图 7-94 比亚迪 E6 纯电动汽车动力系统结构及原理

4.1.2 动力控制系统的工作原理

4.1.2.1 充电过程

充电站的 380V 高压充电桩通过车辆上的充电口，或者 220V 市用电源通过车载充电器升压后输电给车上的配电箱，配电箱直接途经应急开关后对 HV 电池组充电。在充电过程当中，电源管理器一直监控着 HV 电池组的温度和电压，如果发现 HV 电池组内部某单体温度或电压过高，就会切断配电箱给 HV 电池组的供电。

4.1.2.2 放电过程

HV 电池组在电源管理器和漏电保护器的监控下，通过应急开关输电给配电箱，配电箱根据车辆的实际用电情况分配电量。一部分电量流向电机控制器，另一部分电量流向 DC/

DC 变换器。主控 ECU 根据驾驶员操作信息（接收加速踏板角度传感器和挡位控制器的信号）控制着电机控制器的工作，电机控制器主要控制流向电机的电量大小，以及控制电机正反转来驱动车辆前进或后退。另一部分从配电箱流向 DC/DC 变换器的电量，经过 DC/DC 变换器将高压直流电转化为低压直流电，为车辆电动液压助力转向系统提供 42V 的电源，同时还为整车用电设备提供 12V 的电源。

4.1.2.3　动力系统各部件的作用

（1）电机控制器　负责控制电机的前进、倒退、维持电动车的正常运转，关键零部件为 IGBT。IGBT 实际为大电容，目的是为了控制电流的工作，保证能够按照我们的意愿输出合适的电流参数。

（2）DC/DC 转换器　负责将 330V 高压直流转为低压直流提供给车载低压用电设备，如蓄电池、EPS 等。

（3）动力配电箱　通过配电箱对电池包体中巨大的能量进行控制，相当于一个大型的电闸，通过继电器的吸合来控制电流通断，将电流进行分流等。关键零部件为继电器，为了控制如此大的电流通过整车，需要通过几个继电器的并联工作，这也为继电器工作一致性和可靠性提出了苛刻的要求。

（4）电池管理单元　也称为电源管理器系统（Battery Management System，BMS）是电动汽车电池系统的参数测试及控制装置，具有安全预警与控制、剩余电量估算与指示、充放电能量管理与过程控制、信息处理与通信等主要功能。

（5）动力电机　动力电机根据冷却形式分风冷和水冷，根据结构分为直流有刷电机和直流无刷电机以及交流电机。该车使用的电机为交流无刷电机，通过采集电机旋变信号进行工作。

（6）动力总成（电池包）　动力总成作为提供整车动力能源的设备；根据电池种类的不同可分为锂离子电池、镍氢电池和铅酸蓄电池。

（7）车载慢充　车载慢充系统需要提升低压转高压的转化效率。需要注意的是使用家用插座为电动汽车充电时，也需要考虑插座及线路的承受能力，需要额定电流 10A 的单相 220V 插座，如果采用一些伪劣的插座，也可能导致充电插座烧毁、线路烧熔等事故。

（8）漏电保护器　通过将一端和负极相连，一端对车身连接，检测电流和电压值，一旦发现有超出限制的电流和电压，则发出报警，并切断控制模块，保证用电安全动力蓄电池系统泄漏电流量不超过 2mA（E6 车型）；整车绝缘电阻值应大于 100Ω/V（E6 车型）。

（9）挡位控制器　用来控制电动汽车前进、后退、停车等动作的部件，由于电动汽车与传统燃油汽车的控制方式不同，故挡位控制类似自动挡。

（10）主控 ECU　接收各高压监控系统发出的信号，并加以判断，控制冷却系统、制动系统、车速里程等。

（11）加速踏板　通过控制电流大小，从而控制电机转速。

（12）车载充电口　车载充电可分为快充和慢充，为了保证充电迅速高效，使用特定的充电口进行充电，充电时需要保证整车防水密封性要求，并且能够保证车载充电口能够承受瞬时大电流的充电过程。

（13）应急开关　通常设计为人工操作的安全开关，一般设计在电池的正负极近端，保证通过人工操作应急开关能够在紧急情况下将电池电压封闭。

4.2 动力系统的检修

故障现象 一辆比亚迪 E6 纯电动汽车，在 HV 电池组电量充足，为用电设备提供 12V 电源的电量也充足的情况下，在原地起步时踩下制动踏板无法挂前进挡。观察仪表板，其中 OK 指示灯亮表示启动正常，但是踩下制动踏板，拨动自动变速操纵杆，仪表板上的 D 挡位显示灯不亮。

故障诊断 使用比亚迪汽车专用 ED400 型电脑检测仪检测故障码和读取挡位控制器的数据流。检测结果是系统无故障码，如图 7-95 所示。挂上 D 挡时，挡位传感器数据流无变化，如图 7-96 所示。由此看来该故障点比较隐蔽，技术人员无法从电脑检测仪获取准确的故障信息。

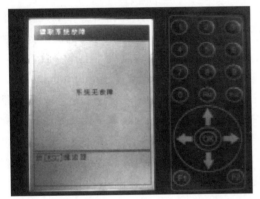
图 7-95　ED400 型电脑检测仪检测故障码

图 7-96　ED400 型电脑检测仪读取数据流

首先排除制动深度传感器是否存在故障，制动深度传感器安装在制动踏板上，其连接电机控制器的电路如图 7-97 所示。电机控制器为制动深度传感器提供 2 条 5V 的电源线，即连接制动深度传感器的连接器 B05 的 2 号和 7 号端子均为 5V。制动深度传感器的 2 条负极线通过电机控制器内部搭铁，即连接器 B05 的 9 号和 10 号端子与车身之间电阻应小于 1Ω，与车身之间电压接近 0。2 条位置信号线分别输出与制动踏板深度变化成正、反比的电压，而两者电压之和近似是 5V。制动深度传感器的电路分析如表 7-2 所示，经过万用表检测，制

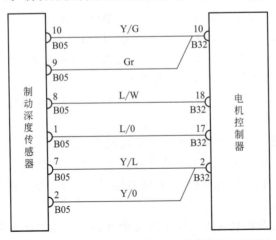
图 7-97　制动深度传感器与电机控制器之间电路

动深度传感器电路检测值与正常理论值非常接近，不存在故障。

表 7-2　制动深度传感器的电路分析表

端子	条件	正常值/V
B05-1→车身地	不踩制动踏板	约 0.66
	制动踏板踩到底	约 4.45
B05-8→车身地	不踩制动踏板	约 4.34
	制动踏板踩到底	约 0.55
B05-2→车身地	ON 挡电	约 5
B05-7→车身地	ON 挡电	约 5
B05-9→车身地	ON 挡电	小于 1
B05-10→车身地	ON 挡电	小于 1

　　从中获知挡位控制器或挡位传感器出现问题。挡位传感器安装在挡位执行器上，挡位执行器上还装有换挡手柄，是人机对话的窗口。查阅维修手册电路，如图 7-98 所示，挡位控制器分别与挡位传感器 A 和挡位传感器 B 连接，其中挡位传感器 A 在人工操纵换挡手柄置于 N 挡或 P 挡时产生信号，并传递给挡位控制器。挡位传感器 B 在人工操纵换挡手柄置于 R 挡或 D 挡时产生信号，并传递给挡位控制器。

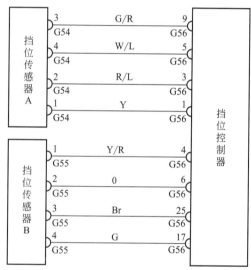

图 7-98　挡位控制器或挡位传感器接线图

　　首先分析挡位传感器 A 与挡位控制器之间的电路，如表 7-3 所示。其中与挡位传感器 A 相连的连接器 G54 的 1 号端子的作用是挡位控制器为挡位传感器 A 提供 5V 电源。G54 的 3 号端子与车身接地，两者之间的电阻应小于 1Ω。将换挡手柄打到 P 挡位置时，G54 的 2 号端子正常情况下相对于车身应输出约 5V 的电压。将换挡手柄打到 N 挡位置时，G54 的 4 号端子正常情况下相对于车身应输出约 5V 的电压。

表 7-3　挡位传感器 A 各端子与车身之间的电压/电阻关系

端子	线色	条件	正常值
G54-3→车身地	Gr	始终	小于 1Ω
G54-4→车身地	W/L	换挡手柄达到 N 挡	约 5V
G54-2→车身地	R/L	换挡手柄达到 P 挡	约 5V
G54-1→车身地	Y	电源打到 ON 挡	约 5V

　　使用万用表检测挡位传感器 A，在仪表板上 OK 指示灯亮情况下，测量 G54 的 1 号端子与车身之间的电压，正常显示 4.88V。使用欧姆挡测量连接器 3 号端子电阻值，显示 0.2Ω，再检测该端子的电压，只有 0.02V，表示该 3 号端子接地良好。拨动换挡手柄到 P 挡位置，同时检测连接器 G54 的 2 号端子输出电压，显示 4.87V，再检测与挡位控制器相

连接的连接器 G56 的 3 号端子的电压，也显示为 4.87V，说明传递 P 挡信息的该线路不存在故障。同理检测传递 N 挡信息的线路，即拨动换挡手柄到 N 挡位置，同时检测连接器 G54 的 4 号端子输出电压与连接挡位控制器的连接器 G56 的 5 号端子的电压是否一致，实际测量均为 4.86V，说明传递 N 挡信息的线路也不存在故障。

再来分析挡位传感器 B 与挡位控制器之间的电路，如表 7-4 所示。其中与挡位传感器 B 相连的连接器 G55 的 4 号端子的作用是挡位控制器为挡位传感器 B 提供 5V 电源。G55 的 3 号端子与车身接地，两者之间的电阻应小于 1Ω。将换挡手柄打到 R 挡位置时，G55 的 1 号端子正常情况下相对于车身应输出约 5V 的电压。将换挡手柄打到 D 挡位置时，G55 的 2 号端子正常情况下相对于车身应输出约 5V 的电压。

表 7-4　挡位传感器 B 各端子与车身之间的电压/电阻关系

端子	线色	条件	正常值
G55-1→车身地	Y/R	换挡手柄达到 R 挡	约 5V
G55-2→车身地	O	换挡手柄达到 D 挡	约 5V
G55-3→车身地	Br	始终	小于 1Ω
G55-4→车身地	G	电源打到 ON 挡	约 5V

使用万用表检测挡位传感器 B，按下启动按钮，仪表板上 OK 指示灯亮，测量 G55 的 4 号端子与车身之间的电压，其显示 4.88V，该线路正常。使用欧姆挡测量连接器 G55 的 3 号端子电阻值，显示 0.14Ω，再检测该端子与车身之间的电压，只有 0.02V，表示该 3 号端子与车身接地良好。拨动换挡手柄到 R 挡位置，同时检测连接器 G55 的 1 号端子输出电压，显示 4.86V，再检测导线另一端的连接器 G56 的 4 号端子的电压，也显示为 4.86V，说明传递 R 挡信息的该线路正常。但是检测传递 D 挡信息的线路时发现异常，即拨动换挡手柄到 D 挡位置，同时检测连接器 G55 的 2 号端子相对于车身输出电压是 4.88V，再检测与挡位控制器相连的连接器 G56 的 6 号端子输出电压却是 0.9V，一条导线的两端电压不一样，怀疑传递 D 挡信息的线路存在故障。

故障排除　维修人员拆下中控饰板，检查挡位传感器到挡位控制器之间的 D 挡线路，发现该导线某一处被中控饰板夹住，已破损造成该导线搭铁，挂 D 挡时，D 挡信号没有传递给挡位控制器，车辆无法前进。使用电工胶布包扎破损地方，恢复电路原本的功能，启动车辆，挂上 D 挡，车辆可以行驶，故障完全排除。

参 考 文 献

［1］ 王震坡，孙逢春，刘鹏.电动汽车原理与应用技术［M］.北京：机械工业出版社，2015.

［2］ 姜久春.电动汽车充电技术及系统［M］.北京：北京交通大学出版社，2017.

［3］ 宁德发.电动汽车结构、原理、检测、维修［M］.北京：化学工业出版社，2017.

［4］ 侯涛.纯电动汽车结构与检修［M］.北京：人民交通出版社，2018.

［5］ 刘春晖，贺红岩，柳学军.图解电动汽车结构原理［M］.北京：化学工业出版社，2018.

［6］ 曹砚奎.电动汽车结构原理与维修［M］.北京：化学工业出版社，2018.

［7］ 敖东光，宫英伟，陈荣梅.电动汽车结构原理与维修［M］.北京：机械工业出版社，2017.

［8］ 景平利，李倩龙，刘振博.电动汽车总装技术［M］.北京：机械工业出版社，2017.

［9］ 宋强.电动汽车电机系统原理与测试技术［M］.北京：机械工业出版社，2016.

［10］ 弋国鹏，魏建平，刘凤良.电动汽车构造原理及检修［M］.北京：机械工业出版社，2018.

［11］ 景平利，宫英伟，陈荣梅.电动汽车结构原理与检修［M］.北京：机械工业出版社，2017.

［12］ 王震坡，孙逢春.电动车辆动力电池系统及应用技术［M］.北京：机械工业出版社，2012.

［13］ 徐艳民.电动汽车动力电池系统及电源管理［M］.北京：机械工业出版社，2014.

［14］ 缑庆伟，李卓.新能源汽车原理与维修［M］.北京：机械工业出版社，2017.

［15］ 吴文琳.电动汽车结构原理与使用维修［M］.北京：化学工业出版社，2017.

［16］ 陈黎明.电动汽车结构原理与故障诊断［M］.北京：机械工业出版社，2015.

［17］ 邹国棠，程明.电动汽车的新型驱动技术［M］.北京：机械工业出版社，2015.

［18］ 王志福，张承宁.电动汽车电驱动理论与设计［M］.第2版.北京：机械工业出版社，2017.

［19］ 姜久春.电动汽车动力电池应用技术［M］.北京：北京交通大学出版社，2016.

［20］ 吴兴敏，崔辉.电动汽车结构原理与检修［M］.北京：化学工业出版社，2017.

［21］ 李伟，刘强，王军.新款电动汽车构造原理与故障检修［M］.北京：化学工业出版社，2018.